西山教行・大木 充 編

# CEFRの理念と現実

## 現|実|編

# 教育現場へのインパクト

くろしお出版

# はじめに

　CEFR で提唱されていることを実践したり，あるいは批判したりするときには，まず CEFR をよく読んでみる必要がある。それだけでなく，CEFR に対する批判を読むときにも，CEFR をよく理解している必要がある。そうでなければ，批判が妥当なものであるかどうかを判断することはできない。

　はたしてどれだけの教育従事者や研究者が通読だけでなく，精読して，CEFR が伝えようとしていることを正確に理解しているだろうか。CEFR に関して，一番危険な読み方は，自分に必要なところだけを「摘まみ読み」することである。CEFR は，読み手に対して親切には書かれていない。そのため，摘まみ読みすると，CEFR の主張を誤解してしまう恐れがある。このことに関して，本書の大木の論考でも言及したが，ここでもう少し詳しくふれておきたい。2001 年に公表されてから，CEFR の，特に共通参照レベルをめぐってさまざまな批判がなされてきた。しかし，CEFR の策定者のひとりであるコストが Coste & Cavalli（2015: 6）で指摘しているように，「これらの批判がなされるようになったのは，この道具（共通参照レベル）そのもののせいというよりも，この道具のある特定目的への使用条件を利用者が十分に理解しないで使用したことに起因している」。つまり，共通参照レベルが誤用されていることを知らないで，共通参照レベルそのものを批判している場合があるということである。コストの指摘は，CEFR を精読して，その伝えようとしていることを正確に理解していないと，2 重の危険性があることを私たちに教えてくれている。共通参照レベルを誤用する危険性と共通参照レベルに対する批判を鵜呑みにする危険性である。このことは，共通参照レベルだけでなく，CEFR が提唱している他のことについても言える。

　つぎに，CEFR を批判するときの注意点に言及しておきたい。言語教育学は，主張も批判も「べき論」に終始しがちである。もちろん，現実を踏まえての「○○はこうあるべきだ」という議論はそれだけでも有意義であるが，文部科学省の小・中・高等学校の学習指導要領にように，うたい文句はりっ

ぱであっても，実際に実行されていないことが常態化してしまっている例も
ある。CEFR で提唱されていることは少し違っている。CEFR は，教育目
的，教授法に関して，どれか一つを最良のものとして提案することをしてい
ない。

　　予めはっきりさせておきたいことが一つある。本書では，教育の現場
　関係者たちに何をすべきか，どうすべきかを指示しようとは考えていな
　い，ということである。問題提起はするが，答えを提示することはしな
　い。CEFR の役割は，この本の利用者にどういう目的を追求すべきか，
　どういう方法を採るべきかを指示することではないのである。
　　　　　　　　　　　　（CEFR 日本語版「本書の利用者のために」，xiv-xv）

　CEFR を利用するときには，この「CEFR の役割は，この本の利用者にど
ういう目的を追求すべきか，どういう方法を採るべきかを指示することでは
ない」ということを忘れてはならない。そのような考えで策定されたものを
「べき論」的に批判するのは根本から間違っている。CEFR では，教育環境
が多様であることを考慮して，さまざまな選択肢が示されている。たとえ
ば，行動中心のアプローチが提唱されているが，教育目的によっては他の教
授法のほうが有用であることも述べられている。また，CEFR で提唱されて
いることを実施するにあたり，それぞれの教育環境を考慮する必要性がある
こと，すなわち提唱されていることを文脈化する必要性が繰り返し述べられ
ている。
　CEFR の「本書の利用者のために」によると，欧州評議会は，言語学習と
教育に従事するすべての者につぎの 7 項目について自問することを求めて
いる。

　　・学習者は言語を使って何をしなければならないか。
　　・その目的を学習対象の言語を使って達成するためには，学習者は何を
　　　学習しなければならないか。
　　・学習者を学習に向かわせるものは何か。
　　・誰が学習するのか（年齢，性別，社会的背景および教育歴，など）。

・教師が持っている知識，技能，経験は何か。
・学習者が入手できる教材は何か（辞書，学習文法書，など）。また視聴覚機器はどうなっているか，コンピュータとソフトウェアはどうか。
・どれほどの時間をかけられるか，あるいはかけるつもりか。

　当然のことであるが，CEFR は，この 7 項目を考慮して策定されている。はたしてどれくらいの教育従事者がこの 7 項目について自問し，教育を実践しているだろうか。また，この 7 項目を考慮することは，CEFR を批判し，自説を展開する者にも求められているように思う。7 項目のどれかを無視して批判し，自説を展開することは容易だからである。

　前書きにあたり，それぞれの論考を簡潔に紹介したい。

　第 1 章オジェ論考では，CEFR が重視している複言語教育が教育現場では優先課題になっていないフランスの状況を指摘し，増え続けているさまざまな言語的背景を持つ移民の学習者の言語教育，特に「外国語としてのフランス語教育」（FLE）の現場で複言語教育を実践すること，およびそのような能力を持った教員の養成が重要であるとしている。

　第 2 章ソヴァージュ論考では，小学校から大学までの外国語教育課程の編成において CEFR は重要視されているが，音声面の学習，教育は，他の言語的要素に比べて冷遇されていることを指摘している。一方において，筆者は，CEFR について「もちろん，改善されるべき，そして進歩が期待される点は多い（中略）。しかし，生じている問題の多くは CEFR そのものではなく，むしろ CEFR をもとになされたことに関係していると考えられる」と述べていることに注目をしたい。複言語主義を教育で実践するには，「部分的能力」を認める他に，学習者が学業終了後も必要に応じてことばを自律学習できるようにすることである。ところが，CEFR では，自律学習の重要さは強調されていても，具体的な実施方法に関しては言及されていない。

　そこで，第 3 章大木論考では，アンリ・オレックの自律学習を詳しく解説している。彼の自律学習は，日本ではほとんど知られていないが，CEFR の自律学習は，それを受け継いだものである。

　第 4 章真嶋論考では，海外における日本語教育の充実に大きな貢献をし

ている国際交流基金 JF の事業を，特に CEFR の受容について，CEFR その
ものの理解を促進させるための事業と，CEFR を日本語教育の現場で使える
ようにする実践への支援事業に分けて考察している。さらに，CEFR とその
増補版を参照した今後の日本語教育の可能性についても論述している。筆者
が論考の最後で言及している「ぜひ押さえておきたい CEFR の指針」は，
CEFR を正しく理解し，そこで述べられていることを正しく実践するうえで
忘れてはならない重要なことである。

　第 5 章牲川論考は，CEFR およびその増補版が唱導している複言語・複文
化能力を日本の外国人政策において発揮できるかどうかを考察している。実
際には，その重要性は認めることはできても，そのような能力を身につけて
使おうという意志を持ちにくい状況におかれていることを指摘し，このジレ
ンマを乗り越える方策を「他者性」という概念と関連づけて提案している。

　歴史的に，「英語教育」という概念には，多くの他者を排除する原理が最
初から組み込まれていると第 6 章榎本論考は指摘する。特殊なコンテクス
トから生み出されたこのような英語教育を今の時代に適用させるためには，
CEFR の複言語・複文化主義は，有効な手がかりを与えてくれる。しかし，
それは決して共通参照レベルや複言語・複文化主義を無批判に受容すること
ではない。われわれが CEFR に本当に突き付けられているのは，共通参照
レベルでも複言語・複文化主義でもないと筆者は考える。CEFR について
は，これまでにさまざまな批判がなされてきた。

　第 7 章アンティエ・宮永論考は，CEFR およびその増補版を策定した欧州
評議会の言語教育に関する仕事を市場の論理，学術的欠如，道徳的マキシマ
リズムという 3 つの観点から分析，批判している。筆者は，欧州評議会の
「専門家」によって新自由主義的教育計画のために，言語教育が利用されて
きたと主張している。これが真実かどうかを判断するのは読者のみなさんで
ある。それには，本シリーズ上巻の『CEFR の理念と現実　理念編　言語政
策からの考察』より，第 2 章西山論考「CEFR はなぜわかりにくか――CEFR
の成立とその構造」と，同じく第 3 章コスト論考「CEFR とスイスのアー
ミーナイフ――その概念から使用まで」が参考になる。

　第 8 章鳥飼論考は，大学入試に英語民間試験を使うことについて，CEFR
との関連で論じている。まず，大学入試に英語民間試験を使うことの問題点

を検討し，つぎにさまざまな民間事業者試験を各大学が合否判定に使えるよう，CEFR の 6 段階の共通参照レベルを「対照表」として用いることの妥当性について考察している。その他に，筆者は，CEFR は単に外国語運用能力を測定する指標ではないことを指摘し，日本の外国語教育と CEFR との関係について言及している。「重要なのは，日本の英語教育と CEFR との差異に目を向け，学ぶべきことを学ぶことであろう」という主張は，第 6 章榎本論考と通じるところがある。CEFR についての批判は，かなりの数が「共通参照レベル」に対するものである。

第 9 章大木論考は，共通参照レベルに対する批判で論点になっていた「画一化」と「多様性」の問題は，評価論における二つのパラダイム，「心理測定学的パラダイム」と「オルターナティブ・アセスメントのパラダイム」に照らし合わせると明確になることを示している。また，画一性と共通性は区別して考える必要があることを強調している。

CEFR『ヨーロッパ言語**共通参照枠**』や「**共通参照レベル**」を実際にどのように用いるか，それらとどのように関わるか。ヒントは，その名前にある。名は体をあらわす。具体的には，本書のそれぞれの論考を読んでいただきたい。

大木　充

## 引用文献

Coste D. & Cavalli M. (2015). *Education, mobilité, altérité Les fonctions de médiation de l'école.* Conseil de l'Europe.

# 目　次

第 3 章

# CEFR における自律学習の役割とアンリ・オレックの自律学習

大木　充　33

第 4 章

# 日本語教育における CEFR と CEFR-CV の受容について

真嶋潤子　67

第 5 章

# 日本の外国人政策と CEFR

——複言語・複文化能力，仲介能力を習得する意義，発揮する困難

牲川波都季　85

## 第9章
## CEFR の評価水準「共通参照レベル」の用い方
### ──「画一化のパラダイム」vs.「多様化のパラダイム」

大木　充　175

第 1 章

# 多言語環境における学習に対する CEFR の影響

ナタリー・オジェ

堀 晋也 (訳)

　CEFR は言語教育の枠組みとして，複言語主義のパラダイムの促進には影響を与えたが，言語教育は，現在もこの方向性を取り入れるのに苦労している。ガンパーズの示した言語レパートリーという概念と言語の相互依存性の仮説に暗黙裏に依拠して，CEFR（2001: 122）[1] では，発話者が自分のあらゆる言語資源を活用しながらコミュニケーションを進められることを示している。しかしながら，さまざまな理由，特に評価尺度を見出すこととオーラルの場を確保する必要性に迫られて，複言語主義は優先課題とはみなされていない。だが，こうした状況は大きな障害になる。なぜなら，移民など複数の言語背景を持つ学習者が増加しており，受け入れ国の言語の上達を支えるために可能な限りの資源を活用することが喫緊の課題であるからだ。そこでわれわれは，ひとつの例として多言語話者の学習者に対するフランス語教育の現場での経験に基づいて，いくつかの提案をすることにする。

キーワード 🔍　パラダイム，複言語主義，影響，移民，教育学

---

1　[訳注] ここで示す CEFR のページ数は，すべて CEFR のフランス語版のページ数。

# 1. CEFR——歴史的に重要ないくつかの局面

## 1.1 ヨーロッパの言語教育のための複言語・複文化的パラダイムに向けた学術的歩み

　目に見える形であれ，目に見えない形であれ，ある実践や理論的観点を文脈化するためには，それらを歴史的に展望することがつねに重要である。

　本章の最初の節の目的は，ヨーロッパにおける FLE（外国語としてのフランス語教育）を含む言語教育にとって，複言語・複文化主義の概念がどの程度支配的なパラダイムとして存在するようになっていたかを把握することである。一方で，**2.** では，FLE やもっと一般的な言語教育の教室での実践においては，このパラダイムがそれほど機能していなかったことを見ていくことにする。

## 1.2 鍵となる概念——「ナチュラルメソッド」，「習得」，「学習」

　言語学習が，いわゆる「自然な」方法，つまりある言語の話者と別の言語の話者とのやり取り（同等の立場，あるいは教師対学習者といった対称／非対称の形がある）の結果として実現することを想起していただきたい。このアプローチは帰納的であり，研究者はそれを言語教育というよりも言語「習得」と呼んでいる。しかし習得と学習は，それぞれが独立した研究領域を持ち，交流がほとんどなかったとしても，二項対立させることが学術的に段々と意味がなくなってきているようだ。なぜなら，言語のやり取りや学習は教室の外でも起こりうるし，教室でも，何が学習と結びつき，何が習得と結びつくのか，あるいは何が言語知識と結びつき，何が言語使用と結びつくのか，それらを区別することは困難だからである。したがって言語教育学，特に FLE では，やり取りの状況下での学習を考察の中心に据えている。このコンセプトは，現在の学術的アプローチや CEFR のようなガイドラインを示している文書にもつねに色濃く反映されている。

## 1.3 認知的側面——条件づけ，認識，言語同士の関係づけ

　言語および話者の働きを構造化し，条件づけ，合理的に説明することが 20 世紀前半における言語教育の新しい柱となった。しばしばそれ以前のア

プローチ（「ナチュラルメソッド」や「文法訳読」）の否定と言われるが，そのコンセプトは結局のところ「自然な」学習と全く同じ観点で，活動を学習の中心に位置付けている。もちろん条件づけは新しい現象であるが，やり取りのプロセスの分析において馴染みがないわけではない。例えば（同種／異種形態による）反復や繰り返しは日常的に実践されているだけでなく，会話の構成要素でもある（Vion, 1996）。

　言語教育学の学術的な概念のなかで最も重要で，かつ画期的な事象は，おそらく，1980 年代に，学習者に省察を促し，そして学習者が言語の機能や学習方略を把握できるようにメタ認知的な姿勢の発達を促したことだろう。規則の内在化のほかに，話者として言語現象の一側面を意識することは，間違いなく言語教育のパラダイムの大きな転換である。

　矛盾するようだが，伝統的な演繹的アプローチは，学習の「メタ」概念へのシフトを可能にしたかもしれない。実際，中世の終わりに文法が確立されると，規則の学習や翻訳の活動によって解釈や「意識化」がもたらされた（Sauvage, 2015）。しかし，目的はあくまでも異言語を使った行為や実践であり，省察ではない。意識化がどのように学習（記憶や理解）につながるかについての研究はほとんどない。「意識化を伴わない」言語教育実践の暗礁は，ことば遊びになってしまうが，すぐに出現し，もっと大きな暗礁をさらすことになる[2]。つまり，規則を学習しても，理解や談話における実践は保証されないのである。談話のコーパスとの往復，規則や不変性の発見によってのみ，用法，規則，実践とそれを実現するための方略を同時に意識化することができるのである。

　新しく言語を学ぶことでこうした概念形成が進むと，言語同士の関係が前面に現れてくる。学習言語に対する既知の言語の影響は，ごく最近まで研究の盲点となっていた。1960 年代に中間言語（Selinker, 1969）[3] の形で研究対象としてみなされる前は，学習言語の構造化に有害な可能性があるという理

---

2　［訳注］筆者はここで écueil という「暗礁」を意味する単語を使っているが，この単語には「障害」という意味もある。本来，隠れて見えないはずの暗礁がすぐに見えることになるのでこのように言っている。

3　［訳注］学習者の母語と目標言語の中間に位置する過渡的な言語体系のことで，第二言語習得理論で用いられる概念。

由で，言語同士の認知的な関係は暗黙のうちに扱うべきでないものとされていた。20 世紀初頭の直接教授法では，既知の言語を手がかりにすることなく，まさに対象の言語で「直接」産出することを目指していた。科学的に「現実を直視していない」このアプローチは，ある言語が別の言語に与える影響を説明するために中間言語の概念を最初に提唱した Corder（1967）や Selinker（1969）らによって否定された。しかしながら，ふたつの言語は独立した体系であるという考え方に言語教授法の専門家は疑念を抱いた。彼らは，個々の言語の体系の化石化[4]を恐れたり，未完成な目標言語という呼び方をしている。1990 年代には，スイスの言語学者たちによる，トランスコードマーカーに関する議論が盛んになる。Serra & Py（2012: 1）は，トランスコードマーカー（コードスイッチング，借用，模倣など）が談話の面においても（談話の構造化への貢献），認知の面においても（ふたつの基盤となる能力を結びつけるいくつかの形態を示す）重要であると主張している。第一言語の存在は，学習の行程に標識を立てる（難しさを感じるポイント，オーラルでのやり取りを改善するために第一言語の助けを借りるポイントを知らせる）トランスコードの目印として認められるのは，Moore（1996）の研究を待たねばならなかった。

　カミンズも既知の言語は資源であり，問題の種でも避けるべき落とし穴でもないとして，その価値を認めている。またガンパーズは，自身の研究について，「コミュニケーション能力，すなわち抽象的な認知能力の分析を最終目的とする」（Gumperz（2005: 57），Dufour（2014: 185）でもすでに引用されている）と述べている。それ以来，神経科学の研究によってこれらの作業仮説の検証が行われてきた。Dufour（2014: 183）では，高いレベルのバイリンガル話者では，使用する言語が変わっても，脳の活性化される領域がほぼ完全に一致することを，またより低いレベルのバイリンガル話者でも部分的には一致することを示した研究（Fabbro & Paradis, 1995）が引用されている。

---

4　［訳注］学習者の中間言語にあらわれる誤りが一度身についてしまうと修正困難になること。

## 2.　ヨーロッパの言語教育のための参照枠（CEFR）への影響

　CEFR で展開されている行動主義的アプローチ（行動中心アプローチ）は，これらの概念に沿ったものである。言語学習者がれっきとした社会的関与者（社会的行為者）となることが目的となっているため，言語の社会的側面がはっきりと意識されることになった。習得と学習には相通じる部分が多く存在するので，あらゆる状況，やり取りが言語能力の養成を可能にする。新たに学んだ言語を使用することで，各自のニーズや置かれた場面に応じて社会的タスク（フランス留学，フランス語で教育を受けるなど）を成し遂げることにつながる。したがって，学習を発展させるためには，学習者を人工的でない，可能な限り現実に近い「自然な」状況に置くべきであると認識されることになる。

　CEFR では「メタ認知の諸要素（予測，実行，管理，修正）を取り入れたさまざまなコミュニケーション活動（受容，やり取り，産出，仲介）の形でコミュニケーション方略を使用すること」を重視している（2001: 48）。「意識化」，「言語の使用と学習のダイナミズム」の章（2001: 105）において，学習者は「言語とコミュニケーション，あるいはメタ認知方略に対する意識を強化し，社会的関与者として課題解決に向けた言語面の「自発的な」対処法や知識を身につけることができる」としている。加えて，新しい言語を学習する経験は，既存の言語を考慮に入れることなく概念化していくことは不可能であるとしている。ガンパーズが示したレパートリーの概念（Dufour, 2014 による）や言語の相互依存性の仮説を検証した研究の知見に依拠して，CEFR では次のように述べている。

　　学習であれ実践であれ，自文化の文脈における言語体験が，母語からある社会集団の言語，さらに別の社会集団の言語へと拡大していくにつれて，個人は体験した言語，文化を独立したものとして区別しなくなり，ひとつのコミュニケーション能力を構築していくことになる。この能力にはあらゆる言語知識・経験が関係し，相互作用するものである。さまざまな状況でコミュニケーションを円滑に行うために，これらの能力の一部分を柔軟に引き出すこと。お互いが，ある言語で自分の考えを

　示し，相手を理解するための能力を活用することで，相手もまた，こち
らの言語・方言でやり取りすることが可能になる。（CEFR, 2001: 11）

　CEFR は，この概念を「複言語アプローチ」の定義として用いている。こ
の概念は，Coste, Moore & Zarate（1997: 12）で数年前にすでに言及されて
いたもので，彼らがそこで取り組んでいるのは「単一言語主義の羅列された
付け足しとしてではなく，多元的で，複雑な，混成体とも言える能力として
の二言語・複言語主義」で，言語使用者はこの能力を用いて自分の考えを表
現することができる。
　CEFR のこの発表で，これらの概念は，15 年も経てば教育現場，とりわ
けカリキュラム上の制約が少なく，言語教育学のなかではつねに先駆的な立
場であった FLE の教室では[5]，実際に運用されているだろうと考えられてい
たかもしれない。

## 3.　CEFR の複言語能力の概念を FLE を含めた言語教育の現場で 実践することの難しさ

　本章の前半の目的は，ヨーロッパの言語教育，なかでも最前線に立ってい
る外国語としてのフランス語教育において，複言語・複文化主義の概念が
CEFR のような資料を通して，どの程度支配的な概念的パラダイムとして頭
角を表すことができたかを理解することであった。しかし，本章の後半で
は，さまざまな理由，特に評価尺度を見出すこととオーラルの場を確保する
ことが急務だったことで，実際にはこの概念が授業実践の形でも，教員養成
においても，ほとんど運用されなかったことを見ていくことになる。
　しかしながら，こうした現状は水面下にあり目立たない大きな障害であ
る。というのも，移民など複数の言語を話す学習者が増大しており，彼らの
フランス語力を伸ばすために，研究によって得られた知見を活用しつつ，あ
らゆる資源を活用することのほうが急務であるからだ。そこで多言語話者に

---

　5　ベアコやコストのように CEFR の策定に参加した多くの人たちは，FLE の研究者で
　　ある。

対するフランス語教育の経験をもとにいくつかの提案をしていきたい。

## 3.1　CEFR──評価尺度と（中間言語を介しない）オーラルへの回帰

　CEFR が登場する以前に，共通尺度はおろか現代語の確かな評価尺度は存在しなかったことを理解しておく必要がある。FLE では今から 30 年以上前の 1985 年に DELF-DALF（「フランス語学力資格試験−フランス語上級学力資格試験」）[6] による認証が始まった。DELF-DALF は，学習者の理解力，話す能力および書く能力を別個にモノローグと対話の観点から評価する。CEFR においてもこれらの能力は学習者のレベルを最も明確にする評価の対象として用いられている。CEFR の登場は大きな進歩であった。Blanchet（2008）が指摘しているように，それ以前の言語能力の評価はいささか「曖昧な形で」行われていたのである。FLE の授業で使用されていた教科書は CEFR のスケールの「最新版」をつねに提示し，オーラル，書記言語双方の活動を提示してきた。また，かつての言語教育では関心の薄かったオーラル面についても然るべき地位が与えられている。フランスの現代語担当の監督官は，2000 年代の初頭に，FLE の研究者に支援を求めている。その目的は，CEFR がヨーロッパのすべての言語教育の参照の枠組みとなっている現在，オーラルについて，その評価方法だけでなく，どのように教室で取り組むかを明確にすることである。当時のオーラルの実践は，1980 年代の DELF やコミュニカティブアプローチの登場に伴う，ロールプレイやシミュレーションが主流であった。その後，CEFR の普及に伴い，ディスカッションやディベート，対話など社会的な側面を持つ双方向型の活動が学習者に提供されるようになった。

　したがって，こうした実践が提供されることで，双方向型の活動を重視する学習の概念が教室に浸透してきたと言える。

## 3.2　教室における複言語主義の実践を伴わない CEFR

　オーラルの学習の重要性が再認識されているが，CEFR の「理解」が生み

---

6　［訳注］日本の文部科学省にあたるフランス国民教育省が認定している公式のフランス語資格試験。そのレベル分けは，CEFR の 6 段階の共通参照レベルに対応している。

出した評価への極端な集中によって，教室における複言語主義の実践が無視
されてきた。CEFR の策定者の一人であるコストはこの状況を懸念してい
る。また Castellotti（2016b）は，CEFR と結びついた「コミュニケーション
と行動」の視点が共有されない趨勢によって，言語教育学が行き詰っている
と指摘する。さらに，上述の通り，生徒が新しい言語を学ぶ際の誤りや既知
の言語の「侵入」に対する教師の規範主義的な態度によって，言語の相互依
存性についての学問的発見を教室に届けられないのである。したがって中間
言語，言語の相互依存，複言語能力の概念は，依然として教育学的には実践
に至っていない。

　最近の研究（Azaoui, 2014）によると，フランスにおける多言語の生徒の
FLS（第二言語としてのフランス語）の教室では，生徒の母語使用が以前に
比べると受け入れられるようになっているが，それは，生徒の母語を使うこ
とによって教師の想定する学習の進度についていくことが可能になる場合の
みである。しかも，認められているのは，単語や指示の翻訳だけである。別
の研究（Faupin, 2015）では，FLS の生徒の家庭での言語使用に関する調査
が行われたが，アズーイの研究結果を裏付けるものであった。学習の補助と
してではなく，授業の進度を妨げない（つまり教師の時間を奪わない）限り
は受け入れられるのである。つまり，このような生徒の言語使用は，言語と
文化の教育学が奨励していること，すなわち，すでに他言語について持って
いる知識を活用することで，メタ言語能力と学習言語に対する帰納的な省察
力を伸ばす状況に学習者を置くこととは大きく異なっている。

## 4.　FLE の教員養成に関する調査——複言語主義の教室における実践の欠如

　フランスの各大学で実施されている FLE の教員養成に目を移すと，修士
課程のプログラムの構成[7] やそこに込められた教員や研究者の学術的な拠り
所を分析する限り，複言語主義は，教員養成の目的のなかでかすかに見える

---

　7　FLE の資格があれば，フランスのみならず世界中で外国人の学生に外国語としてフ
　ランス語を教えることができる。

だけであり，教室での実践となればなおのことである。ただし，多様性や異質性の概念はよく目にする。また，最近では FLE の免状や養成でその関連分野として，社会言語学の授業や社会言語学者が強い存在感を示している。Castellotti（2016a: 54）は，社会言語学の研究は，ほかの研究と共同することにより，ある種の学際的な「中心となる目的」を形成して，大学における教員養成を実りあるものにするが，しかしこのことはつねに明確化されているわけではないと述べている。鍵となるのは，「FLE の教育学と社会言語学というふたつの分野に多少なりとも明瞭にうまく対処できる研究者と多少なりとも特化されるかうまく関連付けられた形で取り組む価値があるとみなされる研究分野が存在するかどうかである」（Castellotti, 2016a: 53）。このことが問題になる理由はふたつある。ひとつは，大学のほかの教育分野に社会言語学者が入る余地はほとんどないことである（候補は，例えば言語科学や人類学かもしれないが，利用できるポストは極めて少ない。FLE の教育学はそうではなく，学生の数もずっと多く，より多くの教員，研究者が求められている）。もうひとつは，FLE の教育学に，教室での実践や学習者の発達に焦点を当てた研究をしている博士や若い教員がほとんどいないことである。人気があるのは，教育工学，言語習得に関する実験，あるいはデジタル技術である。

　結局のところ，こうした FLE の教員養成の状況は，少なくとも矛盾をはらんでいる。教室で必要になる実践経験や道具なしで，複言語主義や社会的問題（アイデンティティ，力関係，言語およびその地位と結びついた優位性などの概念）の言説に研修中の教員がさらされているような形で，教員養成はすべて行われる。ところが，これらの概念が教室のなかで具体的に生み出す諸問題を考えに入れるのを可能にしてくれるのは実践なのである。

　Dufour（2014）も，複言語主義に関する社会言語学的言説とその教育的実践がなされていないことによる問題が等閑視されていることで生じているこの矛盾について，同様の結論に至っている。しかしながら，Dufour の報告は，FLE の教員養成に直接向けたものではなく，もっと責任のある CEFR の概念そのものに向けられたものである。彼女によれば，CEFR は，理論的なレベルでは，「言語レパートリーの概念をもっぱら社会言語学的側面に固定して，心理－認知面をなおざりにして，隙間だらけの表象を提供する」立

場をとってきた。言語と認知の関係についての問題が国内外を問わず多くの研究者の関心を惹きつけ，言語や学習に関するテクニカルな分野が拡大している現在，その選択が問われているのではないだろうか。こうして複言語主義の定義は，言語レパートリーの概念に馴染みのないことに不安を感じる言語教師に対して，その特徴や言語教育学への導入が新しい状況，すなわち「ネイティブスピーカーを究極のモデルとして言語をマスターすることが重要なのではない」（CEFR, 2001: 11）状況を可能にすることへの理解を難しくしている。それゆえに彼女は，この概念によって引き起こされる教育学の外的な転換のプロセスについて問題提起を行ったのである。

　実際に社会言語学は，CEFR の開発においても FLE の教員養成においても主要な役割を果たしたが，そのことがこの問題提起を遅らせたのではないだろうか。さらに，いくつかの著作のなかでの「社会教育学」といった用語（Rispail, 2003）の出現は，この仮説を裏付け，具体的な活動の提案もなく，言語と社会的な問題の関係についての言説に席巻された教室に対して何も提供できていないことを物語っている。

## 5.　多言語環境という豊かな土壌を利用して転移を可能にする活動

　教師と生徒の間で言語資源を意識することは避けて通ることができない。このステップによって教室という集団に存在する緊張感，社会・アイデンティティに関わる問題についてさまざまな評価を下すことができる。この言語を認識する局面は必須であり，教室活動の最初のステップである。それによって複言語，複文化の観点からのフランス語学習が可能になる。

　次の段階では，学習者と一緒に取り組む具体的な活動の提示が重要になる。多言語環境のクラス，とりわけ移民やジタン／ロマ[8]のいるクラスにおける調査[9]を通じて，あらゆる言語学習者に関係し，一般化できる有効な活

---

8　［訳注］ジタン（gitans）とロマ（roms）は，Tsiganes（ジプシー）の下位集団名。フランスのジプシーと彼らの言語については相野毅著「ヨーロッパ言語憲章とフランス ロマニ語の場合」（Revue japonaise de didactique du français, 2016, no 11）が詳しい。

9　この調査に参加したジタンの子どもたちは，カタロニア語の変種を話す。ロマの子どもたちはルーマニア出身。

動を提案する道筋を示すことになる。

## 5.1　中間言語の受け入れから言語の俯瞰的観察へ

　二言語相互依存仮説[10] に沿って，生徒の言語を受け入れ，かつフランス語力向上の資源として活用するためには，生徒の既知の言語をフランス語と一緒に見てみる俯瞰的観察活動を提案するのが適切だと思われる（例：言語ごとに否定がどのように行われるのかを比較[11]）。フランスに来たばかりの生徒を対象にした FLE/FLS のクラスでの経験から（Auger, 2010），生徒たちは非常に積極的に取り組み，観察，分析，関連付けの能力を強化していることが明らかになった。言語に対する気づきは 3 歳頃から発達する認知プロセスであるため，この実践は就学前の子どもに不都合ということはない。実際，最初のステップとして，メタ言語的なことばを使用しないで言語の類似点や相違点，あるいは特異な部分を見つける活動は，どの学習者でも可能である。多言語環境の教室で，FLE の教師と一緒にこうした活動に取り組むことにより，モチベーションも高まる。このようにして，生徒たちは必ずしも窮地に陥っている（確かによくそのように思われているのだが）のではなく，彼らは必要な知識や能力を持っているということに教師も気づくことができた。教師は，フランス語を教えるのと同時に，生徒が知識を組み立てることの手助けをするという新しい役割を担うことになると述べている。また教師は，これらの活動は自分たちを（また生徒も）言語学者にするのではなく，単に言語への注意を促すものであったと指摘していた。

　ロマンス語系の（フランス語以外の）ある言語を話す子どもがフランス語を学習するケースでは，同じ語族の言語を俯瞰する（言語全体を見渡す）試みも可能である。Blanche-Benveniste & Valli（1997）や，最近では Escudé & Janin（2010）が提案している（異言語間の）「相互理解アプローチ」[12] は帰納

---

10　［訳注］カナダの心理学者カミンズ(Cummins)の説。彼の説によると，表面的には異なる第一言語と第二言語でも，基底言語能力と呼ばれる言語の基底にある規則や体系は共通している。この共通言語能力のおかげで，第一言語の言語能力を第二言語へ転移させることが可能になり，第二言語の習得が容易になる。

11　ecmlat "French examples" <https://www.youtube.com/v/C874sN1_1WA?autoplay=1&rel=0>

12　［訳注］1990 年代に，フランスのエクサン・プロヴァンス大学の言語学者ブランシュ

的である。つまり，「明白な」領域[13]の最大限の活用，理解できないときは
テキストの全体的な理解を促すために虚語の使用[14]，あるいは録音した音声[15]
や文法教育など必要に応じて構成されている「連続した層」を用いての推論
の繰り返し[16]を重視している。このアプローチの原理は，あらゆる点で言語
の自属化[17]に関する現在の知見にも対応している。しかし，これらは，ロマ
ンス語の研究者や学生が言語学の研究成果を共有するために開発されたのが

---

　－バンヴェニストを中心に，フランス，イタリア，スペイン，ポルトガルの大学の語学教
師，研究者が集まり，ロマンス語系の4言語のひとつを母語とする学習者が短時間で
他の3言語の理解も可能にする教授法「相互理解アプローチ」の開発研究を行った。
その成果は，*EuRom4 : méthode d'enseignement simultané des langues romanes*『EuRom4——
複数のロマンス語同時教授法』としてまとめられ，1997年に公表された。その教授法
は，系統が同じ4つの言語の共通性とそれに基づく推論を利用するためのリーディン
グスキルを養成しようとするものであった。

13　［訳注］初心者でも理解できる領域のこと。4言語は，語彙は語根が同じで語幹が
似ているため，また基本語順はS+V+Oであるので，語彙とシンタックスは未習の言
語でも理解しやすい(Castagne, 2002, Intercomprehension et inférences : de l'experience
EUROM4 au projet ICE, p. 3)。

14　［訳注］EuRom4の教授法のひとつで，文中の理解できない単語を虚語，すなわち特
定の意味のない単語「何とかいうもの，こと」でとりあえず置き換えて，ワンセンテン
スあるいは文章の最後まで読み進んで，全体的に理解させる方法(Escudé & Janin, 2010,
p. 46, note 43)。

15　［訳注］授業を録音したものを再び聞くことによって，学習したことを再活性化させ
る(Castagne, 2004, Inférences semantiques et construction de la comprehension en langues
étrangères européennes, p. 93)。

16　［訳注］EuRom4の教授法のひとつで，同じ文章を読む方法を変えて繰り返し読み，
そのつど推論をして少しずつ段階的に全体の内容を理解させる方法(Castagne, 2002:
9-12)。

17　［訳注］「自属化」はフランス語appropriationの訳。マルクスに由来する概念で，
「領有」，「専有」とも訳される。具体的には，学習を「学習主体が客観的に存在する
知識を内化していく」過程ととらえるのではなく，ヴィゴツキー，バフチンにした
がって，**「相互行為を通して実現される関係性の変化」**としてとらえ，**「学習主体が自
らの解釈や意図に従わせて」**，「他者に属する何かあるものを取り入れ，それを自分の
ものとする過程」と考える(本間淳子(2014)「第二言語学習における「わがものとする
(appropriation)」学びの可能性」<http://hdl.handle.net/2115/55325>)。フランスの言語
教育学者Castellotti(2017, *Pour une didactique de l'appropriation : diversité, comprehension*,
Didier)も，従来の習得(apprentissage)の概念と区別するためにこの概念を使っている。

始まりなのである。FLE の授業のために，より一般的な活用が検討されるようになったのは最近のことである。そこで，例えばペルピニャン[18] のジタン（カタロニア語話者）を対象にして，上述の原則に基づき，われわれは書記法と音声のつながりに関する取り組みを提案した。実際，フランス語では書かれていても「無音」扱いの文字が数多くあるが，カタロニア語では「有音」なのである。生徒の言語に頼ることで，こうした書記上の難しいポイントも頭に入れられるのである。

## 5.2　教室におけるあらゆる活動を展開していくなかでの学習資源としての生徒たちの言語

　FLE を学習する特定の対象（移民，学生，研究者）に対して行われた数々の試みをもとに生み出されたフランス語のスキル養成を目的とした活動とは別に，現在の FLE においては，すべての学習者の言語を含んだ教室活動が考えられている。その目的は，教師が用意した課題を遂行するためだけに言語を使用するという落とし穴にはまらないことである。教育の状況を挑発的に総括すれば，今こそ生徒の言語を教育だけではなく，生徒自身のために役立てるときである。

　われわれが取り上げた，生徒の言語を授業に取り入れる取り組みは，教師には予測できないことも起こるため，一種の「対応」にすぎない。しかし生徒の言語は，たとえインタラクションの「障害」となったとしても，フランス語の能力を構築する手助けになる。生徒の言語を足場かけ[19]を目的として活用することが重要なのである（Gibbons, 2009 を参照されたい）。

---

18　[訳注] ピレネー山脈を挟んでスペインとフランスの両国に跨がるカタロニア地域のフランス側の中心都市。17 世紀にフランス領としてスペインから割譲され，カタロニア語も使われている。

19　[訳注]「足場かけ」はフランス語 étayage の訳で，英語の scaffolding に相当する。「足場かけ」とは，ロシアの心理学者ヴィゴツキーが提唱した「発達の最近接領域」理論に依拠するもので，他人の助けを借り（＝「足場かけ），他人を模倣することで問題を解く場合には，明日になって達成できるような課題もその日に達成できることを明らかにするもので，協働学習の意義を伝えている。ギボンズ（Gibbons, 2003, Mediating Language Learning: Teacher Interactions With ESL Students in a Content-Based Classroom, TESOL Quarterly Vol. 37, No. 2, pp. 247-273）は，移民の子どもたちのクラスで教科学習

　例えば，モンペリエ近郊の FLE/FLS のクラスで実施された Romtels[20] のプロジェクト[21] では，筆記の活動（美術館に展示されている絵画のタイトルをフランス語で作成）の際に，生徒は自分が知っている他言語（ルーマニア語やウルサリ語）の単語を使用することもあった。これらの単語は，意味的にも音韻的にもフランス語と近く，言語記号の意味交渉（« vapor » は「蒸気船」bateau à vapeur なのか，それとも一般的な「船」bateau のことなのか）[22]や言語の類似性の問題は，生徒たちの意味論的能力や正書法に関わる能力にとって非常に興味深い議論の対象になるだろう。

　描写に関係したオーラルやライティングの能力を向上させるため，生徒の言語を考慮して計画された足場かけが同じクラスで試みられた。子どもたちには，フランス語と話された言語の一覧表の作成を求めたが，彼らは既存の知識を活用することができた。また，ロマの保護者とのセッションでは，描写のジャンルについて各自の経験と比較する機会にもなった（自分が子どもの頃に教わった詩を家庭内言語で書く親もいた）。

　学習の質を向上させるには，テキストを単純にするのではなく，既知の言語で書かれたテキストを活用して橋渡しをすることが重要である。論述のジャンル（形式）の問題によって，内容（核心）重視が置き去りにされてはならない。学習者に対しては，実際にものを書く，あるいは議論するプロセスに入る前に，これから彼らが取り組むテーマ（例えば，われわれの試みでは，ロマの子どもたちが絵を描く技術について，どんなことをしてきたか）について，自分の知っている言語を使った研究を促すことも可能である。フランス語の知識を深めるため，オーラルでも筆記でも，活動のなかでは学習

---

　　用の英語を理解させるために，学習者と教師がやり取りを通じて行う 4 種類の足場かけの方法を紹介している。

20　ROMtels "Project strands" <https://research.ncl.ac.uk/romtels/strands/>

21　授業は，7 歳から 13 歳の 9 人のロマの子どもたちを対象にして行われた。彼らは全員セートの受け入れクラス，ラカナル小学校，ヴィクトル・ユゴー中学校で教育を受けている。彼らは，2007 から 2008 の教育年度にフランスにやってきた。

22　［訳注］「意味交渉」は，単語などの正確な意味を理解するために実際にやり取りを繰り返すこと。第二言語習得に関する「インタラクション仮説」や「インプット仮説」では，重要な概念で，目標言語で意味交渉することにより，より効果的に言語を習得することができると考えられている。

者に対して，言語のスイッチングが容易にできるようにお互いに手助けすることが促される。

　フィンランド語でのプロジェクト（注 20 のサイトを参照されたし）のように，学習者が学びながら構築していく多言語の文法教育のプロジェクトは，FLE の授業で有効になりうる実践例である。

## 6.　結論——将来の複言語の概念パラダイムにおける外国語教師の教育力養成

　FLE の教室における CEFR の複言語能力の運用の概念があまりにも漠然としていたこと，社会言語学と社会言語学者が教員養成において支配的な立場にあったこと，そのふたつによって，しきりに奨励された複言語のパラダイムを学習者と一緒に実践することができなかった可能性がある。このような状況は大きな障害である。なぜなら，多様な言語背景を持つ学習者が増大するなかで，彼らのフランス語の能力を高めようとするのであれば，可能な限りあらゆる資源を活用することが喫緊の課題だからである。

　本章では，教師が複言語という資源を考慮に入れることで，一般的な FLE の指導や学習者のフランス語のスキル向上に役に立つメタスキルの養成を援助する方法について考察してきた。事例として，特定の人々（移民，ジタン／ロマ，生徒）を対象にした教室の試みを紹介し，あらゆる学習者に対して応用可能であることを示した。

　しかし，強固な迷信も存在しており，われわれの調査（Auger, 2010）によると，教師は，生徒の言語を教室に持ち込むことで言語の混合や共同体主義の出現を恐れている。そうした考慮すべき事項は，われわれが Langues et Diversité（MALEDIVE[23]）のサイト用に開発した教員養成モジュールにも盛り込まれている。しかしながら，Cummins（2006）が « identity texts » という名称で提案した，生徒に自分の知っている言語で文章を作成させる実践は，現在のところフランスの教育現場では受け入れられていないことは注目

---

23　Council of Europe "Teaching the language of schooling in the context of diversity" <http://maledive.ecml.at/Home/tabid/3598/language/en-GB/Default.aspx>

すべき点である。アイデンティティという概念は，メディア，政治の場では
あまりにもセンシティブなものであり，結局のところ教室でもそのように
なってしまう。生徒たちが複言語能力，ましてや雑多で，複雑で（Morin,
1990），多元的な（Lahire, 1998）複文化アイデンティティをつくりあげる手
助けをするという考えを認めるというのは，うまく進めるのが難しいコンセ
プトである。教育の分野であまりにも間違った形で理解されている
（Dervin, 2012）異文化間の観点は現在，袋小路の状態だが，今のところわれ
われが CEFR のアプローチのなかでアイデンティティや複文化よりも，と
りわけ複言語の問題に取り組んでいる理由は，その袋小路に陥らないように
するためである。

　本章で論じた FLE の現在の実践に対する批判的な見方，多言語の人々に
対する教育の解決するべき難題，特定の人々を対象にした実験的取り組み
は，FLE の教育学，より広い意味では外国語教育を新たな視点で考察する
ための独自の立ち位置を提供してくれるのである。

## 引用文献

Auger N. (2010). *Elèves Nouvellement Arrivés en France. Réalités et perspectives en classe.*
　　Paris : Editions des Archives Contemporaines.

Azaoui B. (2014). Coconstruction de normes scolaires et contextes d'enseignement. Une
　　étude multimodale de l'agir professoral. Thèse en sciences du langage soutenue à
　　l'Université Montpellier 3.

Blanche-Benveniste C. & Valli A. (1997). L'intercompréhension : le cas des langues romanes.
　　*Le français dans le monde, Recherches et applications 11.*

Blanchet P. (2008). La nécessaire évaluation des politiques linguistiques entre complexité,
　　relativité et significativité des indicateurs. *Les Cahiers du GEPE, N°1/ 2008. L'analyse
　　des pratiques d'évaluation des politiques linguistiques : une entrée pour l'étude des
　　politiques linguistiques ?* <http://www.cahiersdugepe.fr/index.php?id=898>

Castellotti V. (2016a). Idées sociolinguistiques et orientations didactiques. Histoires croisées,
　　projets à repenser. *Revue de sociolinguistique GLOTTOPOL 28.*

Castellotti V. (2016b). Le plurilinguisme est-il responsable de tous les maux de la
　　(recherche en) sociolinguistique et didactique des langues ? *Revue de sociolinguistique
　　GLOTTOPOL 28.*

Conseil de l'Europe (2001). *CECRL (cadre européen de réference pour les langues).* Paris :

Didier.

Corder S.P. (1967). The Significance of Learners` Errors. *International Review of Applied Linguistics*, *5*, 161-169.

Coste D., Moore D. & Zarate G. (1997). *Compétence plurilingue et pluriculturelle*. Strasbourg : Conseil de l'Europe.

Cummins J. (1976). The influence of bilingualism on cognitive growth : A synthesis of research findings and explanatory hypotheses. *Working Papers on Bilingualism*, *9*, The Ontario Institute for Studies in Education, pp. 1-43.

Cummins J. (2006). Identity texts: The imaginative construction of self through multiliteracies pedagogy. In Garcia O., Skutnabb-Kangas T. & Torres Guzman M.E. (eds.), *Imagining multilingual schools: Languages in education and glocalization*, 51-68. Clevedon, England: Multilingual Matters.

Dervin F. (2012). *Impostures interculturelles*. Paris, coll. Logiques sociales, immigration, interculturel, sociologie.

Dufour M. (2014). Du concept de répertoire langagier et de sa transposition didactique. *Lidil*, *49*, 179-194.

Escudé P. & Janin P. (2010). *Le point sur L'intercompréhension, clé du plurilinguisme*. Paris : Clé International, Didactique des langues étrangères.

Fabbro F. & Paradis M. (1995). Differential impairments in four multilingual patients with subcortical lesions. In Paradis M. (ed.), *Aspects of bilingual aphasia*, 139-176. Oxford, UK: Pergamon Press.

Faupin E. (2015). *Prendre la parole en classe, une gageure pour les élèves allophones arrivants : le cas des cours de français, mathématiques et histoire-géographie*. Thèse soutenue à l'Université de Nice Sofia-Antipolis.

Gibbons P. (2009). *English Learners, Academic Literacy and Thinking: Learning in the Challenge Zone*. Portsmouth, NH: Heinemann.

Gumperz J. (2005). *Engager la conversation* (éd. 1989). Paris : Éditions de minuits.

Lahire B. (1998). *L'homme pluriel*. Paris : Nathan.

Moore D. (1996). Bouées transcodiques en situation immersive ou comment interagir avec deux langues quand on apprend une langue étrangère à l'école, *Acquisition et interaction en langue étrangère*. <http://journals.openedition.org/aile/4912>

Morin E. (1990). *Introduction à la pensée complexe*. Paris : Le Seuil.

Oesch Serra C. & Py B. (2012). Présentation. *Acquisition et interaction en langue étrangère*. <http://aile.revues.org/4903>

Rispail M. (2003). *Le francique, De l'étude d'une langue minorée à la socio-didactique des langues*. Paris : L'harmattan.

Sauvage J. (2015). *L'acquisition du langage. Un système complexe*. Louvain-la-Neuve : Academia, coll. Sciences du langage : carrefour et points de vue.

Selinker L. (1969). Language transfer. *General Linguistics*, *9*, 67-92.

Vion R. (1996). L'analyse des interactions verbales. *Les Carnets du Cediscor*, *4*, 19-32.

Zarate G. (1993). *Représentation de l'étranger et didactique des langues*. Paris : Didier, coll. Crédif essais.

第 2 章

# 大学における外国語としての
# フランス語教育課程に
# CEFR が及ぼす影響力

ジェレミ・ソヴァージュ
近藤野里（訳）

　本章では，小学校から大学までの外国語教育課程の編成における CEFR の重要性に触れたい。言語熟達度の尺度は個々の能力について目標となるさまざまな学習目的の国際的統一を可能にした。フランスでは，この統一が，学習目標となる能力を再編成するという目的で，国民教育プログラムの採用と解釈され，外国語もしくは地方語の教育・学習は 2002 年にまず CM2（小学校 5 年生，10 歳）で義務化され，徐々に CP（小学校 1 年生，6 歳）からその教育・学習がはじめられるようになった。次に，CEFR において冷遇されるもののひとつである FLE（外国語としてのフランス語教育）における発音矯正，もしくは音声学の教育・学習について述べる。他の言語学的要素との比較において，教科としての音声学の特性を分析することで，この冷遇を説明できるだろう。

キーワード 🔍　教授・学習，音声学，外国語としてのフランス語教育，能力に基づいた教育法，カリキュラム

## 1. 序

　FLE における発音矯正の近年の動向，とくに 1980 年代および 1990 年代のこの分野における研究活動の停滞は，FLE において，音声学が今日においてもなお冷遇されている理由を説明できる（Sauvage & Billières, 2019）。たとえば，文法などのような分野と比較して，音声学に関する研究は豊富にあるわけではない。しかし，音声学に関する研究がこのような状況でもなお存在しえたことを考慮しつつ，あえてこの冷遇について議論する（Renard, 1977; Callamand, 1981; Callamand & Pédoya-Guimbretière, 1984; Kaneman-Pougatch & Pédoya-Guimbretière, 1989; Guimbretière, 1994; 1996; Lhote, 1995）。音声学分野における研究のむずかしさとして考えられる原因は，1970 年代の学問分野の変化に関係する。とくに社会語用論的アプローチの発展の結果としての，人文科学および社会科学における構造主義の瓦解である。このようなアプローチは，一方で音声学，他方で言語・文化教育という存在論的な二分法を生じさせた（Sauvage, 2019）。

　2000 年代には，FLE における音声学の教授法の活用が，主として教材に限られるというのは興味深く（100 程度の練習問題を含む書籍には Charliac & Motron, 1999; 2007; Abry & Chalaron, 2009 がある），教室における音声学教育への実質的な関心というものがどのようなものか想像できる。Billières（2001; 2005; 2008），Lauret（2007），Léon et al.（2009）らの研究の存在を考慮すると，幸運にも，教授法に関する熟慮がこの 10 年間まったくなかったというわけではない。他方で，この 10 年間の後半を音声学の教授法の回復期としてみなすことができる。これは 2010 年代における教授法研究の回帰によって確認されるものであろう（Abou Haidar & Llorca, 2016; Danko, Sauvage & Hirsch, 2015; 2018; Guimbretière & Laurens, 2015; Sauvage & Billières, 2019; Miras & Vignes, 2019）。

　これまでの 40 年間の FLE の教授法の歴史において代表的だと考えられる音声学の教育をめぐる最近の状況を鑑みながら，CEFR（Conseil de l'Europe, 2001）が与えたインパクトについて議論したい。フランスの国民教育システムにおいて，教室での外国語教育に対して，そして当然ではあるが FLE の一般的教授法の考察，とくに音声学・音韻論分野に対しても同様に，

CEFR の影響が見られた。この論文の結論では，問題が CEFR それ自体に端を発するものではなく，むしろ CEFR に基づいて整備された制度に問題があることを強調しつつ，CEFR からの逸脱と，能力に基づいた言語教育への移行について結論を述べる。

## 2.　国民教育のプログラムと共通参照レベル

　著者は 2002 年に小学校教員採用試験（CRPE）に合格，数年間，小学校の教員を務める機会を得た。当時というのは，国民教育の公式プログラム（M.E.N., 2002）における年間 54 時間（週 90 分）の外国語教育が義務化した時期である。初等教育（フランスでは 2013 年度以降に小学校 1 年生から外国語教育が義務化された）にはじまり，中等教育（中学校および高校），大学までの外国語の教育・学習に対して共通参照レベルが適用された。初等教育における 5 年間での達成レベル（1 年生（CP）から 5 年生（CM2）まで）は CEFR の A1，中学での修了資格（中学 3 年生に相当）では CEFR の A2 が妥当である。高校については，B レベルが求められるが，B1 と B2 といった指定はとくにない。ただし，科学系や経済・社会系とは異なり，人文系の課程では，一般的には B2 が妥当とされる。大学では，高等教育における 3 種類の言語能力証明（CLES[1] 1（B1 レベル），CLES 2（B2 レベル），CLES 3（C1 レベル））があり，これは目標言語の母語話者ではない学生の言語熟達度の尺度である。

　一連の変革は以下に述べる状況を引き起こした。4 技能，つまり「聴解」，「読解」，「口頭表現」，「文書作成」[2] が外国語教育で到達されるべき目標となって以来，共通参照レベルはフランスの教育文化に影響を与えてきた。フランス国民の外国語能力とその教育については，実際には状況が好転して

---

1　［訳注］CLES（Certificat de compétences en langue de l'enseignement supérieur）「高等教育における言語能力証明書」

2　［訳注］「聴解」，「読解」，「口頭表現」，「文書作成」は，それぞれ Compréhension Orale, Compréhension Ecrite, Production Orale, Production Ecrite の和訳。あとで筆者が問題にするフランス語の検定試験 TCF, DELF／DALF の「日本フランス語試験管理センター」がこの用語を用いているので，ここでもこのように訳した。

いる傾向にあるものの，国際ランキング（国際学力調査，PISA）において
フランスはネガティブなイメージを払しょくできていないことについては言
及しておくべきだろう（CNESCO, 2019）。しかし，教育現場での，とくに
小学校からの複言語教育の状況を考慮すれば，将来的な好転も予想される
（Auger, 2010; 2020）。

## 3. 外国語としてのフランス語教育（FLE）への影響力

　FLE に関しては，40 ほどのフランス語大学センター（CUEF）によって
Campus-FLE ADCUEFE（FLE 大学センター長協会：Association des Directeurs
des Centres Universitaires d'Études Françaises pour Étrangers）というネットワー
クが組織されている。

　モンペリエにある FLE 教育の大学機関 IEFE（Institut universitaire
d'Enseignement du FLE）では，大学でのフランス語学習に対して 6 つのレ
ベルのフランス語学習修了証 DUEF（Diplôme Universitaire d'Études
Françaises）を発行している。これらの修了証はそれぞれ，CEFR のレベル
に相当する。仮に CEFR が教育課程編成に適していないとしても，CEFR か
ら解釈されたことは，学習の再編成，つまり，言語の教授・学習における新
たな教育計画の提案に帰するものである。このような理由から，言語，言語
活動，そしてその習得に関する社会・語用論的アプローチに続き，2000 年
代以前に教育法の研究が奨励したこと（Labov, 1972; Hymes, 1972）に応じ
て，社会的コミュニケーションという目的を掲げる，能力によるアプローチ
（Beacco, 2007）の利点について強調する必要がある（Boyer & Rivera, 1979;
Besse & Galisson, 1980; Moirand, 1982; Besse, 1985; Bérard, 1991）。

　1 学期間に 13 週，計 200 時間の学習によって，それぞれのレベルの修了
証が与えられる。つまり，初学者の外国人学生は 3 年間の集中的な学習を
終えると，C2 レベルの修了証を得ることができる（同時に 3 年間のフラン
ス滞在を意味する）。これらの修了証を取得することは，検定に合格するよ
りもむずかしい。DUEF B1 を修了した学生が，学期末の 12 月もしくは 5 月
に DELF B2 レベルを取得することは珍しいことではない。DELF および

DALF[3] がフランス語の語学証明書として最もよく知られていることから，今日 DUEF は言語能力を保証する修了証として，少なくともフランスの大学では，徐々に認知されている。

## 4.　FLE の教授法と発音矯正──批判的議論とは？

　言語学習の音声・音韻習得の目標は CEFR の第 5 章に獲得されるべき音声能力として説明されている（音の単位，音素を区別する音声的特徴，単語の音要素などを知覚し，産出する）[4]。

表 1　音韻体系の把握

| C2 | C1 と同様。 |
|---|---|
| C1 | 微妙なニュアンスを表現するために，イントネーションを変化させたり，文アクセントを置くことができる。 |
| B2 | 明白な，自然な発音とイントネーションを身につけている。 |
| B1 | 時に外国風の訛りが目立つこともあり，発音の間違いが生じることもあるが，聞き手に理解してもらうための発音は十分に明瞭である。 |
| A2 | 強い外国風の訛りがあるにも関わらず，聞き手に理解してもらうための発音は十分に明瞭であるが，聞き手から時に繰り返しを求められることがある。 |
| A1 | その学習者・言語使用者の言語グループの話者の言語を聞きなれている母語話者が，記憶された表現および単語の非常に限られたレパートリーの発音を多少の努力で理解することができる。 |

---

3　［訳注］DELF（Diplôme d'études en langue française「フランス語学力資格試験」）と DALF（Diplôme approfondi de langue française「フランス語上級学力資格試験」）は，日本の文部科学省にあたるフランス国民教育省が認定している公式のフランス語資格試験。そのレベル分けは，CEFR の 6 段階（A1/A2/B1/B2/C1/C2）の共通参照レベルに対応している。DELF は A1 から B2 までを，DALF は C1 と C2 を対象にしている。試験内容については，訳注 5 を参照されたし。

4　［訳注］表 1 は，フランス語版 CEFR の 92 ページにある表を近藤が和訳した。

> CEFR の利用者はつぎの点を考慮し，場合によってその結果を表明する：
> 　－学習者に要求される新しい音声技能
> 　－音とプロソディーの相対的な重要性
> 　－音声的な正確さと流暢さが，短期的もしくは長期的な学習目標となるかどうか

　共通参照レベルに応じた学習活動計画に詳細な指針が書かれていない点は残念に思うが，2 つの観点を述べつつ，この点について補足したい。

　第一に，最近の論文で著者が考察したように，音声学の教授法の研究（とくに FLE における）には，25 年間ほどの驚くべき遅れが生じている（Sauvage, 2019）。この分野についてのデータ，観察，考察が欠けていると言ってもいい。

　第二に，教育目標の特性に基づく音声学の教育は，構造的かつ体系的に進む段階的な学習過程との親和性が高いとは言えない。

　音声学における A1 または B1 レベルとは何を指すのだろうか？　たとえば，イタリア語母語話者の学習者では，初学者と同じように /y/ と /u/ を混同してしまうような C1 レベルの学習者は珍しくはない。これが，音声学および音韻論にはほかの言語構造的能力の位置づけとは異なる性質があると考えられる理由であり，カリキュラムのレベルについても同様のことが言える（Sauvage & Billières, 2019）。口頭での理解と産出の能力に音声・音韻的能力を統合させることが優先されるべきである。母語話者は，変異や間違いを産出しながら，他者に理解され，他者を理解することができる。幼児は，音韻的感覚の発達段階では，本来の発音とは異なる発音を産出するものである（Sauvage, 2015）。これは母語ではない言語の獲得においても同様である。

　言い換えれば，音声能力のレベルは FLE において一般的なレベルから独立したものである。つまり，C1 レベルのクラスに登録しているイタリア語母語話者の学習者が，A1 レベルのクラスに登録する学生と同じ間違いを矯正するために，実験室で行われるような音声学の授業を受講することはありえるだろう（たとえば，先ほどの /y/ と /u/ の混同）。実際に，語彙能力，統語能力，そしてコミュニケーション能力が，C2 レベルに優に達していたとしても，発音に関しては多くの変異が長期にわたって観察されることはよくあ

る。外国風の「訛り」というものは，それが学習の終盤にある学習者の言語レベルの全体的な質を損なわずとも，その言語的技能にしばしば残存するものである。すべてのフランス語母語話者が「訛り」を有しているわけであり（Blanchet, 2016），非母語話者の場合は方言的な「訛り」ではなく，国際的な「訛り」を持っているわけで，非母語話者も同じようにフランス語話者であると認められるべきである（Detey & Racine, 2012; Detey, Racine, Kawaguchi & Eychenne, 2017; Falkert, 2019）。

　よって，言語能力全般を習得するための一般的な授業コース設計に音声学を組み込むことはできない。また，その点で，CEFR を批判することもできない。

　このような事情がある理由は，音声学・音韻論に関わる問題が（統語もしくは語彙とは異なり）脳科学や神経知覚といった分野で扱われるという事実に見いだせる（Sauvage, 2020）。言語教師がニューロンネットワークを刺激しながら「立ち向かう」べきは，脳神経の可塑性である。このことは，目標言語で規範とされる発音を習得するのになぜ長期にわたる学習時間が必要なのかも説明してくれる。

## 5.　技能とその補償の問題

　ここでは技能の評価とその補償という，慎重に取り扱われるべき問題を提起したい。はじめに TCF[5]，続いて DELF/DALF について言及する。そし

---

5　［訳注］TCF（Test de Connaissance du Français「フランス語学力テスト」）は，フランス国民教育省の要請により CIEP（国際教育研究センター，注 11 を参照）が開発した試験。TCF と DELF/DALF とは，その目的が異なっている。TCF は，受験者の能力が CEFR の 6 段階（A1/A2/B1/B2/C1/C2）の共通参照レベルでどのレベルにあるのかを測るためのテストで，合格／不合格はない。TCF の受験者は，CEFR の共通参照レベルに対応したレベルの資格を得ることはできないが，どのレベルにあるかを知ることができる。それに対して，DELF/DALF では，受験者は，自分の能力に応じてレベルを選択して受験して，合格すれば，そのレベルの資格証明書を取得することができる。次に，試験分野は，DELF/DALF では，聴解，読解，文書作成，口頭表現の 4 分野である。それに対して，TCF では，必須分野と補足分野に分かれている。必須分野は聴解，語彙・文法，読解の 3 分野で，補足分野は口頭表現，文書作成の 2 分野でそれぞれ構成されている。試験時間は，聴解，語彙・文法，読解が計 1 時間 25 分，口頭表現が 12 分，

て，言語の資格試験（DELF/DALF, TCF）において，4つの技能間の補償を
するために，それぞれの技能を平均化した，4技能の乱用とも言える現状に
ついて述べる[6]。

## 5.1 TCF

TCFに関しては，「口頭表現」に関する評価がないため[7]，話者の総合的な
フランス語レベルを正しく測定することはむずかしい。なぜ口頭表現の試験
がないのかは，試験実施の方法とその料金を見れば理解できる。文書作成，
読解，聴解の試験の際には監督者が2名いれば十分で，口頭表現のテスト
では約30分間（レベルによって異なる），ひとりの受験者に対してふたり
の面接官を物理的に配置すること（報酬支払いの義務あり）が必要である[8]。

われわれには公式に言及する権利はないが，TCF B2レベルはDELF B2
レベルと完全に同等というわけではない。しかし，このことで問題が生じ
る。というのは，フランスの大学は，外国人学生に登録させる際に，「B2レ
ベル」としか要求できず，学生が認定されているB2レベルがTCF，DELF
のどちらのものなのかは問題にしていない。語学力の証明に口頭表現の試験
がないということは，試験の時にその言語をまったく話すことなく，語学力
を保証する資格証明書を得ることができるという大きな矛盾を示しているこ
とになる。ところが，すでに指摘したことではあるが，能力に基づいた言語

---

文書作成が1時間である。DELF/DALFの試験時間は，各分野，各レベルで異なる。各
分野の試験時間はレベルが高くなるほど一般的に長くなる。A1からB2までを対象に
しているDELFでは，聴解（20分〜40分），読解（30分〜50分），文書作成（30分〜150
分），口頭表現（15分〜60分）である。配点は，TCFでは，必須試験の各分野が699点
満点，補足試験はそれぞれ20点満点である。DELFでは，4分野はすべて25点満点で
ある。DELFでの各レベルの合格点は，4分野の合計が50点以上なければならない。

6　［訳注］筆者は，ここで，DELFでは，ある分野の点数が極端に低くても，4分野の
　　合計点が50点以上であれば合格できることを問題にする。たとえば，聴解（15点），読
　　解（15点），文書作成（15点），口頭表現（6点）の場合，口頭表現の点数は，極端に低い
　　が，4分野を合計すれば51点で，合格点になる。口頭表現の低い点数を他の分野の点
　　数で埋め合わせ，つまり補償をしていることになる。

7　［訳注］TCFは，補足分野を受験しない限り，口頭表現の試験はない。

8　［訳注］筆者は，DELF/DALFの口頭試験を例にして述べている。

学習は，コミュニケーション的観点と社会的観点，つまり社会的なやり取りにおいて，証明されるものである。オーラルの教授法における音声学のステータスに話を戻すと，音声学（発音，音素の実現という観点において）はまさに，「口頭表現」に含まれる。DELF/DALF に関しては，学習者の総合的なフランス語レベルを証明するために 4 つの技能試験が含まれるが，TCF はその限りではない。

## 5.2　DELF/DALF

　筆者はモンペリエ大学のテストセンターにおける DELF/DALF の審査員長として，4 つの成績（それぞれの技能に対する成績）が明記された資格証明書に署名する際に，B2 レベルの学習者は，すべての技能において B2 のレベルを持ち得るのだろうかと疑問に思うことがある。学期はじめのプレースメントテスト，もしくは DUEF の修了証に関わる審議会において，4 技能の試験結果の間に大きな差があることも確認された。つまり，100 点満点中の 50 点や 55 点のような点数，時に口頭表現または聴解において 25 点中の 6 点といった成績で，学生の多くが DELF B2 の資格証明書を持っていることは珍しくない。

　それぞれの技能は 25 点が上限として評価され，100 点満点で総合点が付けられ，25 点のうちの 5 点を下回る成績を取った場合には失格となる。たとえば，総合点が 100 点満点中の 51 点，その内訳として文書作成が 19 点，読解が 18 点，口頭表現が 6 点，聴解が 8 点であるといった資格証明書にサインをすることもあり，このように資格証明書が付与されるわけである。しかし，口頭表現と聴解の技能がそれぞれ 25 点中の 6 点と 8 点であるようなフランス語の B2 レベルをどのように評価すればいいのだろうか。仮に学習者が学部課程や修士課程の授業を履修するために大学へ入学したとして，フランス語で B2 レベルを正式に所持していても（おそらく学習者の履歴書にはそのように書いてあるだろう），彼／彼女の口頭表現と聴解の（むしろ B1 レベルに近い）実際のレベルでは（時にネイティブの学生にとっても複雑である）授業を理解することはむずかしく，口頭で意見を述べる，つまり相手に理解してもらうこともむずかしいというのは間違いないだろう。

　解決策は CLES FLE（このプロジェクトは教育省に存在する）を創出する

ことである。これは，大学が発行する証明書で，それぞれの技能の成績は補償されない[9]。つまり，この場合には，実際の言語レベルの資格証明を得るために，技能間の補償なしに，4 技能それぞれについて少なくとも満点の半分の点[10] を得ることが必要となる。このようにすれば，B2 レベルの証明書を持つ学習者は，音声・音韻領域に関係している能力でもある口頭表現，聴解も含めた 4 技能について，本来の B2 レベルを持つことになるであろう。CLES は，世界中で TCF および DELF/DALF を管理する CIEP[11] ではなく，大学によって実施・管理される資格証明書である。国語がその国の大学によって公的に資格認定されていないのは，フランスだけであるということに注意すべきである。

## 6.　結論

　本章では，最終的には CEFR に対する批判や非難の多くが正しい方向に向けられていないことを示した。CEFR，とくに能力に基づいた枠組みは，1970 年からの考慮が重ねられた成果である。われわれは，CEFR は，コミュニケーションを中心とする行動主義的な視座に教師を導くための（最初の数ページの注意書きで明瞭に言及されているように）「柔軟な枠組み」として捉える。もちろん，改善されるべき，そして進歩が期待される点は多い（Conseil de l'Europe, 2018）。話者に CEFR のレベルを割り当てることには限界がある。しかし，生じている問題の多くは CEFR そのものではなく，むしろ CEFR をもとになされたことに関係していると考えられる。著者が専門とする発音矯正に関する問題は，CEFR に起因するのではなく，言語教育の複雑さという性質そのものに起因するわけである。矛盾してはいるもの

---

9　［訳注］訳注 6 で述べたように，現行の試験では，ある分野の点数が低い場合，他の分野の点数で埋め合わせ，補償をしている。そのような補償をしない試験を，筆者は提案している。

10　［訳注］訳注 5 で述べたように，DELF では，4 分野の満点はすべて 25 点である。

11　［訳注］CIEP（Centre international d'études pédagogiques）「国際教育研究センター」は，フランス国民教育省の協力のもとにフランス語振興，フランス語教育の援助推進などの事業を行っている。2019 年に，France Éducation international に名称変更した。

の，CEFR がより強固な枠組みであることを願うと同時に，より柔軟な枠組みであることも願う。われわれは，言語教育・学習の進行を標準化する際に，強制された，もしくは恣意的な規範が参照されるわけではないと考える。標準化することは規範化することではない。本章は，官僚や政治家ではなく，教師であり研究者である著者によって書かれたものである。もし CEFR が欧州の一機関によって出版されたものではなく，大学出版会から出版されていたのであれば（理論上，イデオロギー的にはこれら 2 つの組織はまったく異なるものである），どのようなことが生じていたのだろうか。CEFR からの逸脱というのは手に負えない，そして分析がむずかしい問題である。しかし，まったく別の話であるイデオロギーに関わる議論を望むならともかく，ここでは議論の狙いを間違えないことにしよう（Maurer, 2011）。

## 引用文献

Abou Haidar L. & Llorca R. (dir.) (2016). L'oral par tous les sens. *Recherches et Applications, Le Français dans le Monde, n° 60*. Paris : CLE International.

Abry D. & Chalaron M.-L. (2009). *Les 500 exercices de phonétique, niveau A1-A2. Livre avec un CD audio*. Paris : Hachette.

Auger N. (2010). *Les élèves nouvellement arrivés en France. Réalités et perspectives pratiques en classe*. Paris : Archives contemporaines.

Auger N. (2020). Enseigner à des élèves plurilingues : vers une didactique inclusive. In Mendoça-Diaz C., Azaoui B. & Chnane-Davin F. (dir.), *Allophonie, inclusion et langues des enfants migrants à l'école*, 171-183. Limoges : Lambert Lucas.

Beacco J.-P. (2007). *L'approche par compétences dans l'enseignement des langues*. Paris : Didier.

Bérard E. (1991). *L'approche communicative. Théorie et pratiques, Coll. Techniques de classe*. Paris : CLE International.

Besse H. & Galisson R. (1980). *Polémique en didactique: du renouveau en question*. Paris : CLE International.

Besse H. (1985). *Méthodes et pratiques de l'enseignement des langues*. Paris : Crédif-Didier.

Billières M. (2001). Le corps en phonétique corrective. In Renard R. (éd.), *Apprentissage d'une langue étrangère/seconde 2. La phonétique verbo-tonale*. Bruxelles : De Boeck, coll. « Pédagogies en développement ».

Billières M. (2005). Les pratiques du verbo-tonal. Retour aux sources. In Berré M. (dir.), *Linguistique de la parole et apprentissage des langues. Questions autour de la méthode* verbo-tonale de P. Guberina, 67-87. Mons : CIPA.

Billières M. (2008). Le statut de l'intonation dans l'évolution de l'enseignement/apprentissage de l'oral en FLE. *Le Français dans le Monde, Recherches et applications, n° 43*, 27-37.

Blanchet Ph. (2016). *Discriminations : combattre la glottophobie.* Paris : Textuel.

Boyer H. & Rivera M. (1979). *Introduction à la didactique du français langue étrangère*, Paris : Clé International.

Callamand M. (1981). *Méthodologie de l'enseignement de la prononciation.* Paris : CLE International.

Callamand M. & Pédoya-Guimbretière E. (1984). Phonétique et enseignement. *Le Français dans le Monde, n° 182*, 56-58.

Charliac L. & Motron A.-C. (1999). *Phonétique progressive du français niveau intermédiaire, avec 600 exercices.* Paris : CLE International.

Charliac L. & Motron A.-C. (2007). *Phonétique progressive niveau intermédiaire* (CD audio). Paris : CLE International.

CNESCO (2019). Langues vivantes étrangères : comment l'école peut-elle mieux accompagner les élèves ? <https://www.cnesco.fr/fr/langues-vivantes/>

Conseil de l'Europe (2001). *Cadre européen commun de référence pour les langues : apprendre, enseigner, évaluer.* Strasbourg : Conseil de l'Europe.

Conseil de l'Europe (2018). *Cadre européen commun de référence pour les langues : apprendre, enseigner, évaluer. Volume complémentaire avec de nouveaux descripteurs.* Strasbourg : Conseil de l'Europe.

Danko M., Sauvage J. & Hirsch F. (2015). La perception phonémique en français des apprenants polonophones. *L'Information Grammaticale, n° 146*, 32-38.

Danko M., Sauvage J. & Hirsch F. (2018). Étude de la perception phonémique en français par des apprenants polonophones - test évaluatif à des fins didactiques (le cas des voyelles antérieures de moyenne aperture : [e]~[ɛ]). *Neophilologica, n° 29*, 55-73.

Detey S. & Racine I. (2012). Les apprenants de français face aux normes de prononciation : quelle(s) entrée(s) pour quelle(s) sotrie(s) ?. *Revue française de linguistique appliquée*, vol. XVII (1), 81-96. <https://www.cairn.info/revue-francaise-de-linguistique-appliquee-2012-1-page-81.htm>

Detey S., Racine I., Kawaguchi Y. & Eychenne J. (2017). *La prononciation du français dans le monde : du natif à l'apprenant.* Paris : CLE International.

Falkert A. (2019). La place de la variation dans l'enseignement de la phonétique en FLE. *Recherches en didactique des langues et des cultures*, 16-1. <http://journals.openedition.org/rdlc/4309> DOI: 10.4000/rdlc.4309.

Guimbretière E. (1994). *Paroles.* Paris : Didier-Hatier.

Guimbretière E. (1996). *Phonétique et enseignement de l'oral.* Paris : Didier.

Guimbretière E. & Laurens V. (2015). *Focus. Paroles en situation.* Paris : Hachette.

Hymes D. (1972). On communicative competence. In Pride J. B. & Holmes A. (éds.), *Sociolinguistics*, 269-293. Harmondsworth: Penguin.

Kaneman-Pougatch M. & Pédoya-Guimbretière E. (1989). *Plaisir des sons*. Paris : Hatier-Didier.

Labov W. (1972). *Sociolinguistic patterns.* Philadelphia : University of Pennsylvania Press.

Lauret B. (2007). *Enseigner la prononciation du français. Questions et outils*. Paris : Hachette.

Léon P., Léon F., Léon M. & Thomas A. (2009). *Phonétique du FLE. Prononciation de la lettre au son*. Paris : Armand Colin.

Lhote E. (1995). *Enseigner l'oral en interaction. Percevoir, écouter, comprendre*. Paris : Hachette.

Maurer B. (2011). *Enseignement des langues et construction européenne : le plurilinguisme, nouvelle idéologie dominante*. Paris : Archives contemporaines.

M.E.N. (2002). *Nouveaux Programmes officiels de l'Education nationale*. Paris : XO.

Miras G. & Vignes L. (éds.) (2019). Prononcer les langues : variations, émotions, médiations. *Lidil, 59.* <https://journals.openedition.org/lidil/5895>

Moirand S. (1982). *Enseigner à communiquer en langue étrangère*. Paris : Hachette.

Renard R. (1977). *Introduction à la méthode verbo-tonale de correction phonétique*. Paris : Didier.

Sauvage J. (2015). *L'acquisition du langage. Un système complexe*. Louvain-la-Neuve : Académia.

Sauvage J. (2019). Phonétique et didactique. Un mariage contre-nature. *Cahiers de Didactique des langues et des cultures, 16-1.* <http://journals.openedition.org/rdlc/4276> DOI : 10.4000/rdlc.4276

Sauvage J. (2020). Enjeux et difficultés en didactique de la phonétique corrective. In Sauvage J., *Actes du 8ᵉ Colloque international Campus FLE - ADCUEFE*, Grenoble : PUG.

Sauvage J. & Billières M. (éds.) (2019). Enseigner la phonétique d'une langue étrangère. Bilans et perspective. *Recherches en didactique des langues et des cultures (Cahiers de l'ACEDLE)*, 16-1. <https://journals.openedition.org/rdlc/2334>

第3章

# CEFRにおける自律学習の役割と アンリ・オレックの自律学習

大木 充

　自律学習は，CEFRが唱導している複言語主義と密接に関係している。複言語主義を教育で実践するには，「部分的能力」を認める他に，もうひとつ重要なことがある。それは，学業終了後も必要に応じて言葉を自律学習できるようにすることである。そのためには，在学中に自律学習能力を養成する必要がある。「自律学習」は，広く一般に使われている表現であるが，その内容はさまざまある。CEFRの自律学習は，日本ではほとんど知られていないアンリ・オレックのそれを受け継いだものである。本章では，彼の自律学習を詳しく解説する。オレックによると，伝統的な言語学習では，「教師は，処方箋を書く医者であり，同時に薬を出す薬剤師でもある。学習者は，処方箋にしたがって薬を服用する患者である」。それに対して，彼の自律学習では，この教師役をするのも学習者自身である。オレックが自律学習を研究，実践した20世紀末から21世紀初頭とは異なり，現在はICTが進歩し，彼の自律学習はより容易に実践できるようになった。

キーワード 🔍 **自律学習，アンリ・オレック，複言語主義，部分的能力，
生涯教育（学習）**

## 1.　はじめに

　CEFR に対するよくある批判のひとつは，複言語主義を唱導しながら，どのように具体的に実践すればよいのかが十分に示されていないというものである。

　しかし，なにかの具体的な実践方法を示すのは，CEFR の役割ではないとCEFR は明言しているため，このような批判は見当違いである。一方において，複言語主義の教育を実践するには，なにが重要でなにが必要であるかは示されている。本シリーズの『理念編　言語政策からの考察』「おわりに」で言及したように，それには，「聞く」，「読む」などのすべての技能を同程度のレベルにバランスよく養成するのではなく，「部分的能力」の養成を認める必要がある。そうすれば，より容易に複数の言語を学習することができる。さらに，複言語主義教育を実践するには，部分的能力を認めることに加えて，教育機関での学修が終了してからも，独りで言語学習ができるように「自律学習能力」を身につける必要がある。そうすれば，生涯を通じて，必要なときに新しい言語やより高い言語能力を習得することができる。

　ただ，複言語主義を実践するには，自律学習能力を身につけることが重要であると提案されても，自律学習能力そのものがどのようなものかわからない限り，その重要性は納得できない。もちろん，CEFR で言及されている自律学習は，いわゆる自習ではない。CEFR の自律学習の概念は，外国語の「自律学習の父」と称されるアンリ・オレック Henri Holec のそれを受け継いだものである。日本では，自律学習という言葉はよく使われていても，本格的な自律学習の創始者であり，実践者でもあるオレックの自律学習はこれまでに紹介されたことがない。そこで，ここではオレックの自律学習を中心に少し詳しく取り上げることにする。

## 2.　自律学習とは——アンリ・オレックの自律学習

　CEFR を刊行した欧州評議会の現代語プロジェクト「言語学習と民主的市民性」[1]が 1989 年に始まり，その取り組みは最終的に CEFR としてまとめら

---

1　「言語学習と民主的市民性」は，フランス語のプロジェクト名 Apprentissage des langues

れた。当時，自律学習研究の拠点 CRAPEL（フランスのナンシー大学にある外国語研究教育センター）の所長であったオレックは，早い段階から欧州評議会の専門家委員会のメンバーであった。

## 2.1　言語学習について

オレックは，言語の「学習」という行為は，一般的につぎのように定義できるとしている。

1) **目的**：語彙，文法，綴り字，音声に関する知識もしくは用い方を習得する目的でおこなう。
2) **学習内容**：教材（文書，絵や写真，録音・録画したもの，辞書，文法書，インフォーマント（母語情報提供者）とその教材を用いておこなわれるタスク（読む，聞く，書き取る，繰り返す，質問する）という形で内容を示すことができる。
3) **実施**：時間，期間，場所，集中（インテンシブ）か非集中か，個別かグループかなどによって，さまざまな実施方法がある。
4) **評価**：学習は，その目的の達成結果を評価して終了する。

（Holec, 1990: 79）

また，彼によると「学習」は，つぎのような一連の行為としても記述できる。

1) **明確化**：目的・目標と方法（教材とその使用方法）を明確にする。
2) **決定**：時間，場所，期間，条件（個人か複数か）など，学習の実施方法を決める。
3) **評価**：目的・目標に照らして，得られた結果を評価する方法を決めて，評価する。
4) **管理**：以上の一連の学習活動をその時々に，また長期にわたって管

---

et citoyenneté démocratique の訳である。英語のプロジェクト名は Language Learning for European citizenship「ヨーロッパの市民性のための言語学習」である。

理する。 (Holec, 1992: 47)

　オレックは言語学習について以上のように考えている。そして，伝統的な言語学習では，教師が上記のすべての行為をおこなうので，「教師は，処方箋を書く医者であり，同時に薬を出す薬剤師でもある。学習者は，処方箋にしたがって薬を服用する患者である」と彼は述べている。それでは，このような伝統的な学習と自律学習はどのように異なっているのだろうか。

## 2.2　自律学習をするには自律学習能力が必要である

　オレックの自律の概念を理解する上で重要なのは，彼にとって，「自律」とは，学習の**仕方**や**形態**ではなくて，「自分で自分自身の学習の面倒をみる**能力**」(Holec, 1979: 3) であることである[2]。具体的には，自律的な学習者はつぎの能力「自律学習能力」を持っていなければならない。自律学習能力は，オレックによると 2 つの教養的知識（表象の集合）と技能（スキル）からできている。前者の教養的知識については後で述べるので，ここでは後者の技能について詳しくみておくことにする。

　自律学習のための技能には，上に引用したオレックの学習を構成する 4 項目がそのまま反映されている（表 1）。

　最初にあげた一般的な「学習」では 4 項目であったのに対して，表 1 では学習の局面は 5 項目になっている。それは，3）として「用いる学習方法と技術」が加わっているためである。また，オレックの自律学習をするための技能は，論文が書かれた時期によって多少異なっているが[3]，要するに学習

---

2　オレック自身の論文でも，autonomy(autonomie)は，「能力」(自分の学習を自己制御する学習者の能力)と「学習形態・方法」(自己主導学習)の 2 つの意味で用いられているもの(たとえば，Holec, 1990: 76-77)もあるが，最近の彼の論文(たとえば，Holec, 2007: 2-3)では混乱をさけるために「能力」の意味だけで用いると明言している。
　　"**autonomy**" will only refer to a **learner's ability to self control his learning**, to his learning competence, "**self directed learning**" referring to **the type of learning** taken in charge by the learner, (Holec, 2007: 2)

3　自律学習のための技能を構成する項目は，オレックの論文の年代によってしばしば異なっている。表 1 は Holec(1979)からの引用であるが，Holec(2007: 14)ではつぎのようになっている。

のあらゆる局面で必要になる技能のことである。

表1　自律と自律学習技能

> **自分自身の学習の面倒をみる**とは，つぎのような学習のすべての面につい
> てすべての決定の責任者になり，かつ責任をとることである：
>
> 　1）学習目的（目標）の明確化
> 　2）学習内容と進度の決定
> 　3）用いる学習方法と技術の選定
> 　4）習得の経過（リズム，時間，場所など）のチェック
> 　5）習得したことの評価
>
> 自律的学習者は，自分が望んでいる，あるいは関係している学習について
> すべての決定を自分自身でする能力を持っている。　　　　（Holec, 1979: 4）

### 2.3　自律と独立（自立）は同じではない

　自律（autonomy; autonomie）と独立（自立）（independence; indépendance）
は異なっている。前者は能力であり，後者は学習の仕方，形態である。自律
学習は，必ずしも学習者が独りですることを意味していない。他の人といっ
しょにすることも，誰かに援助をしてもらいながらすることも可能である。
オレックは自律学習することについて，つぎのようにまとめている。

　　要するに，自律学習するということは，独りまたは他の人といっしょ
　　に，また援助してもらいながら，あるいは援助なしに，到達目標，用い
　　る道具・方法，学習の実施形態（シナリオ：どこで，いつ，何時間，誰
　　といっしょに，など），学習成果の評価，学習プログラムの評価と時間

---

　1)学習目的(目標)の明確化，2)教材の選定，3)学習シナリオの設定，4)評価，
　5)学習プログラムの管理
　表1の「学習内容と進度の決定」と，Holec(2007)の「2)教材の選定」は実質同じで
ある。また，表1の「習得の経過(リズム，時間，場所など)のチェック」と上の「3)
学習シナリオの設定」も実質同じである。一方において，表1にあった「用いる学習
方法と技術の選定」がなくなり，Holec(2007)では，「5)学習プログラムの管理」が加
わっている。

の管理に関してさまざまなことを自分で決めながら学習することである。 (Holec, 2008: 21)

　したがって，教師のいないところで独りで学習していても，教師にあたえられた課題をしているだけでは，自律学習をしているとは言えない。また，コンピュータを用いて独りで学習する場合も同様である。
　「取り組んでいる学習に関するすべての決定を自分自身でできる」のが完全な自律的学習者（autonomous learner; apprenant autonome）であるが，なにをどの程度，学習者自身が教師の援助なしにするかによって，実際にはさまざまな自律学習の実施形態が存在する。これに関しては，**7.** で詳しく述べることにする。

## 2.4　自律学習能力は生得的ではない

　自律学習をするためには，自律学習能力が必要だが，自律学習能力は生得的にそなわっている能力ではない。成長とともに自然に身につく場合もあるが，多くの場合は特別に学習しなければ身につかない。

　　教えてもらうことなしに学習するためには，自分で学習の目標や内容を決め，それらを評価できなければならない，また学習の進展に応じてその場その場でそれらを実行できなければならない。しかし，そのような能力は生得的ではなく，また学校で体系的に養成されることもまれかぜんぜんない。したがって，そのような能力は特別に養成する必要がある。言語の自律学習ができるようになる前に，（言語の）「学び方を学ぶ」，すなわち学習者自身で学習プログラムを決定し，評価し，管理できるようになる必要がある。 (Holec, 1991a: 3)

　自律学習能力の養成に関しても，**7.** で詳しく述べることにする。

## 2.5　自律学習と自習および教室外の学習

　「自律学習」という用語は，実際にはさまざまな意味で使われているが，ここでは混乱をさけるために，オレックにしたがって自律学習能力に基づく

学習のみを「自律学習」と呼ぶことにする。そして，自律学習能力に基づいている学習であるかどうかは問わないで，教師に頼らずにする学習を「**自習**」と呼ぶことにする。また，学習がおこなわれる場所によって「教室内の学習」と「**教室外の学習**」を区別することにする。この 2 つはそれぞれ「授業中の学習」と「授業外の学習」と同じ意味で使うことにする。したがって，たとえば同じ教室外の学習でも，自律学習能力に基づいている学習であるかどうかは問わない場合の「**教室外の自習**」と，自律学習能力に基づく学習である「**教室外の自律学習**」の 2 種類があることになる。教室内の学習も同様で，「**教室内の自習**」と「**教室内の自律学習**」の 2 種類があることになる。学習時間の面で，日本の外国語教育を改善するには，「教室外の自習」と「教室外の自律学習」の 2 つとも必要であるように思われる。

## 3.　CEFR の自律学習

### 3.1　自律学習と自習

　すでに述べたように，CEFR では，厳密な意味での「自律学習」に関する記述は多くない。「自律」，「自律学習」，「自律的な」，「自律的に」を意味する表現（英語は self-direction, autonomy, self-directed learning, self-directed, autodidactically, フランス語は autonomie, apprentissage auto (-) dirigé, autodidaxie, de manière autonome[4]）は合計 7 回使われているだけある[5]。また，5 つの章に分散して使われていて，あるひとつの章で特に詳しく取り上げられているわけではない。このように自律学習の記述は，CEFR では量的には多くはないが，自律学習は CEFR を刊行した欧州評議会の言語政策のなかでは重要な地位に置かれている。そのことは，後述する「自律学習の背景」をみれば，また『ヨーロッパの言語教育政策策定ガイド』（以下『ガイド』），一連の CEFR のケーススタ

---

4　CEFR のオリジナルは英語とフランス語の 2 つの言語で書かれている。その他の言語で書かれたものは，すべて翻訳である。大部分の欧州評議会の出版物には，英語版とフランス語版がある。

5　ただし評価表のなかで使われているものは除く。CEFR では，必ずしもいつもそれぞれの用語が厳密に使い分けられているようには思えない。オレックのいう自律，自律学習という意味で使われているかどうかは，しばしば文脈で判断する必要がある。

ディや CEFR のツールである『ヨーロッパ言語ポートフォリオ』（ELP）で
も自律学習が詳しく取り上げられていることからもわかる。
　CEFR では，「自律学習」は特に定義されていないが，CEFR は自律学習
の実施に向けてのつぎのような教育をするのに役立つとしている。

### 表2　自律学習の実施に CEFR の役立つ点

> －学習者に彼らの（学習対象に関する）現在の知識と学習方法を気づかせ
> 　る。
> －学習者が実行可能でかつ価値のある目標を自分で設定することに慣れさ
> 　せる。
> －学習者に教材の選択の仕方を教える。
> －学習者が自分で（自分のしていることを）評価できるように訓練する。
> 　　　　　　　　　　　　　　　　　　　　　　　　　　（E6; F12）[6]

　実際に，自律学習をするためには，学習者は適切な学習方法を選び，学習
目標を設定し，教材を選択し，学習の成果を評価できなければならない。ま
た，CEFR の「使用者・学習者の能力」の章では，自律学習に関係している
つぎのような能力があげられている。

### 表3　自律学習と関係している能力

> －自律学習のための教材を整理し，そしてそれを使う
> －認知力，分析力，ヒューリスティック・スキルを用いて，実際のコミュ
> 　ニケーションを観察したり参加したりすることから（言語と文化につい
> 　て）効果的に学ぶ[7]
> －学習者としての自分の長所と短所を自覚する
> －自分自身のニーズとゴールを決定する
> －自分の特徴と力量にあわせて，これらのゴールを追求するための自分自
> 　身の学習方略とやり方をまとめる　　　　　　　　（E108; F86）

---

6　E は CEFR など欧州評議会の出版物の英語版を，F はフランス語版を示している。
　　CEFR も含めて，すべて大木が訳した。

7　CEFR によると「ヒューリスティック・スキル」とはつぎのような技能のことである。

『ガイド』では，ひとつのセクションを設けて，約 1 ページにわたって自律学習を実施するにあたり決めておかなければならないことについて述べている[8]。また，『ガイド』の巻末にある用語解説では「自律学習」（self-directed learning; apprentissage autodirigé）は，つぎのように定義されている[9]。

> 学習の目的，学習する場所（学習の進度），到達レベルを明確にして，学習をするのに必要なもの（たとえば，教科書，文法書，辞書）と習得したい能力を自分で決めることのできる学習者による学習
>
> （E116; F126）

CEFR では，「自律」，「自律学習」と類似の概念を表す表現（英語は independent learning, autonomous learning, individual self-instructional, self-study, autonomously, independently, フランス語は apprentissage autonome, individuel autoguidé, d'auto-apprentissage, de manière autonome, en autonomie）も使われている。『ガイド』の用語解説では apprentissage autonome は，つぎのように定義されている。

---

・ある特定の学習状況で新しい経験(新しい言語，人，行動の仕方など)に慣れ，他の能力(観察力，理解力，分析力，推測力，記憶力など)を使う
・新しい情報を(特に目標言語で書かれている参照資料を用いて)見つけ，理解し，必要ならば伝達するために目標言語を使う
・新しいテクノロジー(たとえば，情報検索するためのデータベースや電子化された文書)を使う　　　　　　　　　　　　　　　　　　　　　　　（E108; F86）

8　ここでは『ガイド』は，2003 年版と 2007 年版を指している。2003 年版は，2007 年版のドラフト版である。詳しくは「引用文献」を参照されたし。

9　巻末の用語解説は，『ガイド』の英語版とフランス語版とでは異なっている。英語版の self-directed learning の用語解説とほぼ同じ解説はフランス語版にもあるが，apprentissage autonome のところにある。英語の self-directed learning にあたる apprentissage autodirigé のところには自立学習ないし個別学習の解説がある。これは明らかにフランス語版の誤りであり，apprentissage autonome と apprentissage autodirigé のそれぞれの解説を入れ替える必要がある。また，本文中の日本語訳にある「学習する場所(学習の進度)」についてだが，英語版では「学習する場所」だけで，フランス語版では「学習の進度」だけである。

　　　教師の介入なしに，学校のような教育組織による言語教育とは別にお
　　こなわれる言語習得の形態　　　　　　　　　　　　　　　　　　　（F126）

　ここでは，教師の援助なしに（教師に依存しないで）独りで学習するとい
う学習の形態に力点が置かれている。このような学習を指す用語は，独立学
習，自立学習，個別学習，独学あるいは自習などさまざまあるが，自律学習
能力に基づく「自律学習」に対して，すでに述べたように，ここではこのよ
うな学習を「自習」と呼んで区別することにする。

## 3.2　生涯学習

　CEFR は，教育機関での言語学習だけでなく，学業を終えてからの学校と
いう組織の外での学習も射程に入れている。

　　　学校での言葉の学習は，完成品を習得するプロセスではなく，将来の
　　学習や使用に向けての基礎工事とみなすべきである。Porcher（1980）
　　が言っているように，学校という組織はその性質上，そこで在学中にで
　　きることは非常に限られている。生涯学習や成人教育としての言語学習
　　は，どうでもいいおまけや飾りではない，もちろん暇つぶしのためでも
　　ない。生涯学習や成人教育としての言語学習は，国民のためにたいへん
　　役に立ち，社会的に用意されるべきものである。これらの教育に対する
　　需要は学校教育に対する需要よりもより密接に実際のニーズと結びつい
　　ていて，また多様でもある。　　　　　　　　（Guide, 2002; E11; F12）

　CEFR では，自律学習は，教育機関での学習が終了して，社会人になって
からの成人教育や生涯学習に必要なものとしてみなされている。学校での教
育が終わってから自律学習をするためには，在学中に自律学習の仕方，す
なわち自律学習能力を養成しておく必要がある。つぎに示すのは，CEFR の
「言語学習を容易にするために CEFR のそれぞれの利用者はなにができるだ
ろうか」という節からの引用である。

　　　もちろん，結局のところ言語習得と言語学習のプロセスに関わるのは

学習者である。言語能力を伸ばし，学習方法を習得し，コミュニケーション活動に効果的に参加するために必要なさまざまな練習を（以前にしていないのなら）しなければならないのは学習者である。とはいっても，自分でイニシアチブをとって自分自身の学習のプロセスに関する計画を立て，組み立て，実行して，事前に学習することのできる学習者の数は少ない。大部分の学習者にとって，学習というのは，さまざまな指示にしたがっておこなうことであり，また教師や教科書がすすめている活動をおこなうことである。しかしながら，いわゆる学校教育が終了してからは，学習は学習者自身ですることになる。学習者が自分の学習の仕方，さまざまあるオプション，しかも自分に最適なオプションを少しずつ自覚するために，「学び方を学ぶ」（learn to learn; apprendre à apprendre）が（学校でおこなわれる）言語学習を構成するひとつの要素と考えるなら，（学校教育が終了してからも）自律学習をすすめることができる。

(E141; F110)

　このように，学校での教育が終わってから生涯学習や成人教育としての自律学習をするには，在学中にそのための「自律学習能力」を養成する必要がある。

## 4.　自律学習の背景

　自律学習が求められ，世の中に受け入れられるようになったのには，さまざまな要因が考えられるが，特に重要と思われるのはつぎの 3 つの要因である[10]。

1）哲学者で教育の改革者でもあるジョン・デューイによって提唱された学習者中心教育の風潮
2）欧州評議会の文化・教育政策のひとつ
3）教育機器，特にコンピュータとインターネットの普及

---

10　自律学習の普及の背景に関しては Gremmo & Riley(1995)，関(2019)が詳しい。

　近代において学習者中心の教育の基礎を築いたのは哲学者で教育の改革者でもあるジョン・デューイである。彼の教育思想は，欧州評議会の教育の基本方針と通じるところがある。また，コンピュータとインターネットの普及は，教師による支援なしに学習することをより容易にしたが，ここでは，CEFRとの関係で欧州評議会の文化・教育政策のひとつとしての自律学習について詳しく述べることにする。

## 4.1　複言語主義

　言語教育および言語学習に関するCEFRの目的は，EU圏内での言語のバリアーを無くすためである。そもそもこの言語のバリアーを無くす目的は，ヨーロッパにおける人権・民主主義・法の支配の実現という欧州評議会の基本理念の延長線上にある。欧州文化協定の50周年記念事業の一環として，また欧州評議会の現在の言語政策を示すために作成された「ヨーロッパの複言語教育——50年の国際協力」にはつぎのように書いてある。

### 表4　欧州評議会の言語政策の目的

- **複言語主義**：すべてのヨーロッパ市民には，複数の言語でのある程度のコミュニケーション能力を，必要に応じて，<u>生涯にわたって</u>，向上させる権利がある。

- **言語的多様性**：ヨーロッパは多言語の大陸であり，そのすべての言語はコミュニケーションとアイデンティティ表現の手段として同等の価値を持っている。欧州評議会の協定は，複数の言語を用い，学ぶ権利を保障する。

- **相互理解**：異文化を理解し，文化的差異を受容するには，他の言語を学習する機会があることが前提となる。

- **民主的市民性**：多言語社会における民主的かつ社会的なプロセスへの参加は各市民の複言語能力によって容易になる。

- **社会的結束**：個人の成長，教育，仕事，移動，情報へのアクセス，文化的向上に関する機会が平等であるかどうかは，<u>生涯を通じて言語を学習すること</u>ができるかどうかによる。

（Conseil de l'Europe, 2006: 4）（下線は筆者）

　複数の言語を使用し，学習する機会の保障について言及されているのがは
じめの「複言語主義」と「言語的多様性」の項目であり，「複言語主義」と
「言語的多様性」を推進するのは，「相互理解」，「民主的市民性」，「社会的結
束」を促進するためである。このように，欧州評議会の言語政策によると，
異文化の理解と受容，社会参加，社会生活を営む上での機会均等は言語学習
によって達成されるので，言語学習の機会を保障する必要があると考えられ
ている。上の引用では，「生涯にわたって」（over their lifetime／tout au long
de leur vie）とか「生涯を通じて」（throughout life／tout au long de la vie）と
いう表現が使われているところから，ここでの言語学習が生涯学習としての
自律学習と結びついていることは容易に想像ができる。

### 4.2　複言語主義と自律学習

　「ヨーロッパの複言語教育——50 年の国際協力」をさらに読み進むと，欧
州評議会の言語政策では，「複言語主義」，「言語的多様性」を推進すること
と，自律学習が結びついていることが明確になる。

#### 表5　欧州評議会の言語政策の基本原則

---

・言語学習はすべての人を対象にしている，すなわち複言語レパートリー
　を拡げる能力は，今日のヨーロッパの全市民にとって必要なことである。
・言語学習の中心になるのは**学習者**である，すなわち言語学習は，学習者
　の必要性，興味の中心，動機，能力を反映した有用で現実的な目的に基
　づいている。
・言語学習の目的は**異文化間コミュニケーション**である，つまり言語学習
　は，言葉と文化の国境を越えて良好な相互関係を維持し，他者の複言語
　性に気づくのを促進するためにきわめて重要である。
・言語学習は**一生**の問題である。したがって，（学校での）言語学習を通じ
　て学習者に，生涯にわたって学習をするために必要な責任感，自律に目
　覚めさせなければならない。
（中略）
・言語学習と言語教育は，一生続くダイナミックなプロセスである。つま
　り，経験および条件と使用の変化に応じて多様化する。
（Conseil de l'Europe, 2006: 6）（下線は筆者）

---

　この引用を言い換えるとつぎのようになる。ヨーロッパの全市民にとっては，言葉と文化の国境を越えて異文化間でのコミュニケーションが重要である。それには，各個人の言語レパートリーを拡げなければならない。学校を卒業してからも，生涯にわたって，必要に応じて言語学習をしなければならない。それには，在学中の言語学習を学習者中心にして，自律学習能力をつけさせて，一生，必要に応じて自律学習ができるようにすることが重要である。また，1998年に欧州評議会の閣僚委員会で採択され，加盟国に出した現代語に関する勧告には，つぎのような自律学習に関連している記述がある。

　　　中等教育の施設に，すべての学年で学習者の自律を養成することを奨励する，すなわち実用的および文化的需要の変化に応じて，（学習者が自分で）一生にわたって言語能力を最適化し，拡張し，多様化できるように，より効果的にかつより独力で学ぶ能力を養成することを奨励する。
　　　　　　　　　　　　　　　　　　　　　　（Conseil de l'Europe, 1998: 35）

　ここでは，社会に出てから，自律学習できるように，中等教育での自律学習能力養成の必要性がより明確に述べられている。


## 5.　自律学習能力

　すでに述べたように「自律学習能力」に基づいてなされるのが自律学習だが，自律学習能力は，オレックの言うように，生得的にそなわっている能力ではない。成長とともに自然に身につく場合もあるが，多くの場合，学習者は特別に習得する，つまり learn to learn（apprendre à apprendre）する必要がある。

　　　学習者の「自律」は，学習を構成するすべてのこと，すなわち決定，管理，評価，実行に学習者自身が積極的に関与することを意味している。そのためには，学習者にその能力がなければならない。それは，言語の学習を始める前に，あるいは言語学習に組み込んで，時間をかけた

特別の養成によって習得される能力である。　　　　　　　（Holec, 1991a: 5）

　Holec（1979: 61）では，言語の自律学習能力の養成は，言語そのものの学習と同時に開始するのが現実的であるとしている。また，自律学習能力の養成は言語そのものの学習と組み合わせておこなうほうがいいとも述べている。このことに関しては，**7.3** で詳しくみることにする。

　言語の自律学習能力は，Holec（1991a; 2007; 2008; 2009）によると2つの教養的知識（表象の集合）と技能からできている。

自律学
習能力 ＝
```
┌─────────────────────────────┐   ┌──────────────────────┐
│ 知識：                      │   │ 技能：               │
│ ・言語に関する教養的知識    │ ＋│ ・目標の明確化       │
│ ・言語学習に関する教養的知識│   │ ・教材の選定         │
│                             │   │ ・学習シナリオの設定 │
│                             │   │ ・評価               │
│                             │   │ ・学習プログラムの管理│
└─────────────────────────────┘   └──────────────────────┘
```

（Holec, 2007: 14）

図1　言語に関する自律学習能力

　この自律学習能力のうち，技能については **2.** ですでに詳しく述べたので，ここでは二つの教養的知識の養成について述べることにする。

## 5.1　言語に関する教養的知識の養成

　「言語に関する教養的知識」の養成は，学習者が自分の習得目標を明確化しやすいように，また自分の学習について正当な評価ができるように言語に関する正しい知識を教えるのが目的である。Holec（1991a; 2007; 2008; 2009）に基づいて，教える内容の主なものを箇条書きするとつぎのようになる（つぎページの表6）。

　要するに，言語およびその機能に関する一般言語学的知識を教えるのである。そして，その知識に基づいて学習者は自分自身の言語の習得目的・目標を決定したり，学習の成果を正しく評価したりするのである。

表6　言語に関する教養的知識

```
・言語とはなにか
・言語はどのように使われているのか
・言語技能にはどのようなものがあるのか
・文化は言語技能（聴く，話す，読む，書く）とどのように関わっている
　のか
・コミュニケーションをするとはどういうことなのか
・言葉によるコミュニケーションに関する社会文化的制約とはなにか
・文法の役割はなにか，単に文を組み立てる規則にすぎないのか
・話し言葉と書き言葉はどのように異なっているのか
・個々の言語について，どのような語彙的，文法的，韻律的特徴があるの
　か
・どのような文章やメッセージが正しいのか，あるいはわかりやすいのか
```

## 5.2　言語学習に関する教養的知識の養成

　「言語学習に関する教養的知識」は，教材の選定，学習シナリオの設定，学習プログラムの管理などのノウハウと密接に関係している。

表7　言語学習に関する教養的知識

```
・言語はどのようなプロセスで習得されるのか
・言語を習得するとは，どういうことか，学習者の果たす役割とはなにか
・言語習得プロセスでの「誤り」は，なにを意味するのか
・言語を学習する（教育される）とはどういうことか，単に単語や規則を
　暗記することだろうか
・なにをどのような方法で学習するのか，たとえば表現力をつける練習と
　理解力をつける練習は同じでいいのか
・独りで学習するとは，どういうことか
・自律学習とはなにか
・評価とはなにか，学習による進歩をどのように評価するのか，また誰が
　評価することができるのか
・内的評価とはなにか，外的評価とはなにか
・自己評価とはなにか
・学習スタイルとはなにか
・語彙を習得するためにはどのような方法を用いることができるのか
```

　要するに，言語習得およびその学習に関する一般的な知識を教えるのである。

　「言語に関する教養的知識」と「言語学習に関する教養的知識」は，自律学習能力の基礎となるものであり，自律学習を実施する上で欠かせないものである。学習者が自律学習できない場合は，彼（彼女）の言語および言語学習に関する知識が誤っていたり，不完全なのかもしれない。あるいはまた，それらの知識を適切に用いていないのかもしれない。だからこそ，自律学習能力を十分に養成する必要がある（Holec, 2008: 24）。

## 6.　自律学習についての疑問

　自律学習はよく誤解されているが，オレックによると，それは学習者が持っている誤った「言語学習に関する教養的知識」に基づいている。

### 6.1　誤った「言語学習に関する教養的知識」を正すための説明

　Holec（1991a: 4）では，言語学習に関する学習者の思い込みを正すためにつぎのような説明が必要であると述べている。

1) **言語を習得するということは，単語や文法の規則を暗記することではない。また，既成の文を機械的に使えるようになることでもない。**それはまた，知識かノウハウのどちらかを二者択一的に取り込むことでもなく，これらを 2 つとも取り込むことである。

2) **言語について明示的に知っていること**（たとえば，学校とか本で勉強した規則）と言語行動をするのに必要な**非明示的な知識**（言語と接することによって無意識に身についた規則）**とは直接的な関係はない。**つまり，（母語の場合のように）その言葉について説明できなくても，その言葉で行動することはできるし，逆に（言語学者にとっての多くの言葉の場合のように）その言葉を実際に使うことができなくても，その言葉を説明することはできる。

3) **学習スタイルは個人的なことであり，学習者によって異なる。**学習スタイルが分析的か総合的かによって，好んで用いる学習ストラテジー

も異なる。また，他の要因で，（習得するのが）早い学習者だったり，遅い学習者だったりする。

4) **教育が習得を約束しているわけではない**。だから，いい教師でなくても十分に学習はできるし，その逆もありえる。

5) 自分の学習を「操縦する」ために進歩の程度を自分で評価する「**内的評価**」と他の学習者のレベルと自分のレベルを比較するために自分の知識を評価する「**外的評価**」は，まったくの別物である。

6) **言葉の学習者であることは，積極的に数多くの役割を果たすことである**。言葉を学ぶのは，椅子に座って，望みどおりに髪の毛がカットされるのを待っているだけで済む床屋に行くのと同じではない。

## 6.2　自律学習についての疑問

**2.** で述べたように，自律学習では，学習者は学習目標を明確にし，学習内容や進度を決め，そして学習結果を自分で評価しなければならない。しかし，本当に学習者自身がそのようなことができるのかと誰しも疑問に思う。この疑問は言語学習に関する誤解に基づくものであることを Holec（1991b）にしたがって，以下に述べることにする[11]。

[疑問1] **学習目標の明確化について**
**「すでによく知っている言語についてしか，なにを勉強したらいいのか言うことはできないのではないかと思う」**

　学習者は，しばしば自律学習能力のひとつである「学習目標の明確化」は自分の能力を超えていると判断するようである。しかし，これは「言語行動能力」と「言語能力」を混同しているからである。**6.1** の 2) でふれたことと関係している。「言語能力」は，言語コード（単語や文法からできている記号体系）を習得することによってしか獲得できないが，「言語行動能力」は，ふだん言葉（母語）を使って生活しているのだから誰にでもそなわって

---

11　Holec(1991b)は，1990 年にオレックがおこなった講演原稿を 1991 年に出版された Cahiers de l'ASDIFLE の第 2 号に掲載したものである。この論文の冒頭に「今日でもなおわれわれを考えさせてくれる自律に関する論文」と編集者が書いているように，オレックの論文のなかでも重要なものである。

いる。したがって，どのような言語行動（言語能力ではなく）を学習の目的・目標にするかは誰にでも明確にすることはできる。たとえば，自己紹介ができるようになりたいとか，小説が読めるようになりたいとかを目標にすれば，そこから自ずからどのような種類の語彙と文法を学習する必要があるかも明確になる。

### 疑問2　学習内容の決定について

「教材が手許にあっても，初めて学ぶ外国語だから，どのように扱ったらいいのかわからないのではないかと思う」

　自律学習能力のひとつである「学習内容の決定」に関係する疑問であるが，オレックによれば，これは「言葉ができること」と「言葉の学習の仕方を知っていること」を混同しているが故の疑問である。自分の学習目標を達成するための学習方法がわかっていれば，たとえ初めて学ぶ外国語であっても問題はない。

### 疑問3　学習者による評価について

「私が学んでいる外国語の能力がある人にしか，私の学んでいることを評価できないのではないかと思う」

　自律学習能力のひとつである「学習者による評価」に関係する疑問であるが，オレックによれば，これは「内的評価」と「外的評価」を区別していないことから生じる疑問である。6.1 の 5) でふれたことと関係している。学習者は自分が内的評価をする最適任者であることを自覚する必要がある。実際，得られた成果が自分の望んでいたものであったかどうかを正確にかつ公平に判断できるのは学習者だけである。成果のどこを評価してもらいたいのか，どの程度の成功を目標としているのか，十分な成果が得られるような状況で得られた成果かどうかがわかっているのは学習者だけである。たとえば，教師による外的評価が役に立たないわけではないが，それは内的評価（自己評価）をよりよくするという点で役立つだけであり，学習者自身による評価に代わるものではない。

## 7.　自律学習の実施

### 7.1　自律学習用教材

　自律学習の実施は，教育と学習のさまざまな面に影響をあたえる。

　　　自律学習は，学習者と教師の役割が（教師はアドバイザーという言葉
　　がぴったりするほど）これまでとは異なっている学習法である。また，
　　その学習の手段・方法の特色と使い方に関しても同様である。（教師中
　　心の）他律学習のシステムから自律学習のシステムに移行することは，
　　教育の構造を変えることでもある。つまり，教育の中核である学習者，
　　教師，教材の他に，既存の教育組織を構成しているすべてのもの，その
　　決定をするすべての場，そこに関与しているすべての人がこの移行に
　　よって影響を受ける。　　　　　　　　　　　　　　　（Gremmo, 2000: 20）

　自律学習の実施により，学習者，教材，教師の役割はこれまでとは異なっ
たものになる。

表 8　自律学習における学習者，教材，教師の役割

| |
|---|
| － 学習者の異なる役割：援助をしてもらって，あるいは援助なしで学習に<br>　　　関するさまざまな決定をおこない，教育に関して他の人がした決定<br>　　　には頼らない。<br>－ 実際に用いる学習手段・方法の異なる特徴と異なる使い方。<br>－ 教師の異なる役割：自律学習ができるような状況（学習者の養成；適切<br>　　　な教材の構成と準備；援助の提供）を作り，学習に関するさまざま<br>　　　な決定（学習計画の明確化；指示）はしない。　　　（Holec, 1999: 95） |

　自律学習実施にともなうこのような変化に対応するためには，自律学習を
実施する前につぎの準備をする必要がある。

　1）自律学習に関係するスタッフの養成
　2）自律学習のできる学習者の養成
　3）自律学習用教材の準備

まず，自律学習用の教材についてみてみよう。

### 7.1.1　調整された教材

　大部分の教材は，教育現場の条件やニーズに合うように，内容やページ数が決められている。「いい教材というのは，必然的によく調整された教材である，すなわち使用される条件や使用者に適するようにするために労力や時間をさかなくても，すぐに使える」（Holec, 1991b: 29）教材であると一般的には考えられている。しかし，オレックは「よく調整された教材は結果的には（使用される条件や使用者に）適合することができない」（同上）と述べている。彼の言っている「調整された教材」とはどのような教材のことなのか。

1)「学習目的・目標」について

　このような教材では一般的に特定の学習者を想定して，その学習者に応じて学習目的・目標が予め決めてある。そして，学習目的・目標をより適格に学習者にあわせればあわせるほど，教材はより特定の学習者のものになる。

2)「レベル」について

　学習者のレベル，たとえば初級，中級，上級が想定されていて，レベルに応じて学習する語彙や文法事項が予め決められている。

3)「教育環境」について

　このような教材は教育環境，たとえば授業時間数（学習時間）や使用できる教育機器を考慮に入れて作ってある。ということは，たとえば教材で扱うテキストや練習の量はこのような教育環境に左右されて決められているということである。

4)「学習進度」について

　想定される学習者の能力と授業時間を考慮して，学習するべき内容全体を分割し，配列してある。

　要するに，「教材作成の段階で，予めすべて決められてしまっている。その結果，教材が使用者の手許に届いたときには，もはや調整することはできなくなっている。つまりいったいどのようにしてその教材の目的・目標を変えるのか，どのようにして進度を変えるのか，どのようにして練習の数を増やしたり減らしたりするのか，等」（Holec, 1991b: 30），自律学習と言えるためのポイントがすべて予め決められていて，このような教材では自律学習はできないというわけである。したがって，自律学習では予め調整されていない教材を使うことになる。

### 7.1.2　自律学習用教材の条件

　オレックによると，自律学習で予め調整されていない教材を使うためにはふたつの条件が満たされなければならない。ひとつは，学習者が自分用に調整する能力を持っていなければならない。もうひとつは，教材が調整可能なものでなければならない。

### 1）　学習者による教材の調整

　学習者が教材を自分用に調整できるためには，教材にその方法が組み込まれていなければならない。その説明は，すべての言語の学習にあてはまるような一般的なものではなく，目標言語の学習に関するものである必要がある。たとえば，フランス語を学習するための教科書であるならば，フランス語の学習に関する説明でなければならない。また，教材をそれぞれの学習者とその学習環境に適したものにするためのさまざまな方法が学習者にマスターできるようになっていなければならない。具体的には，以下のような教材である。

　　　・学習者が，学習者の置かれている教育環境の特徴を分析し，その教育
　　　　環境にあわせて教材を調整する方法が示されている。
　　　・学習者が教材のさまざまな調整（変形，置き換え，追加，再構成）を
　　　　するにはどのようにすればいいのかが示されている。
　　　・学習者が自分で決定したことの妥当性を評価するにはどのようにすれ
　　　　ばいいのかが示されている。

　このように，予め調整されていない教材を学習者自身が自分用に調整できるためには，学習者に調整能力が必要であり，そのためには教材に調整能力をマスターする手立てを盛り込む必要がある。

### 2)　調整可能な教材

　調整可能な教材は，調整された教材とはほぼ正反対の特徴を持っている。教材が調整可能であるためには，つぎの5つの特徴をそなえていなければならない。

- ・**素材（資料）と活動（練習）は別々になっている。**そうすれば，解説と練習を自由に組み合わせることができる。具体的には，教材は解説のページと練習のページに分けられている必要がある。また，解説と練習は，いわゆる4技能「聞く，話す，読む，書く」という大きなくくりでグループ化する。
- ・**できるだけ多くの目的・目標のなかから選択できるようになっている。**一般的な目的から特殊な目的までさまざまな目的に取り組めるようになっている必要がある。また，「言語知識」に関するものと「言語能力」に関するものに分けることもできる。具体的には，言語知識に関するものとは，たとえば「失望を表すための単語ときまり文句」（語彙），「複合過去形[12]の形と用法」（文法），「喜怒哀楽を表すためのイントネーション」（発音）などの習得のことである。言語能力に関する目的とは，たとえば「テレビのニュースを聞いて理解する」，「自分の意見を述べたり，弁護したりして，議論に参加する」，「ツーリストに電話して旅行について問い合わせる」などである（Holec, 2008: 31-32）。
- ・**均質の学習者をターゲットにしていない。**したがって，解説や練習もさまざまな程度のものになる。解説は，さまざまなレベルとタイプの学習者が使えるようにする。また，練習は，できるだけさまざまなレベルの学習者が，さまざまな形で参加できるような練習を含んでいな

---

12　フランス語の過去時制のひとつで，英語の現在完了形と過去形の働きをする。

ければならない。しかし，すでに「調整された教材」のところで述べ
たように，このことは，教材が予め学習者の言語知識や言語能力のレ
ベルにしたがって，初級者用，中級者用，上級者用に分けられていた
り，一回の学習時間にあわせて全体が分割されていたりする必要があ
るということではない。用意された解説や練習のなかで，どれを選ぶ
かを決めるのは，あくまでも自分の実力と利用できる学習時間がわ
かっている学習者である。

・**進度を決めていない。**したがって，レッスン割り，レッスン数の決
定，必要不可欠なものであるかどうかの決定は学習者ができるように
なっている。もちろんひとつの例としてモデルを示すことは問題ない。

・**学習者全員が同じスピードで理解，習得ができるという前提に基づい
ていない。**というのは，理解，習得するのが遅い学習者にはより多く
の解説や練習が必要であるからである。

### 7.1.3　2種類の自律学習用教材

Holec（2008）によると，予め調整されていない教材はつぎの2つに分け
ることができる。

### 1）　編集された教材

自律学習用教材として，上述の意味での予めの調整は好ましくないが，習
得目的に応じて編集することはできる。すでに述べたように習得目的は，
「言語知識」に関するものと「言語能力」に関するものに分けることができ
る。この場合の目的別に編集することは，特定の学習者を想定して，その学
習者に応じて学習目的別に編集することではない。また，オレックは，この
ように自律学習用教材として，習得目的に応じて編集することは可能である
が，学習者のレベルや学習時間に基づく編集はふさわしくないと考えている
（Holec, 2008: 32）。

このように編集された教材を用いるためには，学習者は予め自分がなにを
習得したいかを決めておく必要がある。自分にあった習得目標の教材を選ん
だら，学習者はつぎに自分のレベルと利用できる学習時間を考えて自分にふ
さわしい練習を選択することになる。

　具体的には，市販の教科書の一部を抜粋して用いることもあれば，素材と用い方（活動）がセットになっている教材を用いることもある。後者は，ひとつの素材といくつかの利用方法から構成されていて，学習者が自分にふさわしいと思われる利用方法を選択できるようになっている。

**2)　編集されていない教材**

　生の資料を教材とする場合である。利用方法はついていないが，練習のヒントを書いたものはついている。学習者は生の資料とそのヒントを用いて，自分にふさわしい教材を作ることができる。

　生の資料には，さまざまな音声や書いたものがある。具体的には，ラジオやテレビの放送，討論や講演を録音・録画したもの，それらを書き起こしたもの，新聞，雑誌，説明書，パンフレット，手紙などである。練習のヒントは，つぎの 4 種類に分類することができる。

　　・習得目的について：「聴解力をつける方法」，「語彙力をつける方法」
　　・教材の使い方について：「録音教材の使い方」，「映画の使い方」
　　・学習の形態について：「ゲーム」，「シミュレーション」
　　・上記 3 つの組み合わせ：「聴解力をつけるための録音教材の使い方」，「語彙力をつけるためのゲーム」

　以上の説明でわかるように，実際に自律学習を実施するには，さまざまな学習者のさまざまな要望に応えるために，あらゆる教材をそろえておく必要がある。そうでなければ，学習者は自分にあった教材を選ぶことができない。また，いつでも学習者が教材を利用できるようにいろいろなリソースを集めたセンターも必要である。

**7.2　ファシリテーター**

　自律学習の実施により，対面授業での教師とは異なった役割をする教師が必要になる。教師は，自律学習のファシリテーターとしてつぎの 3 つの役割をすることになる（Holec, 1996: 92-94）。

　　・自律学習能力の養成者
　　・自律学習の補佐
　　・自律学用教材のアドバイザー

　教師の役割は，学習者の言語能力を養成することではなく，言語学習能力
を養成することである。自律学習能力とその養成については，**5.** ですでに
詳しく述べたので，ここで「1）自律学習能力の養成者」としての教師の役
割について述べることはしない。他に，教師は，自律学習を実施する段階で
は，学習者の補佐役を務めることになる。また，使用する教材に関して，学
習者の相談に乗って，情報を提供するアドバイザーの役目もする必要があ
る。この 2 つの教師の役割については，つぎの **7.3.1** で言及することにする。

## 7.3　自律学習をするための準備学習

　自律学習の実施は，それまでの教育と学習に，あるいは教師と学習者に一
度に急激な変化をもたらし，いきなり本格的に実施することは現実的ではな
い。オレックは，自律学習を本格的に実施するためには，自律学習のオリエ
ンテーションとして 2 種類の準備学習が必要であると考えている。これは，
オレックが独立（自立）（independence; indépendance）と自律（autonomy;
autonomie）を明確に区別していることと関係している。「独立（自立）」は
学習形態に関する概念であるのに対して，「自律」は能力に関する概念であ
る。2 種類の準備学習とは，自律学習の実施の仕方に力点を置く準備学習と
自律学習能力の養成に力点を置く準備学習である。

### 7.3.1　学習者の養成
### 1）　自律学習を実施するための準備学習 1——独立した学習者養成
　この準備学習では，学習者が独りで学習するという学習形態に慣れること
に力点が置かれている。

## 表 9　「独立した学習者養成」の基本原則

- この場合の言語学習は，実際に教師に教えてもらうか，あるいは予め学習者に合うように作られた教材に基づいておこなわれる学習である。
- この準備学習では，「自律」に関しては，自律学習の実施方法の養成が中心で，自律学習能力そのものの養成は副次的なものである。
- この準備学習の目的は，学習を形成し，方向を決める決定のプロセスに学習者にしだいに多く関与させることによって，学習者が受けている教育プログラムに対する学習者の管理責任を増やすことである。このようにして，学習者は（完全に自律しているわけではないが）独立した学習者（independent learners）になる。　　　　　　　　　　（Holec, 2007: 6）

上の表にある最後の項目についてオレックはつぎのような表を使ってさらに詳しく説明している。

## 表 10　独立した学習者養成

| 決定する項目 | 決定者 | 準備学習における「決定」への学習者の関与度 | | | | |
|---|---|---|---|---|---|---|
| 目標の明確化と選定 | 教師 | 教/学 | 教/学 | 教/学 | 教/学 | 教/学 |
| 教材の選定 | 教師 | 教/学 | 〃 | 〃 | 〃 | 教/学 |
| 学習シナリオの選定 | 教師 | 教/学 | 〃 | 〃 | 〃 | 教/学 |
| 評価 | 教師 | 教/学 | 〃 | 〃 | 〃 | 教/学 |
| 学習管理 | 教師 | 教/学 | 〃 | 〃 | 〃 | 教/学 |

教＝教師，学＝学習者(Holec, 2007: 7)

ここでの決定者である「教師」には，教室で教える教師だけでなく，教科書や電子教材の作者も含まれている。また，「学習者の関与度」は，質的，量的に決定に関与する程度のことである。自律学習をするにあたり，学習に関してさまざまな決定をする必要があるが，この表は，その決定に対する学習者が関与する程度を，時間の経過とともにしだいに大きくしていくことを表している。しかし，この段階では，たえず教師の援助を受け，最終決定はあくまでも教師がおこなう。教師ではなく，教材の提供者とともに学習する場合も同じである。このような自律学習の形態を「指導（者）つき自律学

習」（guided self-direction）と呼ぶことができる。

## 2）　自律学習を実施するための準備学習 2――自律学習能力の養成

　もうひとつの準備学習は自律学習能力の養成に力点を置いて実施される。

### 表 11　自律学習能力の養成の基本原則

> **「自律学習能力の養成」**の準備学習の基本原則：
> － この場合の言語学習は，教師に教育を通じて指示されたり，管理された
> 　りしないで，既成の教材の制約にしばられないで，さらに権威によって
> 　決定権が委託されている補佐的な地位に学習者が置かれていても，その
> 　ことに左右されないでおこなわれる学習である。学習は完全に学習者の
> 　管理下でおこなわれる。
> － この準備学習では，「自律」に関しては，学習の自律学習能力の養成が中
> 　心になる。
> － この準備学習の目的は，言語学習と学習方法を学ぶ環境を統合した学習
> 　条件を提供することによって，自律した学習者（autonomous learners）を
> 　育成することである。　　　　　　　　　　　　　　　　　（Holec, 2007: 9）

　この段階の準備学習でも，学習者は，教師に援助してもらうことはあるけ
れども，教師から指示されたり，管理されたりすることはない。ここでの教
師は，学習者の求めに応じて必要な情報を提供する「アドバイザー」（「カウ
ンセラー」）である。

### 表 12　自律学習能力の養成

| 決定する項目 | 決定者 | 「決定」に際して教師から受ける援助の程度 |
|---|---|---|
| 目標の明確化と選定 | 学習者 | 教師 → **教師** → **教師** → **教師** → 教師 |
| 教材の選定 | 学習者 | 教師 → **教師** → **教師** → **教師** → 教師 |
| 学習シナリオの選定 | 学習者 | 教師 → **教師** → **教師** → **教師** → 教師 |
| 評価 | 学習者 | 教師 → **教師** → **教師** → **教師** → 教師 |
| 学習管理 | 学習者 | 教師 → **教師** → **教師** → **教師** → 教師 |

（Holec, 2007: 10）

　この表で「教師」の字がしだいに小さくなっていくのは，その決定に対す
る教師が援助する程度を，時間の経過とともにしだいに小さくしていくこと
を表している。この段階では，決定に際して，教師から援助を受けるもの
の，あくまでも学習者がおこなう。

　自律学習の準備学習には，その他に「独立した学習者養成」と「自律学習
能力の養成」を組み合わせる方法もある。その場合は，最初に「独立した学
習者養成」を，つぎに「自律学習能力の養成」を実施することになる（Holec,
2008: 28）。

### 7.3.2　準備学習の導入

　自律学習の準備学習を実際に実施するのは 3 つの方法がある。

**1）　言語学習とは独立した準備学習**

　　言語そのものの学習には組み込まないで，準備学習は独立させて，
　　言語学習を始める前か言語学習と平行させて実施する。この場合の
　　準備学習では，特定の言語ではなくて，言語一般に関する教養的知
　　識を学習し，ひとつの言語に限定しないでノウハウ（自律学習の仕
　　方）を実際に練習する。

**2）　言語学習に組み込んだ準備学習**

　　言語そのものの学習に組み込んで，自律学習の準備学習を実施す
　　る。したがって，学習者は，言語そのものの学習と自律学習能力養
　　成を同時におこなうことになる。

**3）　1）と 2）を組み合わせた準備学習**

　　まず言語そのものを短期間，集中して学習し，次に言語そのものの
　　学習と自律学習能力の養成を同時におこなう。　（Holec, 2008: 27）

　オレックは，第 3 番目の方法が，伝統的な授業には組み込みやすいとし
ている。

## 8.　まとめ

　本章の前半部では，CEFR が唱導している複言語主義に基づく言語教育を実施するために，部分的能力を認めることに加えて，学業終了後の生涯学習としての自律学習を重要な学習方法として位置づけていることをみた。しかし，自律学習が具体的にどのようなものなのか CEFR では詳述されておらず，また日本では CEFR で取り上げているオレックの自律学習は知られていないため，本章の後半部でオレックの論文に基づいて詳しく述べた。

　オレックの自律学習をそのまま実践することは，容易ではない。しかし，いわゆる自習をするのではなく，自律学習を実践するには，オレックが主張しているように自律学習能力が必要であることは十分に納得できる。そこで，自律学習能力がどのようなものであるかをもう一度確認するために，日本の大学生を被験者にして彼らの自律学習能力のアンケート調査に用いた質問紙を紹介しておくことにする[13]。この質問紙は，Holec（1979）等に基づいて作成した。各質問の前にある番号は，実際に使用した質問紙で用いた番号である。

---

**1　目標設定**

　（8）私には私なりのフランス語学習の目標がある。

**2　学習するべき内容の明確化**

　（2）授業時間外にフランス語を勉強するときには，自分の不得意なところに特に時間をさいている。

---

13　この質問紙は，日本学術振興会科学研究費補助金 基盤研究(A)『新しい言語教育観に基づいた複数の外国語教育で使用できる共通言語教育枠の総合研究』(2011 年〜2014 年；研究代表者 西山教行)で使用したものである。ここに掲載したのは，フランス語学習者用である。この科研では，動機づけを中心に 6 言語について調査し，回答者数は合計 17,056 名であった。調査結果は，この科研の報告書(2014 年)に掲載されている。類似の質問紙を用いた論文としては，大木・松井・堀・西山・田地野(2007)，Ohki(2011)がある。他につぎのような論文がある。大木・田地野・浅田・高橋(2004)，Ohki(2010)，Hori(2010)，堀(2012)，山口・堀(2015)。

(4) 私には私のフランス語学習の目標を達成するためにはなにをしたらいいのかわかっている。

(18) 私は授業時間外になにを勉強したらいいのかわかっている。

(13) 私はなにが不得意なのかわかっている。

(17) 私にはなにが重要なのか，またなにに力を入れて学習すればいいのかわかっている。

## 3　学習方法・教材の明確化

(1) 私にはどのような方法を用いてフランス語の学習をすればいいのかわかっている。

(3) フランス語を勉強していて，わからないことがあった場合，私はどのようにして解決したらいいのか知っている。

(5) 私はどのような教材を用いて勉強すればいいのかわかっている。

(14) 私は私の持っている英語の知識をフランス語を勉強するときに用いている。

(16) 私は，私の持っている英語の知識がフランス語学習のときに役立つことを知っている。

## 4　学習のコントロール・自己管理

(6) 授業時間外に（教師のいないところで），フランス語の勉強をするのは不安だ[14]。

(7) 教師がいなくても，適切な教材があれば，私はフランス語の文法はマスターできると思う。

(10) 教師の説明がなくても，適切な教材があれば，私はフランス語の文法を理解することができる。

(19) 私にはフランス語を学習するための時間をどのようにして確保したらいいのかわかっている。

(12) 私はフランス語を学習するのに必要な時間を授業時間外でも十分に確保している。

---

14　これは逆転項目。

---

**5　評価**

（11）私は今学習していることを理解しているかどうか自分で確かめることができる。

（15）私は私自身のフランス語の実力を自分で評価する方法を知っている。

（9）私は，時々私自身のフランス語の実力を自分で評価している。

---

　オレックが自律学習を研究，実践した20世紀末から21世紀初頭とは異なり，現在はICTが進歩し，AIを用いた教育もおこなわれるようになっている。わが国でもICT環境が急速に改善され，実施できる授業形態の選択肢や利用できるデジタル教材も増えた。授業時間外でもオレックの自律学習はより容易に実践できるようになったばかりでなく，より必要性が増している。

## 引用文献

大木充・田地野彰・浅田健太朗・高橋克欣(2004).「自律学習と学習者の動機づけに対するCALLの有効性——自律学習支援環境の構築に向けて」『フランス語教育』*32*, 87-100.

大木充・松井沙矢子・堀晋也・西山教行・田地野彰(2007).「CALLによる教室外自律学習の必要性と有効性」*Revue japonaise de didactique du français*, *2*, 130-152.

関デルフィン笑子(2019).「外国語教育における「学習者の自律」その誕生と変遷——1970年から1979年のCRAPELの論集における自律の言説をもとに」京都大学大学院人間・環境学研究科修士論文.

堀晋也(2012).「フランス語学習者の自律学習能力促進のための動機づけ研究」京都大学大学院人間・環境学研究科博士論文.

山口高領・堀晋也(2015).「第2外国語を学ぶ大学生の自律学習能力と英語学習に対する自己効力感」『言語教師教育』*2*(1), 102-110.

Council of Europe (1998). Recommandation No R (98)6 of the committee of ministers to member states concerning modern languages, 33-37./Recommandation No R (98)6 du comité des ministres aux états membres concernant les langues vivantes, 33-37.

Council of Europe (2001). *Common European framework of reference for languages:*

*Learning, teaching, assessment./Un cadre européen commun de référence pour les langues : apprendre, enseigner, évaluer.*

Council of Europe (2002). *Common European framework of reference for languages: Learning, teaching, assessment, A guide for users. | Cadre européen commun de référence pour les langues: apprendre, enseigner, évaluer, Guide pour les utilisateurs.*

Council of Europe (2003). *Guide for the development of language education policies in Europe: From linguistic diversity to plurilingual education.* Main version. Draft 1 (rev.). /*Guide pour l'élaboration des politiuqes linguistiques éducatives en Europe:de la diversité linguistique à l'éducation plurilingue.*Version intégrale. Projet 1 (rév.).

Council of Europe (2006). *Plurilingual education in Europe: 50 years of international co-operation. | L'éducation plurilingue en Europe 50 ans de coopération internationale.*

Council of Europe (2007). *From linguistic diversity to plurilingual education: Guide for the development of language education policies in Europe.* Main version. / *De la diversité linguistique à l'éducation plurilingue : guide pour l'élaboration des politiques linguistiques éducatives en Europe.* Version intégrale.

Gremmo M.-J. (2000). Autodirection et innovation : raisons d'être d'un réseau européen, *Mélanges Pédagogiques CRAPEL*, *25*, 13-27.

Gremmo M.-J. & Riley P. (1995). Autonomy, self-direction and self access in language teaching and learning: The history of an idea. *System*, *23*(2), 151-164.

Holec H. (1979). *Autonomie et apprentissage des langues étrangères.* Paris : Hatier.

Holec H. (1990). Qu'est-ce qu'apprendre à apprendre. *Mélanges pédagogiques 1990*, 75-81.

Holec H. (1991a). Autonomie de l'apprenant : de l'enseignement à l'apprentissage. *Education permanente*, *N° 107*, 1-5.

Holec H. (1991b). Autonomie et apprentissage autodirigé. *Les Cahiers de l'ASDIFLE*, *n° 2*, 23-33.

Holec H. (1992). Apprendre à apprendre et apprentissage hétéro-dirigé. *Le français dans le monde*, Numéro spécial, 46-52.

Holec H. (1996). L'apprentissage auto-dirigé : une autre offre de formation. In Holec H., Little D. & Richterich R. (éds.), *Stratégies dans l'Apprentissage et l'Usage des Langues*, 77-132. Strasbourg : Conseil de l'Europe.

Holec H. (1999). De l'apprentissage autodirigé considéré comme une innovation. *Mélanges Pédagogiques CRAPEL*, *24*, 91-110.

Holec H. (2007). Autonomy in language learning: a pedagogical revisiting of a pedagogical approach.

Holec H. (2008). Introduction de l'apprentissage autodirigé des langues au niveau universitaire : former les étudiants et fournir des matériaux appropriés. *Revue japonaise de didactique du français*, *3*(1), 19-36.

Hori S. (2010). Réflexion sur les rôles de la motivation et du portfolio quant à l'autonomie de l'apprenant, *Revue japonaise de didactique du français*, 5, 201-218.

Ohki M. (2010). L'auto-évaluation pour développer l'autonomie, la motivation et la compétence linguistique : étude de cas pour l'enseignement de la grammaire française dans une université japonaise. In Dervin F. & Suomela-Salmi E. (éds.), *Nouvelles approches de l'évaluation des compétences langagières et (inter-)culturelles dans l'enseignement supérieur*, 267-282. Peter Lang.

Ohki M. (2011). Contextualiser l'apprentissage autodirigé dans l'enseignement supérieur au Japon. *Le français dans le monde - Recherches et applications* (CLE international), *50*, 94-104.

第4章

# 日本語教育における CEFR と CEFR-CV の受容について

真嶋潤子

　本章では，まず筆者の CEFR との関わりから，CEFR の魅力をまとめた後，海外と国内の日本語教育の現状と，その中で CEFR がどのように受容されてきたのかを述べる。海外における日本語教育の充実は，国際交流基金 JF の貢献が大きいところであるが，とりわけ CEFR の受容に際しては（a）CEFR そのものの理解を促進させるための事業と，（b）CEFR を日本語教育の現場で使えるようにする実践への支援事業に分けて把握する。同時に「ヨーロッパ日本語教師会」の果たした役割も大きかったことから，その貢献についても述べる。国内では，日本も実質的な「移民」受け入れの方向で動いていることが象徴的であるが，様々な理由で人が国境を越えて移動することがグローバルに行われている。日本語教育の立場からは，国内と海外の日本語教育現場での CEFR 受容の動向を紹介した上で，今後の CEFR と CEFR-CV（増補版）を参照した日本語教育の可能性について述べておきたい。

キーワード 🔍 日本語教育，「日本語教育の推進に関する法律」（「日本語教育推進法」），CEFR-CV（増補版），国際交流基金，ヨーロッパ日本語教師会

## 1. はじめに

　わたしが CEFR に初めて出会い関わりを持ったのは，専門である日本語教育のためというわけではなく，そもそもは旧大阪外国語大学の 25 専攻語の（学内的な）改革に関わったことがきっかけであった。現場に問題意識を持つ有志の学内研究会で勉強する中で，25 の専攻語を提供している外国語学部の言語横断的な改革の難しさに立ち往生していたところ，CEFR に出会い「これがわたしがほしかったものだ！」と感動したのを覚えている。世紀末のことである。その後ヨーロッパに現状調査に行く機会を得た後（真嶋, 2005），2006 年に大阪コンベンションセンターにおいて日本で初めての CEFR をテーマとした国際シンポジウムを開催，運営することにも携わる機会を得た（真嶋, 2006; 2007.）。

　学内では改革プロセスを経て，結果として（2007 年に大阪大学と統合した後も）2020 年現在に至るまで，外国語学部の 25 専攻語の到達度目標に CEFR を参照した Can-do 能力記述を採用している。それは外国語学部の『学生便覧』と学部の公式サイトに掲載され，社会に向けて教育内容を説明するアカウンタビリティーを担保していると言える（真嶋, 2018; 2019）。

　また，わたしはこの間 CEFR の理解を深め，変化を把握するため，欧州評議会（言語政策部門）を訪問したり，ヨーロッパのいくつかの教育機関で，どのように CEFR が受け入れられているのかを調べに行ったりする機会も得た。ヨーロッパ各地の大学の外国語教育関係者の中には 2003 年ごろには，「自分たちには関係ない。CEFR は高校までの学校教育用のものだ」と言う人もいて温度差があることを感じたが，十数年経った現在では，当事者意識も高く，また言語種を超えて CEFR を共通メタ言語として，日常的に言語教育の話ができるようになっているのは目を見張るべきことだと思う。テキストやカリキュラム，教授法に至るまで，CEFR の影響が色濃く出ているのが見受けられる。CEFR は外国語教育を語る際の日常用語にすらなっている印象を，ヨーロッパで日本語教育の関係者と話していても受けている。

　わたしが個人的にも CEFR がすばらしいと考えている特徴はいくつもあるが，特に「共通性 commonality」「透明性 transparency」と「強制しない姿勢 non-forcing attitude」である。そう考える理由の主なところは，それまで

の外国語教育では議論できなかった「共通のメタ言語」を得て，異なる言語教育の関係者とも話がしやすくなったことと，教員間や学生に対しても，オープンで自由な姿勢を持ちやすくなったことである（真嶋，2010; 2018 などを参照されたい）。

　本章では，日本語教育の立場から，CEFR が今に至るまでどのように海外で，あるいは国内で受容されてきたのか，特に国際交流基金（以下 JF）の果たしてきた役割と，ヨーロッパ日本語教師会（以下 AJE）の貢献に焦点を当てて，日本語教育への CEFR の受容の概略をまとめてみたい。そして，現在の日本社会で増加が見込まれる在留外国人への日本語教育を考える際に，CEFR と CEFR-CV の考え方が参考になるのではないかということを述べる。

　本章では，記述の客観性を高めるために，海外の JFL「外国語としての日本語」教育の文脈で，CEFR の理解と受容に貢献した JF の働きを，CEFR が作られたお膝元である AJE のニュースレターを情報源として，そこから CEFR 受容の様子を観察する。それらは国内の JSL「第二言語としての日本語教育」に影響を与えてきたと考えられるからである。最後に，CEFR-CV（2018）の今後の受容可能性について，私見を述べる。


## 2.　海外と国内の日本語教育

　まず日本語教育の現状を見ておきたい。海外にはどれくらいの日本語学習者がいるのだろう。また日本国内ではどうだろう。答えは，表 1 に示した通りである。

表 1　海外と国内の日本語教育：JF と文化庁の数字

|  | 学習者数（人）<br>Number of<br>Learners | 教員数（人）<br>Number of<br>Teachers | 機関数（機関）<br>Number of<br>institutions |
|---|---|---|---|
| 海外 overseas<br>〈142 の国・地域〉<br>（2020）JFL | 3,851,774 | 77,323 | 18,661 |
| 国内 domestic<br>（2020）JSL | 277,857 | 46,411 | 2,542 |

国際交流基金（2020）および文化庁（2020）より

　まず世界の日本語教育の関係者数をJFの調査と文化庁の調査から見ておくと，最新の調査である2018年現在で，世界の142の国と地域において，385万人の学習者が，77000人あまりの教員に教わっている（単純計算で，1人の教員が50人の学習者を教えていることになる）。大学や学校，語学学校等，教えている機関の数は約18600である。

　かたや国内では，2500ヵ所の機関で，約46000人の教員によって約27.7万人の学習者が学んでいるということである（教員1人に学習者は6名。海外の約8分の1に近い）。これは大人だけの数で，義務教育段階の外国にルーツのある子どもの数は入っていないが，主として成人向けの日本語教育の現場に関するこの資料からは，海外では大人数のクラスで実施され，国内では個人指導や少人数クラスが多いことが垣間見える。

## 2.1　日本語能力の評価・検定

　この学習者たちの日本語能力がどれくらいなのかを客観的に知りたいと思った時に，現在世界で最もよく使われているのが「日本語能力試験」である。

　**3.** で述べるが，2018年末に「改正入管法」が臨時国会を通ったが，「特定技能1号」の外国人には「N4レベルが期待されている」などと，外国人の日本語能力を示す指針として使われることが多い[1]。

　図1は，「日本語能力試験」の2018年の実績である。日本全国はもとより，海外の86の国と地域の296都市で，約90万人近い人たちが受験している。

---

1　その後2019年6月28日には，日本語教育推進に関する法律（日本語教育推進法）が国会で可決された。これにより日本語教育の推進のための理念が，国として定められたことになる。

図 1　日本語能力試験 JLPT の実施都市（2018）

<https://www.jlpt.jp/statistics/index.html> より


　図 2 を見ると，受験者は右肩上がりで増加を続け，2009 年だけは翌年から新試験になるため，駆け込み受験者が急増し，一旦減少するもまた増加していることがわかる。

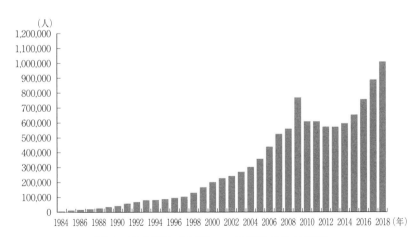

図 2　日本語能力試験 JLPT 受験者数の推移

<https://www.jlpt.jp/statistics/index.html> より

「N1」が一番高い能力レベルで，「N5」まで5つのレベルがある。この新試験がCEFRの影響を強く受けていることは知られているだろうか。

表2　旧・日本語能力試験の出題基準

|  | 漢字数 | 語彙数 | 学習時間数 |
|---|---|---|---|
| 1級 | 約2,000字 | 約10,000語 | 約900時間 |
| 2級 | 約1,000字 | 約6,000語 | 約600時間 |
| 3級 | 約300字 | 約1,500語 | 約300時間 |
| 4級 | 約100字 | 約800語 | 約150時間 |

国際交流基金・日本国際教育支援協会(2012)

　2010年に改定されるまでの，旧・日本語能力試験は1〜4級の4段階であった。しかも，出題基準は表2に示すように，漢字の数，語彙の数，そして学習時間という数値化できるものであった。ここでは，日本語の「知識の量」に焦点が当てられている。しかし，このような試験では，一番上の1級を取った場合でも，日本語でコミュニケーションが取れるのか，日本語を使って何ができるのか，という視点がなかったために，問題視されるようになっていた。実際「1級を持っていても話せない」と，批判的に言われるのを耳にすることがよくあった。

表3　新・日本語能力試験の認定の目安（2010）

|  | 例：「聞く」「読む」 |
|---|---|
| N1 | 幅広い場面で使われる日本語を理解することができる |
| N2 | 日常的な場面で使われる日本語の理解に加え，より幅広い場面で使われる日本語をある程度理解することができる |
| N3 | 日常的な場面で使われる日本語をある程度理解することができる |
| N4 | 基本的な日本語を理解することができる |
| N5 | 基本的な日本語をある程度理解することができる |

国際交流基金・日本国際教育支援協会(2012)

　JFと日本国際教育支援協会が2010年からの新試験を主催しているが，こ

の試験で見ようとしているものは何だろうか。表3は，例として「聞く」と「読む」のN5からN1までの能力記述，いわゆるCan-do記述である。新試験では，CEFRの「行動中心主義」の考え方に則るように，目標言語である日本語で何ができるのかということを示している。表3は，全体的な記述だが，例えばN3の「聞く」能力を見てみると，「日常的な場面で，やや自然に近いスピードのまとまりのある会話を聞いて，話の具体的な内容を登場人物の関係などとあわせてほぼ理解できる」とある。より具体的な能力記述になっているのがわかる。新試験については，大隅他（2009）が参考になるので参照されたい。

## 2.2　JF（国際交流基金）の貢献

　JFという組織は，日本語や日本文化の海外での普及活動を主たる活動目的としており，そのためにCEFRの海外の日本語教育への受容に寄与してきた（嘉数, 2011）。新しい概念や仕組みを受容し，普及させるためには，

　　（a）CEFRそのものの理解を促進させ普及させるための事業
　　（b）CEFRを日本語教育の現場で使えるようにする支援事業

という2種類に分けて把握してみたい。

　まず（a）の方は，CEFRがヨーロッパ各国においてどのように受容されているのかの初めての調査が，JFからヨーロッパ日本語教師会に委託され，その結果が，『ヨーロッパにおける日本語教育とCEFR』という報告書の形で出版された（2005）。さらに，これはCEFRのためだけではないが，海外に日本語専門家を派遣し，主にJFセンターがあるところで，現地の日本語教師の研修を行い，他に研究会，学会，文化イベントへの助成などを行ってきている。

　次に（b）のCEFRの実践支援の方である。この点については，以下のように様々な支援のための事業がなされている。

　　・検定試験開発：旧「日本語能力試験」から新「日本語能力試験」への移行（2010年）

　　・「JF 日本語教育スタンダード 2010」の開発
　　・ネット上に「みんなの Can-do」
　　・教材開発：『まるごと』A1-B2
　　・e-learning プラットフォーム開発：『みなと』他

　以下にこれらについて，簡単に説明を加える。
　海外での日本語教育の発展のためには，「日本語能力試験」を，CEFR と関連づける形あるいは参照する形で改訂することが重要なプロジェクトであることは理解できる。大規模検定試験というのは，その後の経済効果も学習者へのインパクトも大きいので，当然ながらテスト関係者は日本からもヨーロッパ言語テスト学会（Association of Language Testers in Europe: ALTE）で情報収集をしているようである。ALTE の国際シンポジウムで，どのように欧州評議会の CEFR に関する研究成果が発表されるか，わたしも 2003 年（ベルリン），2008 年（ケンブリッジ）に参加した（Majima & Smith, 2008）が，日本からは，大学の研究者数名と，JF からと，英検（日本英語検定協会）からの参加者とも同席することがあり，それぞれの目的のために情報収集を行っていると理解できた。
　また，日本語能力試験が改定されたのと機を同じくして，JF では「JF 日本語教育スタンダード」という能力記述集を CEFR を参考にして作成し発表している。CEFR をそのまま日本語教育に示すのでなく，JF のチームで一度 CEFR を「咀嚼して」，日本語教育に使えるようにして出したものである。また，それを JF の公式ホームページ上に「みんなの Can-do」として，学習者も教師も使えるように公開した。
　一方で，「JF スタンダード」と「みんなの Can-do」を，具体的な教育現場の支援として教材化することも行われてきた。『まるごと』という名前で，CEFR と同じ A1, A2, B1, B2 というレベルに合わせた「りかい（理解）」と「かつどう（活動）」という 2 種類の教材が作成され，言語の知識面を維持しながら活動中心にできるようにした妙案だろう。
　最後に，日本語学習を教育機関に属さずに，独習している人や，機関で学んでいても，授業外でも学びたい人のために，e-learning の『みなと』というプラットフォームが立ち上げられている。時間を決めて，学習者が個別に

会話練習をしてもらう部分は有料だが，それ以外は，無料で公開されている
ようである。JF は日本語・日本文化を海外に普及させる目的を遂行するた
めに，外国語教育の潮流を捉え，最新の考え方や技術も駆使しながら，事業
を展開しているように見える。それは日本国内外の日本語教育関係者への情
報提供の役割も，方向性を示す役割も果たしていると評価して良いだろう。

## 2.3　AJE（ヨーロッパ日本語教師会）の貢献

　JF は初期から CEFR を理解し，参照して様々な日本語教育の実践のため
の道具を作ってきた。その一方で，CEFR が生み出されたヨーロッパで「外
国語としての日本語教育 JFL」に関わっている，主に高等教育機関の日本語
教育関係者の研究会 AJE の貢献は，非常に重要で大きいことをこの節で述
べておきたい。

　CEFR を日本に紹介したり，自分たちが深く理解したり教育実践をする中
で得た疑問や知見を共有し，研鑽を積む場として，AJE は毎年 JF の助成を
受けてシンポジウムを行っている。また AJE はヨーロッパ内のみならず，
日本をはじめ海外に数百人の会員を持ち，大変活発に活動を続けている。

　毎年場所を変えて行われる夏のシンポジウムは，日本からも大勢の参加者
を得て，ヨーロッパの日本語教育の新しい話題について，特に CEFR の受
容に関する報告や議論が行われることが多く，いつも目が離せない重要な大
会である。以下に，AJE ニュースレター約 20 年分を元に，CEFR に関連す
る大会と研究活動を挙げてみる（AJE ニュースレター, 2021）。

表 4　CEFR に関する AJE の大会と研究活動

| 年 | 研究大会「テーマ」／研究活動名「テーマ」 |
|---|---|
| 2003 -2005 | CEFR プロジェクト 「ヨーロッパにおける日本語教育事情と CEFR」 |
| 2009 | ベルリン大会（ドイツ）「CEFR の理解」 |
| 2010 | 「『JF 日本語教育スタンダード』活用法」 |
| 2010 | ブカレスト大会（ルーマニア）「CEFR の学習者観　何を教えるのか？」 |
| 2011 | タリン大会（トルコ） 「CEFR10 年，私たちは今，何が必要か──AJE-CEFR プロジェクト」 |

| 2012 | ロンドン大会（イギリス）<br>「CEFR と JF スタンダードを生かした日本語教育」<br>「日本語能力試験と JF 日本語教育スタンダード」 |
|------|------|
| 2013 | マドリード大会（スペイン）<br>「日本語の評価における JLPT と JFS」<br>「JF 欧州 4 拠点の JFS 日本語講座における評価」 |
| 2014 | リュブリャーナ大会（スロベニア）<br>「日本語教育における言語と文化の仲介」 |
| 2015 | ボルドーモンテーニュ大会（フランス）<br>「日本語教育における対話について考える」 |
| 2016 | ヴェネツィア大会（イタリア）<br>「ウェルフェア（well-being）を目指す日本語教育」 |
| 2017 | リスボン大会（ポルトガル）<br>「ヨーロッパで日本語を教えることと学ぶことの意味を考える――それぞれの現場で」 |
| 2018 | ヴェネツィア 2018 ICJLE 日本語教育国際研究大会（イタリア）<br>「平和への対話」 |
| 2019 | ベオグラード大会（セルビア）<br>「ローカル・グローバルな日本言語・文化教育」 |

　このテーマの変遷を見るだけでも，AJE が CEFR を受け止め，理解し，考え，より良い教育実践をしていこうとすることで，CEFR の文脈化を進めようとしてきたことが見てとれよう。ヨーロッパの数多くの日本語教育機関での教育実践や研究を経て，多くの研究者が育ち，現地の日本語教育を担っている人もいれば，日本や他の地域で活躍している人も多い。その意味で，日本語教育関係者の人材養成・人材供給の世界のハブの一つだとも言えるだろう。

　ヨーロッパの日本語教育からの発信は，分野の人々への貢献を念頭に置いて編まれた著作が多いため，ここでは日本国内へのインパクトも大きく重要だと筆者が考える一部の文献を紹介したい。

　まず右の報告書はすでに述べたが，日本語教育

国際交流基金（2005）

の分野で，日本語で CEFR を扱った本としては嚆矢ではないだろうか。
2005 年に出たが，2003 年頃の様子がよくわかる。

　次は，*OJAE (Oral Japanese Assessment Europe)* という DVD 付きの文献である。例えば「C2 の学習者ってどんな話し方をするの？」「これくらい話せたら A2 なんだ」といったことが理解できるサンプルビデオである。CEFR のレベル別の欧州の学習者の発話のサンプルを DVD にして提示したもので，どのように評価するか，大変参考になる（市販されておらず入手が困難ではある）。

OJAE 2010 チーム（2010）　　　奥村・櫻井・鈴木編（2016）

　3 点目は，奥村ほか 3 名の編者によるヨーロッパを中心に活躍中の著者たちのヨーロッパでの日本語教育の実践（CEFR の前から後への変化）を元に，CEFR の理解を促す前半と，具体的な授業実践例を提示する後半からなる文献で大変読みやすくとっつきやすい。これは，日本国内の日本語教育の関係者にも CEFR の理解を進めるために，貢献していると思われる。

## 3.　国内の日本語教育

　翻って，日本国内の日本語教育の状況はどうだろうか。これまで，国内の日本語教育といえば，「学習者の多様性」が指摘されて久しいが，留学生（就学生含む）に関する研究が多かった。「留学生 10 万人計画」は 1983 年

に始まり，2003 年に達成した。さらに 2020 年を目標にした「留学生 30 万人計画」も 2018 年に達成したと言われている。筆者は，大学で学部留学生への日本語教育と日本語教員養成に 20 年以上携わってきた者であるが，ふと国内を見渡せば，2017 年には留学生と同数の「技能実習生」という外国人の若者がいて，彼らは留学生のような日本語教育を受けておらず，様々な困難に直面している。今後誰がどのように指導していくのか，大変混乱しているように見受けられる。

　国内の在留外国人の数は増える一方である。少子高齢化社会に突入し，人口減少社会をどのように支えていくのかの国民的議論を，十分に行った記憶はない。しかも政府は「移民政策は取らない」と繰り返し述べている。しかし，好むと好まざるとに関わらず，労働力が不足しているという特に中小企業や第一次産業の現場からの強い要望に応える形で，政府は多くの外国人労働者を受け入れることに舵を切ったのだと思われる。

　在留外国人の数は，2019 年末に過去最高の 293 万人に達している。留学生は約 34 万人であり，さらに増加している。そして，「技能実習生」が留学生を超えて約 41 万人であるが，これについては問題も多いからか，新しいカテゴリーで単純労働者を受け入れるべく 2018 年 12 月 8 日朝 4 時に国会で「改正入管法」が成立した。そこで特定技能 1 号での受け入れ人数は 5 年間で最大 34 万 5,150 人を目安にするとのことである（日本経済新聞, 2018）。その後の動きも含め，技能実習生と日本語教育については，別稿に譲る（真嶋, 近刊）。

　これはすなわち日本語学習者が急増することを意味している。この人たちへの日本語教育は，しかしながら，これまでの留学生への日本語教育とはかなり異なった様相を呈するのではないだろうか。大きな点として，この外国人労働者は，留学生とは異なり，日本語・日本文化を学ぶことは来日目的ではないため，基本的に高い学習動機や熱心に学習する時間の確保は，あまり期待できないだろう。また，高度な日本語の読み書き能力を求めているわけでもないだろう（国内には，外国人労働者には日本語教育を受けさせたくないという雇用主もいると聞くが，そのような態度は労働者の人権無視であり改めるべきであろう）。

　新しくできた「日本語教育推進法」の理念に照らしてこの外国人単純労働

者への日本語教育を考えることは，本章の目的の範囲から逸脱するため，稿を改める必要があるだろうが，これは入国する外国人だけの問題ではなく，受け入れ側の我々日本人にも変化を求めることになる。2018 年そして 2019 年以降は，日本社会と日本語教育にとって，予期せぬ新型コロナウイルス感染症の影響も大きく，大きな転換期であったと後年指摘されるのではないだろうか。

　また，国内の日本語学習者数は，2019 年には過去最高の 27.7 万人であった（文化庁国語課, 2019）。さらに公立の小・中・高校等に在籍する外国人児童生徒数は 5 万人を超えており，外国人の大人が増えれば，当然ながら日本語を母語としない子どもの数も増える。子どもの教育は待った無しなので，日本語教育の支援が必要な児童生徒の 80% しか支援が受けられていない（文部科学省総合教育政策局, 2020）という状況を，速やかに改善する必要がある。このような外国につながる児童生徒への言語教育については，日本語教育学会でも年少者教育に関する研究が増えてきていることにも現れており，さらに多くの関心を得て，CEFR 的に言えば複言語・複文化を体現する子どもたちが育つよう，国，自治体の行政側はもちろん，周りの多数派市民である日本語母語話者の理解と協力も欠かせない（真嶋編著, 2019）。

　このような「移動の世紀」を体現するような，外国人労働者やその子どもたちへの日本語教育については，CEFR と CEFR-CV で記述，提唱されている言語教育観が参考になるのではないかと考えていたところだが，文化庁から CEFR を参考にした「日本語教育の参照枠」が作成されることになった。

　「日本語教育の参照枠」一次報告[2]（文化審議会国語分科会日本語小委員会令和 2 年 11 月 20 日）によると，前述の「日本語教育推進法」が成立し，それに基づき「日本語教育の推進に関する施策を総合的かつ効果的に推進するための基本的な方針」を 2020（令和 2）年 6 月 23 日に閣議決定し，その中で「ヨーロッパ言語共通参照枠（CEFR）を参考に，日本語の習得段階に応じて求められる日本語教育の内容・方法を明らかにし，外国人等が適切な評価を受けられるようにするため，「日本語教育の参照枠」を作成すること」とされた。

---

2　<https://www.bunka.go.jp/seisaku/bunkashingikai/kokugo/hokoku/pdf/92664201_01.pdf>

　2021（令和3）年3月には「「日本語教育の参照枠」二次報告——日本語能力評価について」[3]が公開され，さらに2022（令和4）年3月には，「日本語教育の参照枠」手引きを策定してまとめて公開される予定である。これで，日本国内の日本語教育においてCEFRを参照した道具が公式にお目見えすることになる。またCEFR-CVの受容の仕方については，2022年以降の検討事項となっている。

　日本国内の外国人労働者の受け入れに関しては，法務省，厚労省，経産省，外務省，文科省などの複数の省にまたがった緊急課題であるため，その日本語教育政策は実のある具体案が待たれていた模様である。これは画期的な動きであるが，実際の「共生社会の実現」への効果があるか注視している。

## 4.　「移動の世紀」の言語教育

### 4.1　移動する学習者

　これまでの日本では経験したことのないような多様な人々が，非常に速い速度で日本社会に入ってきているし，出ていく人も多い。これまでの日本語教育，あるいは日本における教育全般と言っても良いかもしれないが，上述したような言語学習者の増加と多様化はすぐに変わりそうにはなく，今世紀は「移動の世紀」と言えるかもしれない。学習者は，いつ来るかわからない。いつまた移動するかも不明である。学習者の年齢も背景も，バラバラだろう。国内外の潮流として「生涯学習」が珍しくなくなってきているので，必要だと思った時こそが学習時期である。

　すなわち，日本語教育の支援が必要なのは，これまでの日本語教師が主に携わっていた「あまり移動しない学習者」で「教育機関に所属する学習者」だけではすでにない。「移動する学習者」は，年齢，教育背景，来日目的等が異なるため，教師の側も状況を把握し認識を新たにし，学習者のニーズを把握してきちんと向き合う必要があるだろう。これまで日本社会が直面してこなかった事態が到来しつつある。

---

　3　<https://www.bunka.go.jp/seisaku/bunkashingikai/kokugo/hokoku/pdf/92880801_02.pdf>

　ここで CEFR と CEFR-CV での学習者の捉え方が役に立ちそうである。ま
ず学習者は，教師に全てを指図されるような受け身的な人物ではなく，「自
律的学習者 autonomous learner」（自分の学習内容や目的，方法に主体的に関
わり責任を持つという自律性を持つ人）であり，また自分の目的のために目
標言語である日本語を使いながら学んでいく「社会的行為者 social agent」
であると捉えることができる。したがって，教師の役割は，知識注入型の言
語学習のみをさせることではなく，多様な学習者が目標言語で社会的行為者
として活動することができるように支援することである。

　そこで求められる言語教育というのは，日本語・日本文化をさも本質主義
的に「言語文化的規範」として捉えて学習者に提供するのでは必ずしもな
い。学習者が必要とする「行動・活動」を「社会的行為者として」実現でき
るよう，また対話の相手とのタスクを遂行するやりとりから，多くを学んで
いくように，言わば，社会学の概念を借りると，社会構築主義的な言語使
用・学習の場を提供することである。これは多くの教師にとってはかなり大
きなパラダイム変化を伴うものだと考えられるが，言語学習がその場その場
で起こることを目撃できるダイナミックな現場となるのではないだろうか。

## 4.2　CEFR-CV の特徴と可能性

　日本国内で日本語教育と言った場合に，これまでは存在感が大きかった留
学生（高度人材の育成）とは異なり，多くの「移動する学習者」（例えば就
労や個人的生活のために日本語が必要な外国人）が学習者となる場合に，
CEFR-CV（2018）で挙げられている外国語教育の方針や特徴が参考になる
と思われる。

　　・学習者は「社会的行為者 social agent」である
　　・「母語話者」を目指さない。部分的能力でも良いとする。
　　・「4 技能（読み・聞き・書き・話す）＋ 3 要素（文法，語彙，発音）」
　　　の枠組みからの脱却
　　・「行動中心」の教え方
　　・言語は，ダイナミックで複雑で，変化することが前提
　　・「個別学習」より「ネットワーク」を重視する

・仲介 Mediation を広く考え，教育に生かす

　ここで，CEFR の指針をぜひ押さえておきたい。CEFR-CV を加えて考えても，基本姿勢として頭の隅に置いておきたい。

・読者（CEFR のユーザー）は，自分の置かれた教育現場によってその内容を選択的 selective に使用することが期待されている
・CEFR（の著者たち）は，言語教育で「何をすべきか，どうすべきかを指示しようとは考えていない」（序章；2）
・CEFR は，「言語教育に関する問題を考えるのに，ありうる選択肢を示し，当事者が熟考 reflect しやすいように枠組みを示すもの」である。

　これらは，本章の最初に述べたように，CEFR の魅力だと思う「共通性 commonality」「透明性 transparency」と「強制しない姿勢 non-forcing attitude」の底流にある考え方である。

　最後に，上記の CEFR-CV における「仲介 mediation」のところであるが，具体的な教授法として，Piccardo & North（2019）が参考になりそうなので，その内容に期待することとして筆を置きたい。

　本章の元になったのは，国際研究集会「CEFR の理念と現実」（2019 年 3 月，於：京都大学）での講演であるが，その集会への参加者の顔ぶれを見ると，国内のみならず海外からも含めて，日独仏英西中韓……といった様々な言語教育に携わる人たちで，その多様な背景をつなぐものが CEFR であったということは，CEFR の面目躍如たるところであった。すなわち，普段なら顔を合わせることもない人たちが，同じ議論の土俵に上れるのは，「ヨーロッパ言語共通参照枠 CEFR」という「共通言語」を介しているからである。CEFR の執筆者たちが当初希望して描いていたのも，そのような語種を越え，教育機関を越え，立場を越えて，言語教育についてコミュニケーションが成立することがまず大切だということだったはずである。その CEFR の目的が具現化する場に立ち会えたことに感謝すると共に，これからも益々多様性を増し，複雑化しうる「移動の世紀」のグローバル社会における外国語あるいは第二言語としての日本語教育において，CEFR と CEFR-CV のさ

らに具体的な活用方法を考えていきたいと思う。

## 付記

　本稿は，科学研究費補助金基盤研究（C）「「移動の世紀」の言語教育を考える──移民統合と CEFR-CV の基礎研究」（課題番号：19K00736，研究代表者：真嶋潤子）の研究成果の一部である。

## 引用文献

大隅敦子・谷内美智子・小野澤佳恵・篠崎摂子・浅見かおり・野口裕之・小森和子
　　（2009）.「新しい日本語能力試験が目指すもの」日本語教育学会 2009 年秋季大会
　　シンポジウム <https://www.jlpt.jp/reference/pdf/2009_020.pdf>

奥村三菜子・櫻井直子・鈴木裕子編（2016）.『日本語教師のための CEFR』くろしお
　　出版.

OJAE 2010 チーム（2010）.『CEFR 準拠　日本語口頭産出能力評価法』東京財団・ベ
　　ルリン自由大学.

嘉数勝美（2011）.『グローバリゼーションと日本語教育政策──アイデンティティとユ
　　ニバーサリティの相克から公共性への収斂』ココ出版.

国際交流基金（2005）.『ヨーロッパにおける日本語教育と Common European Framework
　　of Reference for Languages』ヨーロッパ日本語教師会・国際交流基金.

国際交流基金（2010/2018）.「JF 日本語教育スタンダード」<https://jfstandard.jp/top/ja/
　　render.do>

国際交流基金（2020）.「海外の日本語教育の現状──2018 年度　日本語教育機関調査
　　より」<https://www.jpf.go.jp/j/project/japanese/survey/result/survey18.html>

国際交流基金・日本国際教育支援協会（2012）.「日本語能力試験 JLPT」<https://www.
　　jlpt.jp/about/levelsummary.html>

日本経済新聞（2018）.「外国人受け入れ 5 年で最大 34 万人　改正入管法が成立」政治
　　面，2018 年 12 月 8 日.

文化庁国語課（2019）.「令和元年度　国内の日本語教育の概要」<https://www.bunka.
　　go.jp/tokei_hakusho_shuppan/tokeichosa/nihongokyoiku_jittai/r01/pdf/92394101_01.
　　pdf>

真嶋潤子（2005）.「ヨーロッパ言語共通参照枠（CEF）の受け入れ状況の一研究──ド
　　イツの言語教育機関における聞き取り調査より」『日本語講座年報 2004-2005』
　　（pp. 129-141.）大阪外国語大学日本語講座.

真嶋潤子（2006）.「ヨーロッパ言語共通参照枠（CEF）と言語教育現場の関連づけの一
　　研究──ある日本語コースの質的研究」『ヨーロッパ日本語教育』*10*, 177-182.

真嶋潤子(2007).「言語教育における到達度評価制度に向けて──CEFRを利用した大阪外国語大学の試み」『間谷論集』創刊号，3-27.

真嶋潤子(2010).「日本の言語教育における「ヨーロッパ言語共通参照枠(CEFR)」と「能力記述(can do statement)」の影響──応用可能性に関する一考察」［*Impact of can do statements/ CEFR on language education in Japan: On its applicability*］シュミット，M.G.・長沼君主・オドワイヤー，F・イミック，A・境一三編『日本と諸外国の言語教育におけるCan-Do評価──ヨーロッパ言語共通参照枠(CEFR)の適用』(pp. 58-79.)朝日出版社.

真嶋潤子(2018).「CEFRの国内外の日本語教育へのインパクト」泉水浩隆編『ことばを教える・ことばを学ぶ──複言語・複文化・ヨーロッパ言語共通参照枠(CEFR)と言語教育(南山大学地域研究センター共同研究シリーズ)』(pp. 251-276.)行路社.

真嶋潤子(2019).「外国語教育における到達度評価制度について──CEFR初版2001から2018補遺版CEFR-CVまで」『外国語教育のフロンティア』*2*, 1-13.

真嶋潤子編著(2019).『母語をなくさない日本語教育は可能か──定住二世児の二言語能力』大阪大学出版会.

真嶋潤子編著(近刊).『技能実習生と日本語教育』大阪大学出版会.

文部科学省総合教育政策局(2020).「日本語指導が必要な児童生徒の受入状況等に関する調査(平成30年度)」の結果の訂正について <https://www.mext.go.jp/content/20200110_mxt-kyousei01-1421569_00001_01.pdf>

ヨーロッパ日本語教師会(2021).「ニュースレター」<https://www.eaje.eu/ja/newsletter>

Council of Europe (2001). *The Common European framework of reference for languages: Learning, teaching, assessment,* Council of Europe.

Council of Europe (2018/2020). *Common European framework of reference for languages: Learning, teaching, assessment: Companion volume with new descriptors.* Council of Europe. <https://rm.coe.int/cefr-companion-volume-with-new-descriptors-2018/1680787989>

Majima J. & Smith A. (2008). Educational Impact of the CEFR on a Japanese National University. ALTE International Symposium, Cambridge ESOL, UK.

Piccardo E. & North B. (2019). *Action-Oriented-Approach: A Dynamic Vision of Language Education.* Multilingual Matters.

第 5 章

# 日本の外国人政策と CEFR
## ——複言語・複文化能力，仲介能力を習得する意義，発揮する困難

牲川波都季

　2019 年 4 月 1 日に在留資格「特定技能」が始まり，日本では今後も長期に暮らす外国人が増加していく見込みである。では，現在また近未来に日本で暮らす日本人と外国人は，どのようなことばでやりとりできるだろうか。英語，外国人の出身国主要言語，日本語のそれぞれから検討したところ，現時点ではいずれのことばも十分には有効と言えなかった。だからこそ，日本で暮らす人々がそれぞれ CEFR とその増補版の提案する複言語・複文化能力，仲介の能力を身につけ発揮することには意義がある。しかし日本でもヨーロッパでも差別が構造的に再生産されており，人々にとって，そうした能力を身につけ使おうとする意志はもちにくい状況でもある。この中で欧州評議会はどのような提案を行っているのか，また教育実践には何ができるのか。日本の外国人政策の動向と，その中で活用できる媒介言語を検討しつつ，CEFR の理念の可能性と突きあたるジレンマ，それを乗り越える方策について考えてみたい。

キーワード 🔍 「特定技能」，媒介言語，**JFT-Basic**，「合成のパラドクス」，民主制文化

## 1. 新在留資格「特定技能」[1]

　日本では，2019 年 4 月 1 日に「出入国管理及び難民認定法及び法務省設置法の一部を改正する法律」（以下「改正入管法」）が施行され，新しい在留資格「特定技能 1 号・2 号」が新設された。「特定技能」は，非熟練労働（いわゆる単純労働）分野での就労を目的に，日本で暮らすことを初めて認めた資格である。

　これまでも，外国人留学生や技能実習生，特例的な事業で働く外国人，その他の在留資格をもつ外国人も非熟練労働を担ってきた[2]。しかし法的には，「留学」は大学などで教育を受けること，「技能実習」は技術などを修得することを目的とすると定められており，非熟練労働そのものを目的とした在留は認められてこなかった。しかし今回「特定技能」が新設されたことによって，外国人は非熟練労働分野で働くために日本で暮らすことができるようになった。

　「特定技能」をもう少しくわしく見ておきたい。これは，生産性向上や国内での人材確保を行ってもなお人手が不足する産業分野を対象に，即戦力となる外国人の日本への在留を認める資格である（閣議決定，2018a: 1）。まず「特定技能 1 号」では，建設や農業，飲食料品製造など 14 分野で就労が可能であり，通算 5 年まで在留できる。ただし，家族の帯同は認められていない。また「特定技能 2 号」は，1 号より高度な業務に従事するための資格で，在留期間の更新に上限がなく家族も帯同できる。2 号については，法改正に至る過程で外国人の永住につながる資格であるという批判の声が高まり，建設と造船・舶用工業の 2 分野に限定されることになった（西日本新

---

1　本章が取り上げる外国人政策の内容は，2019 年 9 月 4 日時点までの情報に基づくものである。

2　2018 年 10 月末時点の外国人労働者数は約 146 万人であり，うち約 30 万人（20.4%）を外国人留学生が，約 31 万人（21.1%）を技能実習生が占め，その業種から非熟練労働に就いている者が多いと推定される（厚生労働省，2019a）。また，「特例的な事業」として，建設，造船分野で期間を限定した就労事業が行われており，家事支援や農業の分野でも国家戦略特区で外国人の就労が認められている。また，永住者や定住者，日本人の配偶者などの外国人は就労できる分野に規制がなく，外国人はこれまでもさまざまな在留資格で日本に住み，非熟練労働を担ってきたと言える。

聞, 2018）。

　したがって日本に永住する外国人がすぐに急増するということはないだろ
うが, 政府は「特定技能 1 号」の外国人を, 2023 年度までの 5 年間で 34 万
5,150 人を上限に, 大都市圏に偏らないように受け入れるという方針を決定
した（閣議決定, 2018a: 1, 5; 2018b: 各産業分野の「受入れ見込数」掲載ペー
ジ）。「特定技能 1 号」の取得要件は, 各種の試験に合格するか, 既存の外
国人技能実習制度の第 2 号技能実習を修了することである。来日して第 2
号技能実習を修了するまでには 3 年, 2 号の継続資格である第 3 号技能実習
を修了するには 5 年かかるため, 第 2 号または第 3 号技能実習を終えてか
ら「特定技能 1 号」の資格に移る外国人は, 通常で 8〜10 年間日本に居住
できるようになる。さらに政府は, 外国人留学生の日本での就職率の向上
や, 外国人介護人材の受け入れ・育成も推進しており, 日本各地に長期にわ
たって暮らす外国人が増えていくことは確かであろう。

　外国人が長期間日本で生活するようになれば, 職場だけでなく地域や学校
などさまざまな社会[3]であらたな人間関係が生まれてくる。その際, どのよ
うなことばを使ってやりとりができるだろうか。次節では, 英語, 外国人の
出身国主要言語, 日本語の順に, それらを使ってやりとりができる可能性に
ついて検討する。

## 2.　日本人と外国人がやりとりするためのことば

### 2.1　英語でのやりとり

　まず国際共通語のイメージが強い英語だが, 日本に住む外国人とやりとり

---

　3　本章で言う「社会」とは, CEFR で「社会集団」(social groups)とよばれている概念と
　同義である。CEFR はその冒頭で, 言語を構成要素に分解してとらえることと, それを
　人間の全体性に統合することとの関係を説明しており, その中で, 個人のアイデンティ
　ティと社会集団との関係についても述べている。すなわち「個人は社会的存在として,
　重なりあい広がっていく多種多様な社会集団(social groups)との関係を形成するもので
　あり, それらの関係があわさってアイデンティティを定義づけている」とする(Council
　of Europe, 2001: 1)。本章でも, 特定の国民国家や階層を単位とするような, 個人があ
　らかじめ組み込まれた集合体を社会とするのではなく, 個々人が関係を取り結んでいけ
　る場を社会とよぶ。

する場合にも有効だろうか。

　まず，日本在留外国人の出身国で，英語が主要言語として用いられている
かを見ておきたい[4]。

　現在，日本で暮らす外国人の出身国別割合は図1の通りである。上位
10ヵ国のうち英語を主要言語としている国はフィリピン，アメリカ，イン
ド，スリランカの4ヵ国だが，合わせても在留外国人全体の約14%にとど
まる（図1・太字）。

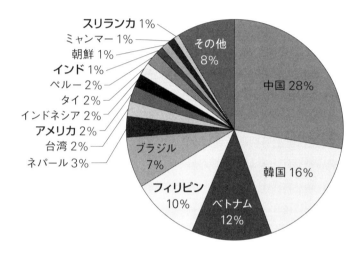

図1　日本在留外国人数の出身国別割合（2018年12月末現在）

（法務省（2019a）より作成）

　また「特定技能1号」で，新設時点の主な送り出し国として想定されて
いるのは，ベトナム，フィリピン，カンボジア，中国，インドネシア，タ
イ，ミャンマー，ネパール，モンゴルの9ヵ国であり（外国人材の受入れ・
共生に関する関係閣僚会議，2018: 24），この中で英語を主要言語に含む国は

---

4　以下，各国の主要言語については，Eberhard, Simons and Fennig（2019）に基づく。こ
　こで言う主要言語とは「法令上または事実上，全国レベルで機能していると認識されて
　いる言語のこと」(Eberhard, Simons and Fennig（2019），牲川訳）を指しており，ひとつの
　国が複数の主要言語をもつ場合もある。

フィリピンのみである[5]。「特定技能 1 号」は，該当分野の第 2 号・第 3 号技能実習修了者からも移行可能だが，その予備軍である第 1 号も合わせた技能実習生全体で，英語を主要言語に含む国の出身者の割合は 1 割に満たず，フィリピンを除けばごくわずかである[6]。

　つぎに，今後とくに増加していく可能性のある「特定技能 1 号」の送り出し予定国には，英語運用能力をもつ人がどれほどいるのかを見ていく。

　Terasawa（2012）は，アジア 9 ヵ国，ヨーロッパ 9 ヵ国を対象とした「アジア・ヨーロッパ調査」に基づき，各国の英語力保持者の実態について詳細な分析を行っている。ここで言う英語力保持者とは，英語の運用能力を問う選択肢のうち，「母国語と同じように，完璧に理解できる」「書物が不自由なく読める程度」「書かれたものの内容の見当がつく程度」「日常生活に必要なきまりきった表現だけ話せる程度」のいずれかを選んだ者の合計を指す（Terasawa, 2012: 72-73; 寺沢, 2015: 59-61）[7]。

　日本在留外国人上位 15 ヵ国と「特定技能」送り出し予定国 9 ヵ国のうち，韓国，中国，台湾，インドネシア，タイ，フィリピンが，この調査・分

---

5　これらの 9 ヵ国は，「特定技能」に関する二国間の協力覚書を作成した，または作成予定の国であるとともに（2019 年 9 月 4 日時点で，9 ヵ国のうちの中国，タイ以外の 7 ヵ国と，さらに当初は想定されていなかったスリランカ，バングラデシュとも覚書を作成している（法務省, 2019b）），「特定技能 1 号」取得のため新しくつくられた日本語試験（**2.4** 参照）の，日本国外の実施予定地でもある。ただし，「特定技能 1 号」取得には，既存の日本語能力試験も利用でき，これは日本国内や先の 9 ヵ国以外でも広く受験できる。また「特定技能 1 号」には，技能に関する試験合格も求められており，この技能試験は産業分野によっては日本国内でも実施される（出入国管理庁, 2019: 10）。受験資格にはいくつかの条件があるが，出身地に関してはほぼすべての国・地域の外国人が受験可能である（国土交通省観光庁, 2019: 2; 農林水産省食料産業局, 2019: 1-2）。こうした国内試験のルートを通れば，先の 9 ヵ国出身者や後述の技能実習生以外の外国人が「特定技能 1 号」の資格を取ることも不可能ではない。

6　2018 年 12 月末現在の技能実習生は計 32 万 8,360 人であり，そのうち，主要言語に英語を含む国の出身者数の数は 3 万 1,095 人，割合では約 9.5% である。内訳は，フィリピン 3 万 321 人，スリランカ 487 人，マレーシア 138 人，インド 114 人，ブータン 28 人，パキスタン 7 人となっており，ほとんどをフィリピン出身者が占めている（法務省, 2019a）。

7　その他の選択肢は「案内表示や商品レベルがわかる程度。但し，話せない」「まったく理解できない」（寺沢, 2015: 60）。

析の対象に含まれている。英語力保持者の割合を各国の全体平均で見てみると，高い国から，フィリピン 75%，タイ 45%，韓国 35%，台湾・インドネシア 30%，中国 25% となっている。また，同調査での日本人の英語力保持者の割合は中国と同じ 25% である（Terasawa, 2012: 74）[8]。

　現在日本で暮らしている外国人，「特定技能 1 号」の送り出し予定国出身者，「特定技能」に移行する可能性のある技能実習生いずれにおいても，英語を主要言語とする国の出身者の割合は少ない。とくに顕著な増加が予想される「特定技能 1 号」の送り出し予定国のうち，英語を主要言語としている国はフィリピンのみであり，韓国，中国，台湾，インドネシア，タイ，フィリピンで日常生活でやりとりできる以上の英語力を保持する者も，フィリピンを除けば 5 割未満である。日本人の英語力保持者も 25% にとどまる。以上を総合すれば，現在日本で生活する，あるいは近い将来生活することになる外国人とやりとりするための言語として，英語が活用できる場面は決して多くないと考えられる。

## 2.2　出身国の言語でのやりとり

　つぎに，日本で暮らしている，または暮らすようになるであろう外国人の出身国で，英語以外も含めどのような言語が主要言語として用いられているのかを見てみたい。このことばを日本人も使うことができれば，やりとりに利用することができる。

　表 1 は，出身国別日本在留外国人数上位 15 位まで（2018 年 12 月末現在。「1 位」～「15 位」）と，「特定技能 1 号」の主な送り出し予定国（「特 1」）

---

8　Terasawa（2012: 74）の Figure 3 を 5% 刻みで概数化した。なお，この結果からは，日本人の英語力保持者の割合が中国と並んでもっとも低いと言えそうだが，これは各国の調査対象者全体の平均値であることに注意が必要だ。寺沢（2015）によれば，社会構造（年齢構成）の相違を反映させて再分析するならば，日本人の英語力がもっとも低いとは言いがたいという（pp. 62-64）。英語力を規定する要因には，ほかに教育レベルや職種（ホワイトカラーか否か），世帯収入なども考えられ（Terasawa, 2012: 79-83; 寺沢, 2015: 66-70），日本人だけでなく外国人の英語力を推定する際にも厳密にはこうした要因をふまえる必要がある。しかしこれらの要因のうち，現在日本で暮らしている外国人について明確に知ることができるのは年齢構成のみであり，今後「特定技能 1 号」で来日する外国人については，現時点では出身国別の人数さえ予想できないため，本章では各出身国の全体平均を見るにとどめる。

で使われている主要言語を示したものである。

表 1　日本在留外国人数上位国と「特定技能 1 号」送り出
し予定国主要言語

| 順位，特 1 | 出身国 | 主要言語 |
|---|---|---|
| 1 位，特 1 | 中国 | 中国語 |
| 2 位 | 韓国 | 韓国語 |
| 3 位，特 1 | ベトナム | ベトナム語 |
| 4 位，特 1 | フィリピン | 英語，フィリピン語，タガログ語 |
| 5 位 | ブラジル | ポルトガル語 |
| 6 位，特 1 | ネパール | ネパール語 |
| 7 位 | 台湾 | 中国語 |
| 8 位 | アメリカ | 英語 |
| 9 位，特 1 | インドネシア | インドネシア語 |
| 10 位，特 1 | タイ | タイ語 |
| 11 位 | ペルー | スペイン語 |
| 12 位 | インド | 英語，ヒンディー語 |
| 13 位 | 朝鮮 | 韓国語 |
| 14 位，特 1 | ミャンマー | ビルマ語 |
| 15 位 | スリランカ | 英語，シンハラ語，タミール語 |
| 特 1 | カンボジア | クメール語 |
| 特 1 | モンゴル | モンゴル語 |

　17 の言語があるが，日本人はこうした言語をどの程度身につけているだ
ろうか。各言語の習得者数を示す直接のデータはないため，ここでは習得す
るための機会の有無を確認したい。表 2 は，外国語の授業を設置している
大学数と回答大学数に占める割合を一覧にしたものである（2016 年度）。な
お，このデータの出典である文部科学省高等教育局（2019）の調査は，日
本に存在するすべての国公私立大学を対象とし，回答率も 98% ときわめて
高いため，表 2 の数値は日本の大学における外国語授業設置大学数と割合
の近似値である。

表2　外国語授業を設置している日本の大学数

| 順位 | 外国語 | 設置大学数 | 設置大学数/回答大学数 |
|---|---|---|---|
| 1位 | **英語** | 730 | 99.2% |
| 2位 | **中国語** | 608 | 82.6% |
| 3位 | フランス語 | 479 | 65.1% |
| 4位 | **朝鮮語（韓国語）** | 469 | 63.7% |
| 5位 | ドイツ語 | 462 | 62.8% |
| 6位 | スペイン語 | 228 | 31.0% |
| 7位 | ロシア語 | 143 | 19.4% |
| 8位 | イタリア語 | 111 | 15.1% |
| 9位 | ラテン語 | 84 | 11.4% |
| 10位 | **ポルトガル語** | 78 | 10.6% |
| 11位 | ギリシャ語 | 65 | 8.8% |
| 12位 | **インドネシア語** | 50 | 6.8% |
| 13位 | アラビア語 | 49 | 6.7% |
| 14位 | **タイ語** | 44 | 6.0% |
| ― | その他 | 67 | 9.1% |

（文部科学省高等教育局（2019: 6）より作成）

　日本で暮らしている外国人上位15位までの出身国および「特定技能1号」の主な送り出し予定国で使われている主要言語17言語（表1参照）と重なっているのは，6言語（表2・太字）にとどまっている。またその6言語の中でも，英語，中国語，韓国語[9]を開設している大学は多いが，ポルトガル語（10.6%），インドネシア語（6.8%），タイ語（6%）は少ない。在留外国人数が3位で，「特定技能1号」の送り出し予定国でもあるベトナムのベトナム語は外国語設置大学数14位までには入っておらず，「その他」に含まれているとしてもその数はごくわずかだろう。近年，大学で開設されている外国語授業の種類や順位・割合はあまり変わっていない（泉水，2018: 199-200）。また，表2は外国語を開設している大学の数・割合であって，実際の授業数や受講者数ではない。ポルトガル語の授業を設けている大学は全

---

9　文部科学省高等教育局（2019）では「朝鮮語（韓国語）」。

体の 10.6% だが，日本の大学生総数の 10.6% がその言語を学んでいるとい
うわけではなく，実際の学習者数の割合はそれより相当低いであろう。

　つまり，英語，中国語，韓国語を除き，外国人の出身国主要言語を学んだ
ことのある人は，大学生や大学卒業者でも限られており，日本人全体ではご
くわずかだと考えられる。学習機会が少ないこと自体問題であり改善してい
く必要があるが，現時点では，日本人と外国人とのやりとりにおいて，外国
人の出身国の言語を使用できる可能性は低い。

## 2.3　日本語でのやりとり──現在の在留外国人

　では，日本語でならやりとりできるだろうか。全国規模の調査では，日本
で暮らす外国人の多くが日本語で意思疎通できると答えている。

　たとえば，外国人の人権問題の把握を目的として 2016 年に行われた「外
国人住民調査」の報告書を見てみよう（人権教育啓発推進センター，
2017）。この調査は，全国 37 区市に住む 18 歳以上の外国人から，1 市区あ
たり 500 人を単純無作為抽出し，質問紙を郵送して 4,252 人から回答を得た
ものである（回収率 23.0%）（同：2-3）。この回答者の属性別構成（同：
7-9）と，調査と同時期の「在留外国人統計」（法務省，2017; 2018）を比較
すると際立った異なりはなく[10]，調査の結果は日本で暮らす外国人全体の傾
向を示していると推定できる。

　日本語での会話力についての回答は，「日本人と同程度に会話できる」
（29.1%），「仕事や学業に差し支えない程度に会話できる」（23.4%），「日常
生活に困らない程度に会話できる」（29.7%）となり，日常生活レベル以上
の割合は 82.2% に上っている。一方，「日本語での会話はほとんどできな
い」は 10.4% のみであった（人権教育啓発推進センター，2017: 14）。日本語
での会話能力が日常生活レベル以上の外国人が，全体の 8 割を超えるとい

---

10　この調査での属性は，性別，年齢，出身国，在留資格である。調査と「在留外国人統
　　計」とでやや異なりが目立つのは性別と年齢別の構成で，性別は調査では男 41.7%，女
　　57.1%，「在留外国人統計」では男 47.6%，女 52.4% と，調査の女性の割合のほうが高
　　い。年齢はとくに 20 歳代の割合が異なっており，調査では 20 歳代の割合が 22.0% で
　　あるのに対し，「在留外国人統計」では 31.6% となっており，調査のほうが低い。ただ
　　し，20 歳代の割合が低い分，特定の世代の割合が高くなっているわけではなく，他の
　　ほぼすべての世代で「在留外国人統計」に比べ少しずつ高くなっている。

うことになる。なぜこうした割合になるのかという理由はこの調査では示されていない。しかし，全回答者のうち，日本での居住期間が 3 年以上の人が 76.2%（同：11），過去も含め日本での就業経験のある人が 81.7%（同：10），職場で主に使用する言語を日本語だと回答した人が 66.2%（同：15）となっている。つまり，現在日本で暮らす多くの外国人は，日本への居住期間が長く，日本で日本語を使って働いた経験をもち，日常生活を送れる程度の日本語能力を備えていると言うことができる。

　少し前の調査になるが，2008 年に国立国語研究所が行った質問紙調査では，「日常生活に困らない言語」を日本語と回答した人が 61.7% であり，日本語を挙げなかった人が 38.3% となった（国立国語研究所日本語教育基盤情報センター，2009: 4）。この調査は，全国 20 地域に住む 20 歳以上の外国人を対象に，国際交流協会や日本語教育関係者を介し実施されたもので，回答者が日本語学習に積極的な人に偏っている可能性がある。回答者が日本語学習機会を求めている人に偏っているとすれば，外国人全体の平均よりも自身の日本語能力を低く見積もっている（低いと考えているから，学習機会を求めて国際交流協会などに来ている）かもしれない。つまり，日本全体で見れば 61.7% より多くの外国人が，日本語で日常生活を送ることができると認識している可能性がある。

　しかし，日常生活で問題がないからといって，現在の日本語能力で十分ととらえているとは限らない。先の国立国語研究所の調査では，72% の人が「日本語使用，日本語学習についての悩み，不満」があると答え，その内容としては，70.7% の人が「日本語力が低いため不利なことがある」を選んでいる（全 4 つの選択肢のうち複数回答可）（同：7）。これらの割合は，日常生活に困らない言語として日本語を挙げた 61.7% を上回っている。また，前述の人権教育啓発推進センターの調査でも，過去 5 年間に日本で経験した差別について，25.1% の人が「日本語がうまく使えないことで嫌がらせをうけた」経験があると答えた（人権教育啓発推進センター，2017: 42）。この割合は，日本語の会話力について「日本語での会話はほとんどできない」「その他」「無回答・不明」と答えた割合の合計 17.9%（同：14）よりも多い。日常生活が困らない程度の日本語能力をもつという自己認識をもっていたとしても，日本語能力の不足ゆえに不利なことがあったり嫌がらせを受け

たと感じている人がいるとわかる。またこれらふたつの調査結果が示すように，日本で暮らしている外国人の中に，日本語での日常会話が困難な人が存在することも確かだ。

### 2.4　日本語でのやりとり──「特定技能 1 号」で来日する外国人

　それでは，今後あらたに日本で暮らすことになる外国人の場合はどうだろうか。これも新設された「特定技能 1 号」について見てみたい。「特定技能 1 号」を取得するための日本語能力の要件は，「ある程度日常会話ができ，生活に支障がない程度の能力を有することを基本としつつ，特定産業分野ごとに業務上必要な日本語能力水準」となっている（閣議決定, 2018a : 2）。そして，基本的な日常会話レベルについては，既存の日本語能力試験 N4 以上，または 2019 年 4 月に始まった国際交流基金日本語基礎テストで確認すると定められている（閣議決定, 2018b: 各産業分野の該当ページ。ただしこの文書では「日本語能力判定テスト（仮称）」と記述）[11]。

　まず既存の日本語能力試験を見てみよう。この試験は，N1 から N5 すべてのレベルにおいて，CEFR の言う受容（Reception）にあたる能力を判定するためのものであり，作文や口頭の試験はない。認定の目安でも，包括的な目安はすべてのレベルで「〜日本語を（ある程度）理解することができる」と締めくくられており，より具体的な目安は「読む」「聞く」という言語行動で示されている。下記は，「特定技能 1 号」取得要件にあたる N4 の認定の目安である。

　　日本語能力試験　認定の目安　N4
　　　基本的な日本語を理解することができる
　　【読む】・基本的な語彙や漢字を使って書かれた日常生活の中でも身近
　　　　　　な話題の文章を，読んで理解することができる。
　　【聞く】・日常的な場面で，ややゆっくりと話される会話であれば，内

---

11　第 2 号技能実習修了者と，介護分野の介護福祉士養成施設修了者および EPA 介護福祉士候補者としての在留期間満了者は試験が免除される（法務省・警察庁・外務省・厚生労働省, 2019）。

　　　　　　容がほぼ理解できる[12]。

　　　　　　　　　　　　　（国際交流基金・日本国際教育支援, 2019）

　N4 レベルの公式問題集を見ると，読解問題の文章は「です・ます体」で書かれており，メモ程度のものやごく簡単な説明文である。また聴解問題には「です・ます体」以外の口語表現も混じっているが，はっきりかつゆっくり話されている文や会話を聞く内容となっている（国際交流基金・日本国際教育支援協会, 2018）。

　つぎに，「特定技能 1 号」のために新設された国際交流基金日本語基礎テスト（以下 JFT-Basic）については，試験の方針（法務省入国管理局, 2019）や実施要領（国際交流基金, 2019a）のほか，出題形式と構成が公開されている（国際交流基金, 2019b）。

　法務省入国管理局（2019）は，「「特定技能」に係る試験の方針について」において，「特定技能 1 号」取得のための基本的な日本語能力水準を測る尺度として，つぎのようなものが考えられるとしている。

　　　○ごく基本的な個人的情報や家族情報，買い物，近所，仕事など，直接
　　　　的関係がある領域に関する，よく使われる文や表現が理解できる。
　　　○簡単で日常的な範囲なら，身近で日常の事柄についての情報交換に応
　　　　ずることができる。
　　　○自分の背景や身の回りの状況や，直接的な必要性のある領域の事柄を
　　　　簡単な言葉で説明できる。　　　　　　　　（法務省入国管理局, 2019: 2）

　これは，CEFR の「全体的な尺度」における，A2 の能力記述文そのままであり（トリム・ノース・コスト, 2002 = 2004: 25），国際交流基金も JFT-Basic で「A2 レベルの一定程度の日本語力を持っているかどうかを判定」するとしている（国際交流基金, 2019b）。こうした CEFR の利用の仕方自体が単一言語主義的かつ規範的であり，CEFR の理念に完全に反していることは明らかである。この問題については英語教育における CEFR の利用と共

---

12　原文ではすべての漢字に振り仮名。

通しており，本書の第 6 章，第 8 章を参照してもらうこととし，ここでは「特定技能 1 号」の日本語能力水準の尺度として，「理解」のほか「情報交換」「説明」が挙げられていることに着目したい。既存の日本語能力試験で判定する能力とは違い，この新しい試験では発信能力も重視すると読める内容だからだ。しかしこれが示された「「特定技能」に係る試験の方針について」は，日本語の試験科目について，読解および聴解試験による実施を基本とするとしている（法務省入国管理局，2019: 2）。「情報交換に応ずる」，「簡単な言葉で説明できる」といった発信力は判定できない形式である。

　JFT-Basic の詳細は，過去問が公開されておらず不明な部分が多いが，実施要領，サンプル画面およびサンプル問題から指示文（問題の説明や質問）はすべて現地語で表示されるとわかる[13]。既存の日本語能力試験の指示文は，レベルを問わず日本語で記されており，新設の JFT-Basic のほうが難易度が下がるのではないかと危惧される[14]。

　改正入管法の成立から約半年前には，建設と農業分野は，日本語能力として N4 レベルも要件とせず，「農業では「除草剤を持ってきて」という質問に該当する写真を選択できれば採用する」という新聞報道もあった（日本経済新聞，2018）。報道や日本語能力試験 N4 の内容，JFT-Basic の概要からすれば，「特定技能 1 号」で日本で暮らし始める外国人に課せられているのは，最低限の指示が理解できる程度の日本語能力であって，来日時点では，自らの意志や考えを発信し，職場や地域などの社会構築に参与していくための能力は求められていないと考えられる[15]。

---

13　実施要領で試験言語は「試験実施国の現地語とする」とされ，サンプル画面では英語で問題の説明と質問が示されているものの，「指示文は，現地語で表示されます」という注記がある（国際交流基金，2019a; 2019b）。2019 年 9 月 13 日に公開されたサンプル問題では，「Your Language」というボタンを押すと，9 つの言語で指示文が表示されるようになっている（国際交流基金，2019c）。

14　田尻（2019）も，試験言語を現地語とすることの問題について，日本語教育関係者が発言をしていない，または気づいていないのではないかと指摘している。

15　その後，前述の建設，農業分野では，業務に必要な日本語能力の試験も兼ねた技能試験が行われた。建設は 2020 年から日本国内で，農業は 2019 年は海外で，2020 年から日本国内でも試験が開始された。建設の場合，技能試験のためのテキスト，サンプル問題，実技試験問題もすべて日本語のみで作成されている。サンプル問題でも日本語能力

　それでは来日後であれば，そうした日本語能力を身につけるための仕組み
が準備されているのだろうか。

　日本政府は，「特定技能1号」の外国人を受け入れる企業などに対し，
「生活のための日本語習得の支援」の計画・実施を義務付けたが，支援すべ
き具体的な期間や時間数，内容は定めなかった（閣議決定, 2018a: 7）。しか
し，政府は，受け入れ予定企業などに，「1号特定技能外国人支援計画」の
作成・提出を課しており，この内容から，政府がどの程度の日本語習得支援
を求めているのか，具体的な姿を知ることができる。支援計画の内容を定め
た省令では，「本邦での生活に必要な日本語を学習する機会を提供するこ
と」（第三条一　ヘ）（法務省, 2019c）と定められている。実際の支援計画
の様式を見ると「日本語学習機会の提供」として，「a. 日本語教室などの入
学の情報提供・入学支援」「b. 自主学習のための教材や講座の情報提供と入
手・契約支援」「c. 日本語教師と契約しての講習機会の提供」「自由記述」と
いう4つの欄が設けられている（法務省, 2019d）。すべてを実施する義務は
なく，記載例でもa, bのみ実施するとされている（法務省, 2019e）。つま
り，企業に課されているのは，受け入れた外国人を日本語学習の場・方法へ
とつなぐまでであり，継続的な学習支援は求められていないのである。

　政府は，在留資格の新設決定後の2018年12月に「外国人材の受入れ・
共生のための総合的対応策」をまとめ，日本語教育の充実策を示した（外国
人材の受入れ・共生に関する関係閣僚会議, 2018: 12-14など）。しかしその
主な内容は既存の取り組みの活性化であり，国が日本語学習の機会を質・量

<hr>

のみを取り立てて確認するような設問は見当たらず，技能試験を通じて日本語能力も問
う方針が採られていると考えられる（建設技能人材機構, 2021）。一方，農業は，技能と
日本語でテキストが分かれており，いずれのテキストも，日本語版のほか試験実施国の
言語別に訳されたものが用意されている。日本語のテキストには語彙リストもあるが，
「除草剤」といった農業分野特有の語彙と言えるものは見当たらなかった（全国農業会議
所, 2021）。建設・農業の両技能試験は，日本語の理解能力しか測定しておらず，社会
参加・構築のための発信能力までは問うていない。しかしながら，同じ日本語での理解
能力といっても，建設と農業とでは明らかに建設のほうが高度な能力を確認しようとし
ている。産業分野間で，「特定技能1号」取得の要件となる日本語能力に大きな差があ
るということを，今後は問題にしていく必要がある。

ともに担保するといったあらたな公的枠組みは示されなかった[16]。2019 年 6
月には「外国人材の受入れ・共生のための総合的対応策の充実について」が
まとめられ，日本語教育関係では，自学・自習用の ICT 教材を 8 ヵ国語か
ら 14 ヵ国語に拡大するなどの推進策が示された（外国人材の受入れ・共生
に関する関係閣僚会議, 2019: 8）。前年の対応策の一部を強化しようとする
内容であり，基本的な方針に変化は見られない。

　企業などは日本語学習の開始さえ支援すればよく，政府も日本語学習の場
を完備しようとはしていない。日本語学習の開始と継続は，外国人の意志
（努力）に任せられているということであり，学習機会が保障されていると
は言いがたい。

## 2.5　ことばでやりとりすることは困難

　現在日本で暮らしている外国人も日本人も，やりとりを可能にするだけの
英語力をもつ人は少ない。また，日本人で，外国人の出身国の言語を身につ
けている人も限られている。では日本語はどうかと言えば，日常生活を営む
ための日本語能力をもつと認識している外国人は多いものの，十分な能力で
はないために不利なことや差別を経験する人もいる。また日本語では日常生
活を営むことがむずかしい外国人も存在している。

　そして今後は日本に長期在住する外国人が増えていくと予想されるが，
「特定技能 1 号」を例にとれば，来日時の試験は，自らの意志や考えを発信
する力を判定するものとしては不十分であり，来日後に日本語学習の機会が
保障されているわけでもない。近い将来，日本各地に，日本人が学んだこと
のない言語を第一言語とし，英語も日本語も堪能とは言えない外国人が長期
に暮らすようになる可能性があるということだ。

## 3.　日本の外国人政策における CEFR の意義と限界

### 3.1　複言語・複文化能力と仲介（mediation）の重要性

　こうした状況下で，日本に住むひとりひとりが相互に意思疎通をはかり，

---

16　くわしくは，牲川(2019: 149)参照。

ともに社会づくりに参与していくためには，どうすればよいのだろうか。

　日本の外国人受け入れ推進の方向性からすれば，CEFR で提起されている複言語・複文化能力を備えていくことが重要だ。すなわち，特定の共通言語が十分には機能しがたい状況の中で，お互いがもつ多様な言語レパートリーや文化レパートリーを部分的能力[17]として認めあい，活かしあってやりとりしていくこと，またそうしたやりとりを通して，さらに互いの言語・文化レパートリーを継続的に増やしていく力である。このように複言語・複文化能力を発揮し拡大していくことによって，社会のメンバーはお互いを知るだけでなく，社会的存在[18]として，ともに当該社会を（再）構築していくことが可能になる。

　2018 年の CEFR 増補版においては，複数の文化や言語の経験・知識に基づき，さまざまなことを遂行する能力として，複言語能力と複文化能力が記述文（descriptor）で明示された（Council of Europe, 2018a: 51, 157-162）。言語活動全体をとらえた場合に，複数の，複雑で複合的な言語・文化レパートリーを学び発揮することの重要性が，あらためて強調されたと言える。

　この増補版では，仲介（mediation）も能力記述文として具体化された。仲介は，2001 年の CEFR では言語間を仲介する能力（通訳や翻訳など）とされたが（Council of Europe, 2001: 14, 87），2018 年の増補版では「コミュニケーションと学習に関わる仲介や，社会・文化的な仲介についても強調」されるようになり（Council of Europe, 2018a: 34），何と何をいかに仲介するかという範囲が大きく広がった。従来の通訳・翻訳の要素に加えて，グループでの協働の促進やリード，複文化的な空間の促し，インフォーマルな状況

---

17 「部分的能力」(partial competence)という概念が重視するのは，「特定の言語の習熟度を，現時点では不完全であったとしても，複言語能力の部分を形成しそれを豊かにするものととらえる」ことである(Council of Europe, 2001: 135)。より具体的には，ある言語の習熟度を考える際，すべての言語活動が行えることや，あらゆる領域ですべての課題が達成できることなどは必要なく，それぞれの目標に応じたさまざまな「部分的能力」が合わさって，複合的な能力をなしているとする考え方である(同：135)。なお，以下の Council of Europe 刊行物に関する訳出はすべて筆者による。

18 「社会的存在」(social agent)とは「達成すべき課題（それは言語に関係する課題とは限らない）をもつ，社会の構成員のことを指しており，その課題達成は，所与の状況設定，特質的な環境，特定の行動分野のもとで行われる」(Council of Europe, 2001: 9)。

や対立的な状況でのコミュニケーションの助け，新しい概念を説明したりテクストを単純化するといった方略が含まれている（同：103-129）。

　増補版より前に刊行され，学校教育での仲介機能について詳細に論じた Coste & Cavalli（2015）は，仲介の概念をつぎのように定義している。

> 　他者性をもつふたつの（またはそれ以上の）極——それらの間には何らかの張力が存在する——，そうした極の間の距離を減じるために，当該社会のコンテクストにおいて計画されたすべての手続き，調整あるいは行動　　　　　　　　　　　　　　　　　　　（p. 27; 筆者訳）

　つまり仲介とは，他者同士をつないでいくあらゆる活動と言えるが，この他者は異国民や異民族に限定されない。Coste & Cavalli（2015）は，他者性（otherness）とは，社会的存在または社会集団が異なりを認識するか否かによって立ちあらわれるものであり，他者性をもつものとは人間や個人であるとは限らず，グループや文化，さらには新規の知識や芸術作品でもありうる，また，それらの間の境界を引くのは個人であって，同じ文化的集団の出身者であっても境界（の引き方）は異なるのだと説明している（pp. 18-19）。何が「他」であり，どこまでが「他」であるのかは，人および社会集団の認識によって異なり，かつ変わりうるということである。

　また，2001 年の CEFR の刊行から 2018 年の増補版に至るまでの間に，言語や文化を本質主義的にカテゴリー化することが強く否定され，ひとりの人間のもつ言語・文化の複雑性や可変性が強調されてきたことにも注目したい。たとえば，欧州評議会の『言語の多様性から複言語教育へ——ヨーロッパ言語教育政策策定ガイド』（Council of Europe, 2007）は，「言語」ではなく「言語変種」（linguistic varieties）という用語を採用し，それを国民国家や民族単位といった枠組み以外の実に多様な位相で説明している（pp. 50-59）。すなわち言語間の境界線もまた，だれがいつどこにその線を見出すかによって変化するのだ[19]。

---

[19]　このような多様で複雑な言語・文化レパートリーを，学習および教育の対象とすることの問題点については，牲川（2013a）でくわしく述べた。

　他者性のとらえ方は個別的で可変的である。この前提をもって，複言語・複文化能力や仲介の力を発揮していくことができれば，自らにとって異質だと感じられる人々とともに暮らしていくとき，非常に役立つことだろう。何をもって「他」とみなすかは変わりうると認めたうえで，お互いのもつ異なる要素に価値を見出し，それらの要素間をつなげ，資源として利用しあうことが可能になるからだ。当然，異なるもの同士の間には紛争も起こりうるが，何を異ととらえるかは変わりうるという前提を共有していれば，相互交渉の中で，異質なものの一部がそうでなくなったり，紛争の原因となっていた境界自体が消えていく可能性も開ける。こうした能力は，多種多様な複言語・複文化の背景をもつ人々同士が，多種多様な場で出会う可能性が高まっている近年の日本において，だれしもがわずかにでも身につけておくべき力であろう。

　他方で，異なるものの間をつなげ距離を縮めようとする仲介の活動には，他者性に対するきわめて繊細な感受性が求められる。仲介は，言語と言語だけでなく，文化と文化，概念と概念といった，あらゆる異なりをつないでいく活動である。しかも，だれが何を異なりとみなすのかは刻々と変わっていく。仲介は，そのさなかに，他者性の認識の変化を確かめながら進めていかなければならない，実に細やかな活動だと言える。

　しかしここでひとつの疑問がわく。仲介には繊細な他者性の認識が求められ，他者と他者をつなぐための技術も必要である。仮にこうした繊細かつ高度な能力を備えていたとして，それを発揮しようとする意志はどこから来るのだろうか。

　CEFR が明示しているのは，ことばでどのようなことができればよいのか，ことばをどのように使えばよいのかという能力群である。これは 2018 年の増補版でも変わらず，たとえば，あらたに加えられた「複文化レパートリーの活用」の能力記述文についても，これはコミュニケーション上での複文化能力の活用を記したものであり，知識や態度ではなく技能に焦点があると明言されている（Council of Europe, 2018a: 51）。より詳細に説明した箇所では，「複文化レパートリーの活用」の概念に含まれているもののひとつに，「異なりに対する感受度の高さを示そうとする意志」（p. 158）も挙げられているが，それが反映されていると思われる C1 の能力記述文は「異文化

との出会いや読み物，映画などに依拠しながら，文化的な価値観や実践の様相について，感受性をもって（sensitively）その背景を説明したり，解釈したり議論したりすることができる」（p. 159）となっている。異なりに対する感受性をもって行動できることが，C1 レベルの「複文化レパートリーの活用」能力をもつということであり，感受性を示そうとする意志は，行動の前提として当然備わっていたということになるだろう。CEFR の基本的な性格は，現時点あるいは目標となる行動を具体的かつ体系的に示すことである。そのため，そうした行動ができるようになりたいという意欲や，実際に行動してみようとする意志の出所について十分には説明していない。

### 3.2　能力の発揮を阻む構造的な問題

　ここで再び，日本の外国人政策に戻りたい。政府は，「特定技能」制度の運用に関する基本方針の中で，この制度を，中小企業などの深刻な人手不足に対応し，生産性向上と国内の人材確保でも人手が確保できない産業分野に即戦力となる外国人を雇い入れようとする仕組みだと意義付けている（閣議決定, 2018a: 1）。また，大都市圏など特定地域に集中しないように努めることも，基本方針のひとつとしている（同：1）。

　日本の中小企業と大企業の間には明らかな賃金格差が存在する（厚生労働省, 2019b: 4）。中小企業の人手不足の実態と対応を調査した江口（2018）は，「企業規模間で賃金格差や待遇格差が存在し，早急にそれを大企業並みにすることは収益構造上ほぼ不可能であり，外国人労働者を除くと大企業に伍して採用を増やすことは期待できない」（p. 56）と記している。調査報告の最終的な結論は，人手不足は解消されないため雇用者の労働生産性を向上させるべきというものなのだが，先の引用部分からは，中小企業が賃金と待遇面で日本人を惹きつけるものではなく，今後もそうならない見通しであり，あらたに採用できるとすれば外国人だという見解が読みとれる。また日本では地域による賃金格差も大きく，賃金水準が低ければ低いほど人口の流出率が高くなり（内閣府, 2015: 110-111），とくに若い世代において地方から首都圏への労働移動が顕著である（厚生労働省職業安定局, 2018: 24）。

　人手が不足しているということは日本人が就業したがらないということである。「特定技能 1 号」の主な送り出し予定国はすべてアジアの開発途上国

で，日本との所得格差が大きい国々だ。日本人であれば働きたがらない賃金・待遇であっても就業希望者がいると見込まれる国が，送り出し予定国になったのだろう。「特定技能」の外国人は，日本人が集まらない分野や企業，地域の労働の担い手として期待されていると言える。

　日本語能力に関しては，来日時までに求められているのは必要最低限の理解力に達していることであり，来日後の支援も公的保障にはほど遠い内容である。また，「特定技能1号」は，技能実習制度での在留も含め，長期とはいえ通算10年までしか日本で生活できない資格である。さらに，「特定技能1号」での受け入れ人数については，2019年度からの5年間で最大34万5,150人が予定されているが，経済状況などの変化が起こった場合には，「特定技能」の対象から特定産業分野をはずすといった対応を行うとされている（閣議決定, 2018a: 5）。逆に，経済状況次第では上限の数値を変えうると読める記述もあり[20]，示された受け入れ人数は，景気の動向により減少も増加もする不安定な数値だと言える。

　政府は，日本社会に大きな変動や混乱を引き起こさない範囲で，できるかぎりコストをかけずに，日本人のいやがる労働を担う人材として「特定技能」の外国人を受け入れようとしている。つまり日本は国策として，外国人の一部を日本社会の底辺に位置づけることで，産業構造を維持しようしているのだと筆者は分析する[21]。

　この意図的に仕組まれた差別構造の中で，日本人は，外国人とともに複言語・複文化能力や仲介能力を発揮しあい，社会を創っていこうという意志をもつだろうか。あるいは，社会集団内の個別の関わりあいの中では，そうした意志をもち，社会をともに創っていくようなやりとりも可能かもしれず，言語教育関係者もそれを支援していけるかもしれない。しかしもしこれが実

---

20　「分野別運用方針に記載する向こう5年間の受入れ見込数については，大きな経済情勢の変化が生じない限り，「特定技能1号」の在留資格をもって在留する外国人受入れの上限として運用する」（閣議決定, 2018a: 5）。

21　本章は2019年9月までの情報に基づいて執筆したものだが，2020年12月末時点で，「特定技能1号」の在留外国人は，1万5,663人（出入国在留管理庁, 2021）で予定最大人数の4.5％にとどまっている。新型コロナウイルス感染症の影響を考慮するとしても，これほど少ない原因は，外国人を惹きつけるだけの魅力を制度的にも理念的にも欠いているためではないだろうか（2021年2月17日追記）。

現すれば，外国人の日本語教育にコストをかけないという政策の方針に正当
性を与えることにもなる。

　寺沢（2019）は，小学校英語の不合理な状況は，各アクターの合理性の
「合成のパラドクス」から生じていると指摘している。具体的には，研究者
や支援者などが，限られたリソースで対応可能な方策を提案し，現場が実現
する，すると文科省が成功事例として取り上げ，その事例は財務省が予算削
減する際の証拠となってしまうという（pp. 114-116）。公的保障としての日
本語教育が制度としても予算としても整備されていない状況下で，これと同
じことが日本語教育でも起こるのではないかと危惧する。

　国家規模の差別に基づく政策の下では，CEFR の提案する能力を用いよう
とする意志が生まれないのではないか，またそうした意志をもち能力を用い
ることが差別的な政策の維持につながってしまうのではないか。「特定技
能」が設けられ，日本で長期に生活する外国人の増加が見込まれる中で，日
本語教育をはじめとした言語教育はどのように進んでいくべきなのか。差別
と一体化した外国人政策とともにあって，その将来像は見出しにくい。


## 4.　教育に何ができるのか

　それでは，CEFR とその増補版を刊行したヨーロッパ地域であれば，複言
語・複文化能力や仲介の能力を身につけ発揮しようとする意志が共有されて
いるのだろうか。

　日本の現在の外国人政策は，労働力確保のために自ら推進しているもので
あるが，ヨーロッパでは 2015 年に難民危機が起こり，大量の移民を受け入
れざるを得ない状況になった。社会学者のバウマンは，難民危機後に移民に
対する怒りや嫌悪感が高まっているとし，その様相を受け入れ側のふたつの
集団の反応として描いている（バウマン, 2016＝2017: 15-21）。ひとつは，
受け入れ国内で貧しく最底辺に置かれている人々であり，こうした人々は
「見知らぬ」人々を自分たちよりもさらに底辺のものととらえることで，自
らの地位を甘受するようになる。もうひとつは，資産や社会的地位をもって
はいるが，その継続に不安を感じている人々であり，「見知らぬ」人々をこ
れまでの秩序を崩壊させる原因ととらえる。いずれの場合も，「見知らぬ」

人々である新来の移民・難民に対し，強い嫌悪感と恐怖感を抱くことになる。

　予想外の時期に大量の難民を受け入れるという事態は，日本の現状以上に，外国人への差別や排外意識を高めやすいであろう。こうした関係性の中では，お互いの言語・文化レパートリーを資源とみなすことも，それらを使いあってともに社会を創っていこうとする行動も起こりにくいと考えられる。この観点からすれば，難民危機を経験し，反移民政権の誕生が相次いだヨーロッパにおいて，CEFR のプロジェクトが継続され増補版の刊行にまで至ったという事実はむしろ驚きだ。

　難民危機と同年に刊行され，仲介の概念を詳述した Coste & Cavalli (2015) は，この文書は分断が進む新しい状況に抵抗するものだと述べている（p. 6）。翌年の 2016 年には，欧州評議会が『民主制文化のための能力——文化的に多様な民主社会の中で，平等なものとしてともに生きるために』(Council of Europe, 2016) を刊行した。これは CEFR の基底的な教育理念を発展させる文献のひとつと位置づけられており（Council of Europe, 2018a: 21），その目的は，移民の増加，多様性の拡大といったヨーロッパ各国が直面している新しい状況に対し，多様な社会の中で民主的市民としていかにともに生きればよいか，それを生徒に教えるための画期的な能力群を準備することだという（Council of Europe, 2016: 7）。また，すぐ身近に異なる信念や背景，外見をもった人々が住むようになったことは，ヨーロッパを豊かにするものとして祝福されなければならないと同時に，どのように共通の価値観を育てまとめていくべきかも考えていかねばならない，とも述べられている（同：7）。しかしながら，異なるものの予期せぬ到来が分断と排除を生み出している中で，そこに豊饒さを見つけていくことの意義はどうすれば伝えられるのだろうか。

　民主制文化のための能力は，価値観，態度，技能，知識と批判的理解，という 4 要素からなっている（同：23, 35）。とくに価値観と態度は CEFR とその増補版ではほとんど扱われてこなかったものであり，以下，具体的な項目とともに訳出する。

価値観
　−人間の尊厳と人権を価値づける
　−文化的多様性を価値づける
　−民主制，正義，公正，平等，そして法の支配を価値づける


態度
　−文化的な他者性や他の信念，世界の見方，実践に対する開かれた心
　−尊重
　−公共心
　−責任感
　−自己効力感
　−曖昧さへの寛容　　　　　　　　　　　　　（Council of Europe, 2016: 35）


　異質なものと関わろうとする意志がもちにくい時代の中で，こうした価値観と態度をもつことはきわめて重要である。CEFR 増補版には含まれていないものの，他の文書では価値観と態度がすでに能力記述文で示されており，教育現場で用いられるツールとして整備が進んでいる（Council of Europe, 2018b）。この能力記述文を読むとあまりに精密かつ網羅的で，価値観や態度というものをここまで細分化し，段階的に把握することにどのような意味があるのかには疑問ももつ[22]。他方で，現在の政治状況はどうであれ，異なるものとつくっていく未来の社会のため，教育は確実に役割を果たすことができ，また果たすべきであるという，欧州評議会の根本的な信念を読みとることもできる。
　外国人受け入れの文脈は日本とヨーロッパで異なるものの，格差と排除が

---

22　筆者は，他者と伝えあおうとする意志の出所を研究テーマのひとつとしており，民主制文化のための能力の価値観や態度に近いものの具体化を試みている。しかし細分化や段階化はめざしておらず，他者認識のあり方を特定の地域・個人から例示しようとしている（牲川, 2018; 2021）。他者と関わっていこうとする意志をもつための目標としては，このような人がいるのだという具体例と，こう考えればよいのだという考え方の例の提示が重要だと考えているためだ。意志をもって他者と関わっていくならば，能力群として示される行動は，関わりあいの中で自ずと身につけられ発揮されていくのではないだろうか。

構造的に再生産されている状況は共通している。筆者は構造上の変化がなければ，外国人をはじめとした特定集団への差別はなくならないのではと考える一方で，欧州評議会の息の長い，継続的な提案の中に，教育が構造を少しずつ揺るがし変えていくのではないかという希望も見出している。

　日本の現状で，今すぐに CEFR の複言語・複文化能力，仲介能力の活用を促すことは得策ではない。外国人の言語学習支援に予算は不要という主張に根拠を与えかねないからだ。だからこそ教育の実践においては，他者性に価値を見出すといった思想の育成を課題としたい[23]。それを長く続けていくことが，教育者自身には知りようがない未来のどこかで，人々がやりとりを始めていく瞬間へとつながっていく。

## 引用文献[24]

江口政宏(2018).「人手不足の実態と中小企業の対応（商工総合研究所調査研究事業）」『商工金融』*68*(7), 28-56. <https://www.shokosoken.or.jp/chousa/youshi/29nen/29-6.pdf>

外国人材の受入れ・共生に関する関係閣僚会議(2018).「外国人材の受入れ・共生のための総合的対応策」<http://www.moj.go.jp/content/001280353.pdf>

外国人材の受入れ・共生に関する関係閣僚会議(2019).「外国人材の受入れ・共生のための総合的対応策の充実について」<http://www.moj.go.jp/content/001297425.pdf>

閣議決定(2018a).「特定技能の在留資格に係る制度の運用に関する基本方針について」<http://www.moj.go.jp/content/001278434.pdf>

閣議決定(2018b).「特定技能の在留資格に係る制度の運用に関する方針について」<http://www.moj.go.jp/content/001278435.pdf>

建設技能人材機構(2021).「建設分野特定技能 1 号評価試験」<https://jac-skill.or.jp/exam.html>（最終閲覧日：2021 年 2 月 15 日）

厚生労働省(2019a).「「外国人雇用状況」の届出状況表一覧（平成 30 年 10 月末現在）」<https://www.mhlw.go.jp/content/11655000/000472893.pdf>

厚生労働省(2019b).「平成 30 年賃金構造基本統計調査の概況」<https://www.mhlw.go.jp/toukei/itiran/roudou/chingin/kouzou/z2018/dl/13.pdf>

厚生労働省職業安定局(2018).「人手不足の現状把握について（雇用政策研究会　第 2 回資料）」<https://www.mhlw.go.jp/file/05-Shingikai-11601000-Shokugyouanteikyoku-

---

23　筆者自身の教育実践については，牲川(2011; 2013b)参照。

24　特記したものを除き，参照文献中のウェブ上データの最終閲覧日は，すべて 2019 年9 月 4 日である。

Soumuka/20141111-3_1.pdf>

国際交流基金(2019a). 「国際交流基金日本語基礎テストに係る試験実施要領」<http://www.moj.go.jp/content/001291461.pdf>

国際交流基金(2019b). 「JFT-Basic とは」<https://www.jpf.go.jp/j/project/japanese/education/jft_basic/summary.html>

国際交流基金(2019c). 「サンプル問題」<https://www.jpf.go.jp/jft-basic/sample/q01.html>（最終閲覧日：2021 年 2 月 15 日）

国際交流基金・日本国際教育支援協会(2018). 『日本語能力試験公式問題集　第二集 N4』凡人社.

国際交流基金・日本国際教育支援協会(2019). 「N1〜N5：認定の目安」<https://www.jlpt.jp/about/levelsummary.html>

国土交通省観光庁(2019). 「宿泊業技能測定試験　実施要領」<http://www.moj.go.jp/content/001291397.pdf>

国立国語研究所日本語教育基盤情報センター(2009). 「「生活のための日本語：全国調査」結果報告〈速報版〉」<https://www2.ninjal.ac.jp/nihongo-syllabus/research/pdf/seika_sokuhou.pdf>

出入国在留管理庁(2019). 「特定技能制度の施行状況について」<http://www.moj.go.jp/content/001296042.pdf>

人権教育啓発推進センター(2017). 「外国人住民調査報告書　訂正版(平成 28 年度法務省委託調査研究事業)」<http://www.moj.go.jp/content/001226182.pdf>

牲川波都季(2011). 「他者の固有性を発見する——「多文化コミュニケーション入門」の理念と設計」『秋田大学教養基礎教育研究年報』13, 43-58. <http://hdl.handle.net/10295/1952>

牲川波都季(2013a). 「誰が複言語・複文化能力をもつのか」『言語文化教育研究』11, 134-149. <http://alce.jp/journal/vol11.html#segawa>

牲川波都季(2013b). 「「よい予感がする」表現教育——2 日間のクラスが残したもの」細川英雄・鄭京姫編『私はどのような教育実践をめざすのか——言語教育とアイデンティティ』(pp. 73-90.)春風社.

牲川波都季(2018). 「グリーン・ツーリズム運営農家 A 夫妻の他者認識——伝え合いの意志が生まれるところ」『言語文化教育研究』16, 96-114. <https://www.jstage.jst.go.jp/article/gbkkg/16/0/16_96/_article/-char/ja/>

牲川波都季(2019). 「まとめに代えて——政策を動かす日本語教育のために」牲川波都季編『日本語教育はどこへ向かうのか——移民時代の政策を動かすために』(pp. 145-158.)くろしお出版.

牲川波都季(2021). 「他者性との接触に対する価値意識——グリーン・ツーリズム農家 B1 へのインタビュー調査より」『総合政策研究』62, 71-87.

全国農業会議所(2021). 「学習用テキスト」<https://asat-nca.jp/textbook/>（最終閲覧日：2021 年 2 月 15 日）

泉水浩隆(2018).「第二外国語を学ぶ意義とは何か——日本における第二外国語教育をめぐって」泉水浩隆編『ことばを教える・ことばを学ぶ——複言語・複文化・ヨーロッパ言語共通参照枠(CEFR)と言語教育』(pp. 197-223.)行路社.

田尻英三(2019).「外国人労働者の受け入れに日本語教育は何ができるか(第9回　先が見通せない外国人施策と声を出さない日本語教育関係者)」『未草　ひつじ書房ウェブマガジン』<http://www.hituzi.co.jp/hituzigusa/2019/04/24/ukeire-9/>

寺沢拓敬(2015).『「日本人と英語」の社会学——なぜ英語教育論は誤解だらけなのか』研究社.

寺沢拓敬(2019).「ポリティクスの研究で考慮すべきこと——複合的合理性・実態調査・有効性」牲川波都季編『日本語教育はどこへ向かうのか——移民時代の政策を動かすために』(pp. 109-130.)くろしお出版.

トリム, J.・ノース, B.・コスト, D.(2004).『外国語教育II——外国語の学習, 教授, 評価のためのヨーロッパ共通参照枠』(吉島茂・大橋理枝訳・編)朝日出版社.〔Trim J., North B., & Coste D. (2002). *Common European Framework of Reference for Languages: Learning, Teaching, Assessment. 3rd printing.* Cambridge: Cambridge University Press.〕

内閣府(2015).「四半世紀ぶりの成果と再生する日本経済(平成27年度　年次経済財政報告)」<https://www5.cao.go.jp/j-j/wp/wp-je15/index_pdf.html>

西日本新聞(2018).「定住可能資格「特定技能2号」尻すぼみ——政府「移民政策」批判受け, 対象2業種に制限」『西日本新聞』(2018年12月5日朝刊)<https://www.nishinippon.co.jp/item/n/470711/>

日本経済新聞(2018).「外国人, 単純労働にも門戸——政府案「25年に50万人超」」『日本経済新聞　電子版』(2018年5月29日)<https://www.nikkei.com/article/DGXMZO31103490Z20C18A5MM8000/>

農林水産省食料産業局(2019).「外食業特定技能1号技能測定試験実施要領」<http://www.maff.go.jp/j/shokusan/gaisyoku/attach/pdf/gaikokujinzai-28.pdf>

バウマン, Z.(2017).『自分とは違った人たちとどう向き合うか——難民問題から考える』(伊藤茂訳)青土社.〔Bauman, Z. (2016). *Strangers at our door.* Cambridge: Polity Press.〕

法務省(2017, 2018).「在留外国人統計」<https://www.e-stat.go.jp/stat-search/files?page=1&layout=datalist&toukei=00250012&tstat=000001018034&cycle=1&year=20160&month=24101212&tclass1=000001060399>

法務省(2019a).「在留外国人統計」<https://www.e-stat.go.jp/stat-search/files?page=1&layout=datalist&toukei=00250012&tstat=000001018034&cycle=1&year=20180&month=24101212&tclass1=000001060399>

法務省(2019b).「特定技能に関する二国間の協力覚書」<http://www.moj.go.jp/nyuukokukanri/kouhou/nyuukokukanri05_00021.html>

法務省(2019c).「特定技能雇用契約及び一号特定技能外国人支援計画の基準等を定め

る省令（平成三十一年法務省令第五号）」

法務省(2019d).「参考様式第 1-17 号　1 号特定技能外国人支援計画書【PDF】」
　　<http://www.moj.go.jp/content/001288172.pdf>

法務省(2019e).「参考様式第 1-17 号　1 号特定技能外国人支援計画書【記載例】」
　　<http://www.moj.go.jp/content/001289000.pdf>

法務省・警察庁・外務省・厚生労働省(2019).「「介護分野における特定技能の在留
　　資格に係る制度の運用に関する方針」に係る運用要領」<https://www.mhlw.go.jp/
　　content/12000000/000507686.pdf>

法務省入国管理局(2019).「「特定技能」に係る試験の方針について」<http://www.
　　moj.go.jp/content/001286159.pdf>

毎日新聞(2018).「縮む日本の先に 「移民社会」の足音／2　コンビニ「専門性」の
　　壁　外国人拡大，外食に光」『毎日新聞』東京朝刊 <https://mainichi.jp/articles/
　　20181114/ddm/003/040/139000c>

文部科学省高等教育局(2019).「平成 28 年度の大学における教育内容等の改革状況に
　　ついて（概要）」<http://www.mext.go.jp/a_menu/koutou/daigaku/04052801/__icsFiles/
　　afieldfile/2019/05/28/1417336_001.pdf>

Coste D. & Cavalli M. (2015). *Education mobility, otherness: The mediation functions
　　of schools.* Strasbourg: Council of Europe. <https://rm.coe.int/education-mobility-
　　otherness-the-mediation-functions-of-schools/16807367ee>

Council of Europe (2001). *Common European framework of reference for languages:
　　Learning, teaching, assessment.* Strasbourg: Council of Europe. <https://rm.coe.int/
　　CoERMPublicCommonSearchServices/DisplayDCTMContent?documentId=09000016
　　80459f97>

Council of Europe (2007). *From linguistic diversity to plurilingual education: Guide for
　　the development of language education policies in Europe* [*Main version*]. Strasbourg:
　　Council of Europe. <https://rm.coe.int/CoERMPublicCommonSearchServices/Display
　　DCTMContent?documentId=09000016802fc1c4>

Council of Europe (2016). *Competences for democratic culture: Living together as equals in
　　culturally diverse democratic societies.* Strasbourg: Council of Europe. <https://rm.coe.
　　int/16806ccc07>

Council of Europe (2018a). *Common European framework of reference for languages:
　　Learning, teaching, assessment. The companion volume with new descriptors.*
　　Strasbourg: Council of Europe. <https://rm.coe.int/cefr-companion-volume-with-new-
　　descriptors-2018/1680787989>

Council of Europe (2018b). *Reference framework of competences for democratic culture
　　- Volume2: Descriptors of competences for democratic culture.* Strasbourg: Council
　　of Europe. <https://rm.coe.int/prems-008418-gbr-2508-reference-framework-of-
　　competences-vol-2-8573-co/16807bc66d>

Eberhard D.M., Simons G.F. & Fennig C.D. (2019). *Ethnologue: Languages of the world.* Twenty-second edition. Dallas, Texas: SIL International. <http://www.ethnologue.com>

Terasawa T. (2012). The discourse of "Japanese incompetence in English" based on "Imagined Communities": A sociometric examination of Asia Europe survey. *Journal of English as an International Language*, 7(1), 67-92. <http://asian-efl-journal.com/eilj/wp-content/uploads/2013/12/eil%20may%202012.pdf>

第 6 章

# 「英語教育」を更新する
## ——CEFR の受容から CEFR との批判的対話に向けて

榎本剛士

　「英語教育」はもともと，日本の近代化のプロセスの中で誕生した言語教育思想である。そして，CEFR もまた，「ヨーロッパ」というコンテクストの中で，時間をかけて育まれてきた言語教育思想であることは言を俟たない。本章の目的は，(1) 日本において，両者をどのように出会わせることができるのか，(2) そこで生まれる相互作用が，今日の日本（の公教育）において英語を教える・学ぶことの意味にどのような揺さぶりをかけることができるのか，という問題を提起することである。歴史的に，「英語教育」という概念には，多くの他者を排除する原理が最初から組み込まれているように見える。「共通参照レベル」の無批判な受容を超えて，「英語教育」と CEFR との間に「対話」を生み出すことで，そのような「初期設定」を再帰的に反省しながら更新し，「英語教育」とは異なる言語教育思想を日本のコンテクストの中で模索する契機を提示することを目指す。

キーワード🔍　英語教育的主体，言語教育思想としての「英語教育」，歴史，再帰的批判，対話

## 1. CEFR はよびかける

　筆者が英語を学び始めたのは，中学校一年生の時，より正確には，学年が一つ上の生徒の母親が自宅で地元の中学生向けに開いていた英語塾に近所の友人と通い始めた，中学校入学直前の時期である。

　塾での初日，«My name is Takeshi Enomoto» と初めて口にした時の情景を今でもぼんやりと思い起こすことができる。そして，中学校三年生の夏，学校では野球部に所属し（四番・キャッチャー），英語以外の教科の成績も比較的上位であった少年は，愛知県豊田市内の各中学校から一人だけ選ばれた生徒たちによって構成される派遣団の一員として，市が実施する「中学生海外派遣事業」に参加する機会を得た。豊田市に本社を持つトヨタ自動車が工場を構えるケンタッキー州・レキシントン市での一週間のホームステイ期間中に現地の中学校へ二日間だけ通い，大きな衝撃を受けたことも含む，アメリカ合衆国での二週間の滞在（初めての海外）経験は，筆者のその後の英語学習のみならず，人生を方向付けるものであったと思う。

　高校生の時は，部活[1]に明け暮れながら，学校の英語そっちのけで，「洋楽」（アメリカとイギリスのロック，アメリカの「オールディーズ」）と「フルハウス」（アメリカのシチュエーション・コメディ）に夢中な日々を過ごした。また，中学時代のアメリカ滞在経験を通じて得た，教育に対する強い問題意識から，高校英語教員を夢見るようになり，高校卒業後，英語が使える英語の先生になることを目指して，映画「フォレスト・ガンプ／一期一会」の地，アメリカ合衆国南部，アラバマ州・タスカルーサ市にあるアラバマ大学に四年間留学した。

　大学では哲学専攻，英米文学副専攻で主に人文諸学の科目を履修し，言語はイタリア語を三学期間，ドイツ語を一学期間学んだ。二年生の秋学期からはラグビーを始め，チームでただ一人の（小柄な）留学生ではあったが，レギュラーとして試合に出場した。同時にこの時期，二十歳前後のこの留学生は，神の存在，アメリカ社会の矛盾，アジア人に対する西洋（白）人の根本

---

1　ラグビー部で，あだ名は「ジム」であった。このあだ名は，アメリカのアメリカン・フットボールのプロリーグ(NFL)，バッファロー・ビルズの当時のクォーター・バック，ジム・ケリーの名からとったものである。

的な差別意識，日本人としての誇り，などといったことについて，あまりに
未熟な思考を巡らせることも多かった。

　2001年5月に大学を卒業して帰国後，子ども英会話講師の期間を経て，
2003年に大学院に入学した二十代前半の青年は，語用論，記号論，社会言
語学，言語人類学，英語教育史といった学問に出会い，日本語（翻訳含む）
と英語の文献を渉猟しながら，日本の英語教育を相対化する思考の枠組みを
得た。結局，（博士後期課程入学後に一から教職課程を履修し，教員免許状
を取得したにも関わらず）高校英語教員ではなく，大学での教育研究の道に
進むことを選び，これまで，中学校英語教科書の批判的談話分析（榎本，
2009），明治期に出版された英語教科書のテクスト分析（榎本，2008），日本
の高等学校でのフィールドワークに基づく英語授業のコミュニケーション分
析（榎本，2019）などに従事しながら，日本における英語教育の社会・文化
的，イデオロギー的，制度的あり様の一端を明らかにしてきた（つもりであ
る）。

　さて，本章をなぜ，英語にまつわる筆者の自分史めいたものから始めねば
ならないのか，と訝る読者もいることだろう。その理由は，筆者にとって，
CEFRについて考えることと，研究者，教育者，そして何より長年の日本人
英語学習者としての自分自身や自分が置かれた（より大きな）コンテクスト
を直視することとが，まったく隣り合わせだからである。さらに，CEFRが
大きな声で，筆者によびかけている気がしてならないからである。そして，
その声はおそらく，「そこの英語教育的主体！」と言っている。

　ここで言う英語教育的主体とは，ましこ（2018）のことばを借りながら
（強めに）言えば，「グローバル化の基調をアングロサクソン文化≒デファク
トスタンダードと錯覚」してしまい，「「外国語を通じて，言語や文化に対す
る理解を深め」るとうたいつつ，その実英語帝国主義を甘受し，親米派日本
人を育成する洗脳装置であるといったそしりをまぬがれない」ような英語教
育（学習）を相対化するどころか，その意思すらない（希薄な）者のことで
ある。懸命に英語を学習する英語教育的主体は，自らの英語学習を自明視
し，「英語ができるようになるにはどうすれば良いか」という枠組みの中で
（のみ）思考・行動しながら，そのこと自体に気づかない。

　もちろん，（時に快活な）英語教育的主体に悪気はまったくない。問題

は，「悪気のなさ」がもたらす怠慢である。この怠慢を乗り越える契機は，「英語を学ぶことによって，自分はいったい何をしているのか」という再帰的反省を通じてしか，得られないだろう。しかし，このような再帰的反省は確実に，ことばに刻み込まれた歴史に圧倒される困惑と，日本社会で英語教育という制度が専制的に存在し続けられることの奇妙さに対するわだかまりと，自分がこれまでに歩んできた英語学習者としての軌跡を肯定したい気持ちとを交錯させながら，「自明」に波風を立てる。

　このような基本的視座に立つ本章は，上記のような CEFR からのよびかけに対する筆者なりの応答の試みである[2]。

## 2. 複言語・複文化主義に対応する言語教育思想としての「英語教育」

### 2.1 なぜ，「更新」なのか

　日本における CEFR の受容について，西山（2010a）は，（1）研究者による紹介，（2）CEFR の「共通参照レベル」を無批判に適用する手法，そして，（3）CEFR から着想を得て日本独自の「言語共通参照枠」を作成しようとするもの，という三類型を提示している。英語教育に関する限り，この類型化，および，それぞれの類型に対する，「複言語・複文化主義という言語教育思想を考慮することなく，単一言語主義の発想にとどまり，「共通参照レベル」をほぼ唯一の着想源としている点[3]に限界が認められる」という西山（2010a）の批判は，いまだ有効性を失っていないように見える。この類型化と批判をふまえて，さらに筆者なりにことばにすれば，日本の英語教育における CEFR の受容・再コンテクスト化の過程では，評価の客観性を明示化する「共通参照レベル」と「複言語・複文化主義」という言語教育思想，もともと不可分であったはずの両者が完全に分断されてしまっている。

---

2　「この試み自体，英語教育的主体としての自己を保存することばが知らぬ間に，巧妙に入りこんでしまっている「フェイク」ではないか」という批判を筆者は覚悟している。（筆者のような（かつての）英語教育的主体ではない）諸賢からの容赦なき，建設的逆照射を乞う。

3　鳥飼(2018)は日本の英語教育におけるこの問題を指摘し（続け）ているが，それが国レベルの審議会等での議論，ましてや国の政策にはまったく反映されていないのが現状である。

　誤解のないように付け加えると，日本独自の「言語共通参照枠」作成者の仕事は，言語教育における評価の客観性を確立する上で評価されるべきものである。また，そのような仕事に従事する研究者が複言語・複文化主義に対して完全に無理解であるわけではないだろう。現に，2013 年に出版された『英語到達度指標 CEFR-J ガイドブック』（投野編，2013）では，複言語・複文化主義への言及が明確に為されている。「分断」ということばを使わずに現状をとらえなおすならば，複言語・複文化主義という理念的・思想的問題への深入りはひとまず先送りにして，「すべての外国語能力の能力記述に利用可能な汎用性を持った参照枠」という CEFR の一側面を活かし，「日本の教育環境における英語に関する枠組みに特化」した，日本人英語学習者向けの「CAN-DO リスト」という「到達度指標」（投野編，2013）がまず作成されたところである，と考えるのが建設的であろう。

　では，日本の英語教育における CEFR の受容・再コンテクスト化において先送りにされていると思われる言語教育思想の部分をどうするのか。この問題について考える時，共通参照レベルと複言語・複文化主義の不可分性を担保している「ヨーロッパ統合」という最も重要なコンテクストが日本には不在である，という当たり前の事実が出発点となる。さらに，そこから考えを進めれば，「そうであるならば，日本において，社会的・歴史的コンテクストと不可分な言語教育思想と呼べるものはある（あった）のか」という問いが生じてくる。この問いに答えることができれば，日本のコンテクストから，少なくとも複言語・複文化主義に突き合わせることができる何かを同定できる。

　この「何か」が，「英語教育」である[4]。「英語教育」は，CEFR が日本の英語教育に再コンテクスト化される際の思想的土壌であり，その限りにおいて，CEFR を変容させることに貢献するコンテクストの重要な一部である。しかし，以下に示す通り，「英語教育」は特殊なコンテクストから歴史的に生み出された概念・思想であるため，今の時代に（再）適用するには，それなりの修正が必要であると筆者は考える。ゆえに，本章は「英語教育」に

---

　4　本章では，概念を指す場合は「　」つきの「英語教育」，日本の特に制度的なコンテクストで英語を教えること一般を指す場合は，「　」なしで，（日本の）英語教育，と表記する。

「改革」ではなく「更新」ということばをあてがう[5]。

　「英語教育」の更新において，CEFR の複言語・複文化主義は，外部から
の有効な手がかりを与えてくれるだろう。同時に，「英語教育」を更新すべ
き，日本のコンテクストに根ざした言語教育思想として位置付けることは，
複言語・複文化主義を相対化する視点を持つことに他ならず，そのことは，
複言語・複文化主義の無批判な受容ではなく，共通参照レベルと複言語・複
文化主義とが不可分に結びついた CEFR との「対話」への糸口をもたらす
はずである。

## 2.2 「英語教育」という言語教育思想

　では，「英語教育」とは何か。それは，明治期以降の日本の近代化プロセ
スと密接に結びつきながら生まれ，今もなお生き続けているように思われる
概念である。さらに，歴史的に見れば，「英語教育」は，「国語・国民国家創
出過程」のコンテクストで育まれた，「「英語」という「教科」によって，裏
から「国語」を「強化」し，「国語」という思想を「国民」に「教化」する
ための「国民教育」を確立する」（小林・音在, 2009）ための概念である。

　日本という近代国民国家において，英語がエリートではなく一般を対象と
した普通教育の科目として学校で教えられるようになるのは，明治期が中盤
にさしかかる頃である。しかし，この時期には「英語教育」という概念は存
在しておらず，「英語教授」という呼び方が一般的であった。「英語教育」と
いう概念が現れ，確立されるのは，明治末期から昭和初期にかけてのことで
ある。

　「英語教育」ということば（概念）は，明治 44（1911）年に英語・英文学
者，博言学者，国語学者の岡倉由三郎（1868-1936）が上梓した『英語教
育』という著作を節目として普及していったと考えられる（出来, 1994）。

　岡倉（1911）についてまず押さえるべきは，英語の発音の前に国語の発

---

5　「日本人は英語ができない」という前提のもと，その原因を学校教育に押しつけ，現
　　場の教育環境や教員養成の整備・充実を図ることなく，挙句の果てには特定の民間企業
　　への利益誘導と疑われても仕方がないような制度「改革」について論じることは，本章
　　の直接の目的ではない。このような「改革」に関する，資料・データに基づく議論につ
　　いては，江利川（2018）や寺沢（2020）などを参照されたい。

音が正しくできなければならず，そのためにまず方言を矯正する必要がある
ことが明確に主張されていることである。その上で，岡倉は，「英語を媒介
として種々の知識感情を摂取」させ，「欧米の新鮮にして健全な思想の潮流
を汲んで我國民の脳裏に灌ぎ，二者相幇けて一種の活動素を養ふ」ところの
「実用的価値」に英語を教えることの目的を定め，そのような実用的方面は
「読書力の養成」にあるとした（岡倉, 1911）。こうした発想は，（1）日本に
おいて（当時の旧制）中学卒業生のすべてが外国人と直接交際するようにな
ることはほとんど想定できない，（2）維新以来，日本が偉大な進歩・発達
を遂げたのは，外国の新知識，新思想を援用したためで，その手段となり媒
介となったものは外国語である，（3）今後もますます外国語の恩恵を蒙ら
ないことがあってはならないのであれば，この点に英語学習の目的を定める
のは最も適当である，という彼の当時の現状認識に基づくものである（岡
倉, 1911）。

　その後，岡倉は，「英語教育」が日本において学校で教える英語の課業を
呼ぶのに最も適当な名であると確信し，以下のように述べる。

　　　英語教育といふのはどういふ事であるかといふと，英語を通じて行ふ
　　教育といふことである。英語といふ知識を授ける――それは特殊な知識
　　であるが，すべて教育は特殊な知識を縁として被教育者の精神を陶冶す
　　るものであるから，英語を教へながらその精神陶冶に力を盡す，さうい
　　ふ立て前で，英語教授といはないで英語教育といふ。

　　　　　　　　　　　　　　　　　　　　　　　　（岡倉, 1978［1936］：409）

　エリートたちによって，西洋の書物を通じた西洋文明の吸収が急がれた明
治初期とは異なり，近代国民国家としての日本が確立し，その中で中等・高
等教育システムが成熟していくにつれて，また，日本語の学術書や日本語で
学問を教授できる日本人が増えるにつれて，英語学習の必須性は弱まってい
く。同時に，近代国民国家として成立した日本において，なぜ英語が一般の
国民によって学ばれねばならないのか，という問題が当然の如く浮上して
くる（高梨・大村, 1975）。岡倉が提起した「精神陶冶」としての「英語教
育」という概念は，学校で広く国民に英語を教えることの正当性を担保する

概念であったと同時に，近代国民国家としての社会の骨子が確立され，「国民」（「臣民」）が前提可能となり，日本国民としての精神を国語で陶冶する教育を全ての国民に施すことが現実的な課題となった段階で初めて可能となった，「「近代日本」という文化地政学的に特殊な時空間の中で創出された一つの「国民教育」実践のための一種の思想」（小林・音在, 2009）であったと考えられる。

　山口（2001）などで示されている通り，その後，英語は「英文学」「英語会話」「受験英語」「使える英語」「役に立つ英語」「英語が使える日本人」「グローバル人材」といった，様々な英語（そして，国語）の使い手と世界の構図のイメージを内包した（メタ言語的）ラベルとともに語られていくことになる。しかし，変容していく社会状況の中で，様々な実践，様々な批判が様々な視点から為されてもなお，今日に至るまで，日本の社会・歴史に深く根ざした形で成立した「英語教育」という概念は，影響力を持ち続けていると思われる。そして，そのことを一切ふまえずに，CEFR や共通参照レベルの受容・応用が語られる時，日本の英語教育における CEFR の再コンテクスト化は，きわめて問題含みとなり得る。

## 3.　「英語教育」の中の共通参照レベルがもたらす序列化

　前節では，しばしば自明とされる「英語教育」という発想そのものを，歴史的に生み出された言語教育思想としてとらえなおした。CEFR がヨーロッパのコンテクストから取り出され，日本に再コンテクスト化される際，CEFR は「英語教育」に（も）媒介されながら，何らかの形で変容を被ると考えられるが，その変容には，共通参照レベルだけが特に焦点化されることに加え，二つの意味での「序列化」の問題がつきまとうと思われる。

　まず挙げられるのが，学習者の序列化である。2018 年に出された *Companion volume*（Council of Europe, 2018）を紐解けば，CEFR の目的として，各国の教育機関間の協力を促進すること，言語能力の相互評価・相互承認のための妥当性の高い基盤を提供すること，学習者・教師・カリキュラム考案者・関連機関がそれぞれの取り組みをコンテクスト化し，それを連携させることができるよう補助することが明記されている。すなわち，CEFR は，学習者・

教育者の両者をエンパワーすると同時に，言語教育における共通のメタ言語
を提供することを目的としており，序列化のための道具ではないことは明白
である。

　しかし，それが学校で教えるべき「教科」，また，「受験」という日本特有
の立身出世・選抜システム（江利川, 2011; 天野, 2007）の中で，学校の成績
評価や合否と強く結びついた形で再コンテクスト化されると，そもそも序列
化の道具ではなかったはずのものが，序列化の装置に変貌することは想像に
難くない。そのような再コンテクスト化の過程においては，共通参照レベル
は単純な優劣を生み出す「表」となり，学習者はエンパワーされるどころ
か，その上で可視化される客体となってしまう。

　このことが行きつく先の直近の重要な具体例は，CEFR の A2 レベルの英
語力を国立大学の「出願資格」とする発想である[6]。たとえば，高等学校卒業
時に，特定の分野についての強い関心，飽くなき知的好奇心，多少の専門知
識があり，特定の研究者のもとで学ぶことを強く希望している生徒がいると
する。もし，CEFR の A2 レベルが大学の出願資格となれば，この生徒が共
通参照レベルに基づいて自分の英語のレベルを A1 と申告すると，適切な言
語教育を大学で受けられるようになるどころか，きわめて具体的で可能性に
満ちた「学びたい」という声が最初から奪われることになる。日本で，日本
語で中等教育を終えた者が，日本で高等教育を受ける機会にアクセスする
際，そこに共通参照レベルが立ちはだかる，という「序列化装置」どころか
「排除装置」と化した共通参照レベルがもたらし得る事態は，「すべての市民
の権利としての，質の高い開かれた教育」という，CEFR でも謳われている
理念に照らしても，まったくもって，本末転倒である。

　つぎに指摘したい序列化が，ことばの序列化である。2018 年 11 月，
NHK の「クローズアップ現代プラス」という番組で，「どう乗り切る？　英
会話時代」という特集が組まれた。その中で，メイドカフェの店員が外国人

---

6　2019 年 11 月 1 日，民間英語試験の活用を含む「大学入試英語成績提供システム」の
　2020 年度からの導入「見送り」が文部科学大臣によって発表されたことは，周知の通
　りである。このことを巡る一連の動きの中で，異なる民間英語試験スコアの「対照表」
　として CEFR が使われていることが，強い批判の的の一つとなった（しかし，受験生と
　いう最大の当事者とともに，入試の公正性の問題が大きく前面化したものの，日本の言
　語教育思想が根本から問われることはなかったように筆者には思われる）。

観光客に英語で接客している光景が映し出されたが，「お客様に喜んでいただけるように」という彼女たちの高いプロ意識と，ミーティングの際の彼女たちの真剣な表情が筆者の印象に強く残っている。

　彼女たちの英語をどのように考えるか。（主に男性の）外国人観光客に媚びるような，チャラチャラした，はしたない英語としてとらえることも可能ではある。しかし，筆者はむしろ，日本語も英語も通じない観光客が来て接客がうまくいかなかった時，その問題を共有し，接客の質を上げるために「まず「おまじない」だけでも多言語化してみよう」などといった，CEFRでも積極的に評価される「部分的能力」を駆使した対応案を持ち寄る彼女たちの姿が目に浮かぶ。

　「社会における異なる領域で，必要とされることばを使っている」という視点に立てば，政治や外交の場，文学作品，メイドカフェ，隣人との日常会話などの領域で使われる英語は，異なる「ジャンル化」を被っているに過ぎない。CEFRが学習者をエンパワーするものであるならば，それは「自分のやりたいことは，どのような言語使用を必要としているか」を知るための明確な手がかりを与えてくれるはずである[7]。しかし，CEFRが日本の英語教育に再コンテクスト化された時，「品」「高尚さ」といった概念や，「難文難句が分かるほど優れている」「共通参照レベルの上に行けば行くほど良い」という発想を通じて，ことば（そして，その使用者＝学習者）が序列化され，その結果，特定のレベルやジャンルにあえて特化することや，「英語だけではいけないのではないか」という問題意識の可能性から学習者が遠ざけられてしまうのであれば，それもまた，CEFRの再コンテクスト化に関与する「英語教育」という思想にまつわる問題として認識されるべきである。

## 4.　CEFRの「個人」は救世主か，同じ穴の貉か？

　さて，「英語教育」という思想を経由して日本の英語教育に再コンテクスト化されることで，CEFRが学習者やことばの序列化装置に変貌してしまう可能性があることは，比較的容易に想像できる。では，CEFRをその核心に

---

　7　このような解釈そのものが，ことばが断片化した，ポストモダン，新自由主義の時代と深く関わっていることに注意されたい（綾部，2009; 小山，2008）。

おいて支えている複言語・複文化主義という言語教育思想は，無批判に受容できるものなのだろうか。本節では，**2.** における「英語教育」のとらえなおしをふまえて，**3.** で述べた序列化の問題と同じく根深く，むしろ厄介な，「個人」の位置付けの問題について考えてみたい。

CEFR は，「多言語主義」と「複言語主義」を明確に区別する。「多言語主義」は，「特定の社会の中で異種の言語が共存していること」を指す（Conseil de l'Europe, 2001）。他方，「複言語主義」は，文化的背景の中で，家庭内の言語から社会全般での言語，他の民族の言語へと広がっていく個人の言語体験に注目するものである（西山，2010b; Conseil de l'Europe, 2001）。そのような言語体験において，個人は「言語や文化を完全に切り離し，心の中の別々の部屋にしまっておく」のではなく，「すべての言語知識と経験が寄与」しながら「言語同士が相互の関係を築き，また相互に作用し合っている」，統合された「新しいコミュニケーション能力」を作り上げると考えられている（Conseil de l'Europe, 2001）。

この区別を押さえた上で，二つの問題を提起したい。まず，先に示した岡倉の思想との親和性である。砂野（2012）は，「ヨーロッパ発の多言語主義，多文化主義は，「単一言語，単一民族国家／国民」という図式を乗り越えようとする一方で，それが依拠する「言語」「民族」「文化」等の概念については，基本的に 19 世紀以来のものを踏襲し，「○○人」あるいは「○○語」という名付けと単位化が可能であるという前提に立っている」と指摘している。このことをふまえて，岡倉が唱えた「英語教育」という言語教育思想に再び耳を傾けてみる。

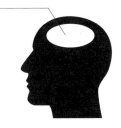

✓英語（複数の言語）を媒介として種々の知識感情を摂取する
✓欧米（ヨーロッパの多様な文化）の新鮮にして健全な思想の潮流を汲んで我國民（ヨーロッパ的個人）の脳裏に灌ぎ，二者（各々）相輔けて一種の活動素を養ふ

図 1　岡倉の言語教育思想と複言語・複文化主義との間の親和性

　明らかに，岡倉の思想は一民族・一言語・一国家を前提とした近代国民国家の枠組みの中にあって，標準化を強く志向するものであり，そこで許容される多様性も，近代国民国家レベルでの多様性である。また，英語の使用がもっぱら「読書」と結びつくことで，多分に教養主義的な色合いの濃いものとなっている。他方，複言語・複文化主義は，一民族・一言語・一国家を前提とした近代国民国家の枠組を超えた「ヨーロッパ」を志向しており，それは CEFR が「レパートリー」や「行動」に力点を置くことに鮮明に表れている。この点において，近代ナショナリズム全盛の時代に出てきた岡倉の言語教育思想と複言語・複文化主義との間には，きわめて大きな相違がある。

　しかし，「個人」の中で起こることに関する基本的な構図について，岡倉の言語教育思想と複言語・複文化主義との間には，決して小さくない親和性があるように見える。図1で，**2.** で提示した岡倉のことばを再び示したが，岡倉のことばの一部を括弧内で下線を引いたことばで置き換えたとしても，複言語・複文化主義との看過しがたい齟齬は生じないのではないだろうか。

　言語と文化を（切り離さずに）結びつけ，それが個人の中で有機的に相互作用し，活動の基盤となる何らかの統合されたもの（岡倉の場合は「日本精神」，CEFR の場合は「ヨーロッパ的個人のコミュニケーション能力」）が生み出される，という構図を許容する点で，岡倉の思想と CEFR は，根本において「個人」観を共有している。「統合」と「多様性」をどのレベルに，どのように設定するか，という点で両者は大きく異なり，この違いが，一民族・一言語・一国家を前提とした近代国民国家の枠組みを超える CEFR の志向性につながっている。だが，近代国民国家の枠組みによる標準化，よりコンテクスト化された多様性，どちらが強調される状況にあろうとも，言語と文化がその中で有機的に相互作用するところの「個人」を同様に措定する限り，岡倉の思想と CEFR には，いまだ同時代的な共通点があると言えるのではないか。

　つぎに提起したい問題は，複言語・複文化主義を享受できるような「社会的主体（社会的存在）」としての「個人」は，社会において平等に分配されているのか，という問題である。

　CEFRにおいて，「個人」は，様々な国語，方言，地域語，ひいては移民が持ち込む非領域的な言語が多様性を保持しつつ統合される「場」として措定されている。すなわち，榎本（2013）でも論じた通り，CEFRが想定する「個人」とは，統合された言語・文化体験を通じて近代国民国家的な枠組みが乗り超えられていく超国家的な「場」であり，同時に，近代国民国家的な枠組みを超える「行動」に従事する「主体」でもある。しかし，このような超越的な「個人」は，普遍的な所与として受け入れられる類のものだろうか。

　たしかに，CEFRには「ヨーロッパ市民」の相互理解・コミュニケーションを促進する理念が託されている。しかし，佐野（2012）では，（1）どの言語を学習・習得するかは，個人の選択に委ねられており，実際は，英語・ドイツ語・フランス語などの，所謂「大言語」に学習者が集中していること，（2）ヨーロッパのいくつかの言語は，グローバル化した言語市場の中で，話者や学習者の獲得・拡大を求めて熾烈な競争の中にあること，そして，（3）一人あたり習得する言語の数を増やし，その選択が「個人化」「自由化」された結果，言語間の競争が自由化され，獲得した学習者の数に応じた諸言語の階層化，そしてその中における英語の圧倒的優位が明確となってしまっていることが指摘されている。

　このような状況をふまえるならば，複言語・複文化主義が想定する「統合の場」としての「個人」，近代国民国家の枠組みを超えていく「行動」に従事する「主体」としての「個人」は，必ずしも「多言語主義」と明確に区別できる（つまり，「多言語主義」という社会的状況に巻き込まれることを免除された）ものではなく，むしろ，多言語が競合するグローバルな資本主義のコンテクストの中から生まれてくる「個人」ではないか。「多様性の中での統合」を客観的に突き放して享受することができる超越的な「場」・「主体」としての「個人」は，社会において平等に分配されているのではなく，「何語」を基盤としているかによって，すでに社会的な階層化をある程度受けた後の「個人」であると思われる。そこでは，「国語」による標準化を享受していればいるほど，またその「国語」が「大言語」であればあるほど優

位に立てることが暗黙の前提となっており[8]，その程度に比例して，「個人」の超越性・主体性が発揮され得るという状況が，CEFR の複言語・複文化主義を取り巻いているように見える。

## 5. 複言語・複文化主義への複文化的アプローチ

　以上のように，「英語教育」に媒介された日本の英語教育への再コンテクスト化を通じて，CEFR（の共通参照レベル）が序列化装置に変貌してしまうことには，十分留意する必要がある。また，複言語・複文化主義という言語教育思想も，それが特定のコンテクストの中から生まれてきたものであることを考慮するならば，その無批判な受容もまた，注意を要する。

　では，ここから，英語教育の中で，どうするか。

　この問いに対する明確な答えを示す力量は，残念ながら，今の筆者には備わっていない。しかし，複言語・複文化主義そのものに対して複文化的アプローチをとる視点は有効ではないだろうか。換言すれば，英語の学習・教育を自明とするのではなく，必要ならば英語教育的主体としての自分（そして，英語教育的主体を生み出す制度）を反省しながら，そもそも「英語教育」そのものが歴史的に生み出された概念であることを理解した上で，それを状況に応じて修正していくための一つの資源として，同じく歴史的に生み出された複言語・複文化主義を積極的に位置付ける（参考にする）ということである。

　この点で，筆者は木村（2016）が提示している「節英」という概念に実践的・思想的両側面において注目している。「国際共通語としての英語」を基盤とした「節英」とは，「自分の英語使用がどのような意味を持つかを自覚して，節度をもって使うこと」（木村, 2016）を意味する。ここで，「節度」についても整理しておきたい。

---

8　このことは，「ヨーロッパ発の「多言語主義（multilingualism）」が前提としているのは，基本的にはそれぞれの国家の中で公共性を担保する言語がすでに存在する状況，すなわち「国語」というブルドーザーによる「舗装工事」がすでに完了した状況」であるとする砂野（2012）と呼応する。

表1 「節度」の位置

| | |
|---|---|
| 理想の過剰 ➡ | 偽善 |
| 理想 ➡ | 友愛 |
| 理想と現実の平衡 ➡ | 節度 |
| 現実 ➡ | 競合 |
| 現実の過剰 ➡ | 酷薄 |

　西部（2017）によれば，一方で「友愛」という理想があるが，理想が行き過ぎてしまえば，それは「偽善」に転じてしまう。他方で「競合」という現実があるが，これも，行き過ぎてしまえば，「酷薄」に転じてしまう。表1に示した通り，「節度」は「友愛」と「競合」が平衡するところに生まれるものであり，それは状況・実践の中でしか具体的に遂行できないとされる[9]。

　本章の冒頭において，英語にまつわる筆者の自分史めいたものを記したが，それがいかに「アメリカ一色」であったかは言うまでもないだろう。特に留学前の筆者はまさに，**1.** で「強め」に定義した英語教育的主体そのものであったように思われる。当時を顧みても，「自分の英語使用がどのような意味を持つかを自覚」するなど思いもよらなかったが，そこで「節度」を妨げているのは，ましこ（2018）が言う「グローバル化の基調をアングロサクソン文化≒デファクトスタンダードと錯覚」することに加え，さらにその奥底にある，下記のような英語教育的主体の習性ではなかろうか。

　　英語を「国際共通語」として読み替え，それが通用する「世界」にのみ自らの視角を限定すれば，一つの「世界」と関係を取り結ぶ一つの「日本」が現れる。この時「世界」が何らかの現実的な政治関係や経済状況などを反映する必要はない。より精確にいえば，単一で非人称の他者像さえ保証してくれれば，「日本」の「世界」像が何を反映していよ

---

9　ここで筆者が読み取っているのは，イデオロギー（を批判するイデオロギー）にも，現状肯定にも走ることなく，（完璧ではないかもしれないが）何らかの知や解決策を生み出し，それらを臨機応変に修正していくことを目指すならば，そのような営為はコンテクスト化された行為を基点にせざるを得ない，という語用論的（«pragmatic»）思想である。

うが（または何も反映していなかろうが），それが他の国家が想定する
「世界」像と同調していようが（またはまったくの非同調であろうが），
この閉じた二項対立の空間では，そうした根本的な疑問を発してくる他
者はいないのである。

　（中略）多様な他者たちが「国際共通語」でいかなる声を発している
のか（声を発せられるのか）どうかさえ意識に上らず，彼らも英語を
「国際共通語」と認定しているのかどうかも確かめられない。

（山口, 2001: 204-205）

　**2.** で示した通り，「英語教育」は日本と外国（西洋・世界）を二項対立
的図式の中に置く。さらに，砂野（2012）のことばを再び借りながら言え
ば，そのような図式においては，前者には「国語」，後者には「英語」とい
うブルドーザーで「舗装工事」が施されている。上述の山口（2001）がい
みじくも指摘する通り，内・外両方における根本的な他者の不在が「英語教
育」を支えているとするならば，「英語教育」には，「自分の英語使用がどの
ような意味を持つか」という視点を排除する原理がはじめから組み込まれて
いる。

　「自分の英語使用がどのような意味を持つか」という視点を排除する原理
に代わって，「自分の英語使用がどのような意味を持つか」という視点を常
に要請する原理を「英語教育」に組み込むことは可能だろうか。そのような
原理が組み込まれた時，日本における言語教育思想は，「英語教育」ではな
い，どのような名を獲得するのだろうか。そして，それは統合と多様性をど
のレベルで，どのように措定し，CEFR の複言語・複文化主義とのどのよう
な重なりや差異を含むことになるのだろうか。

　本章では，この問いを議論の俎上に載せることしかできない。しかし，本
章で筆者が少なくとも目指したことを，小山（2008）とともに明示すれ
ば，自らが生きる「時代の理論と実践とを限界付ける社会歴史的なコンテク
ストを認識することにより，その限界」を知り，「そのような時代の経験的
な限界の内側から，それ自身の枠組（限界）を批判的に突き崩していく」こ
とであると言える。このことを，本章のタイトルに据えた「英語教育」の更
新にさらに引き付けて記述・整理すれば，下記のようになろう。

一。「英語教育」を歴史的に生み出された言語教育思想としてまずとら
　　え，その功罪を認識した上で，CEFR も参考にしながら，日本にお
　　ける言語教育思想に「英語教育」とは異なる姿をまとわせる方途を
　　英語教育において模索する。

一。現代社会における言語教育の問題を「個人」で消化してしまわず，
　　「個人」そのものを社会・歴史に常に開き，かつ，「文化」「行動」
　　といった，乗り超えようとしている（近代的）枠組みに再び回収さ
　　れてしまう危険性がある概念を常に再帰的に検証する。同時に，コ
　　ミュニケーション空間に対する批判的視座を持って，様々なレパー
　　トリーを駆使したコミュニケーション，および，批判的思考を可能
　　にする言語を通じたメタ・コミュニケーションを両輪として，理想
　　と現実との間の平衡を見出していく。

## 6.　おわりに

　CEFR は，ヨーロッパがこしらえた一つの知恵である，という理解，言い
換えるならば，決して一枚岩ではない「ヨーロッパ」という特定の歴史的，
社会・文化的コンテクストの中で，特定の人々が，「多様性の中の統合」と
いう特定の理念の下で辿り着いた一つの解が複言語・複文化主義である，と
いう把握が何よりも重要である。

　また，本章で示したような歴史的背景をふまえるならば，「英語教育」と
いう思想もまた，明らかに，近代国民国家創出期以降の日本に深く根ざした
一つの知恵であり，その展開自体が先人たちの苦悩の歴史である。しかし，
それは同時に，近代ナショナリズム全盛の時代に生まれた，社会のエリー
ト・主流派の，根本的に他者不在の思想であったことも否めない。

　日本の英語教育における，共通参照レベルだけを取り出した CEFR の応
用，また，その反動としての，複言語・複文化主義の無批判な受容，いずれ
もが自らの思想上の努力の放棄である。しかし，だからといって，英語教育
において日本固有の，純粋に日本的な何かを希求し，それを日本の古典とさ
れる書物に求めたりするような「文化ナショナリズム」（吉野, 1997）に
走ってしまえば，それは一民族・一言語・一国家を前提とする近代国民国家

の枠組み（すなわち，「英語教育」）への揺り戻しになりかねない。

　自らの歴史に深く刻み込まれた単一言語性を直視することがなければ，また，「言語」と「文化」を直裁に結びつけ，「コミュニケーション」を「四技能」や「会話」に矮小化し，「グローバル化」の旗印の下で，ことばを巡る統合と多様性の平衡の問題から目を背けてきたことを自ら省みることがなければ，日本における言語教育思想の「英語教育」からの脱皮は端緒にすらつき得ない。

　CEFR が我々に本当に突き付けているのは，実は，共通参照レベルでも複言語・複文化主義でもなく，歴史と社会を行為・実践の中で直視する，という根本姿勢ではないか。自らが生きる社会とその歴史をどう引き受けるのか。異質な他者とどうすれば共に生きていけるのか，あるいは，生きていくのが難しいのか。このような問いを自由に，しかし責任を持って考えて実践につなげる機会や環境を社会の隅々に様々なレベルで行き渡らせることに，「ことばの教育」がどのように寄り添えているのか，いないのか。

　このことを再考しながら，「英語教育」とは異なる言語教育思想を日本のコンテクストの中で模索することこそ，英語教育的主体が「英語教育」から自立し，自律的に CEFR と向き合いつつ自身を変容させ，ことばの側面から社会をより良くしていくための第一歩であると筆者は考える。

## 付記

　本章は，国際研究集会「CEFR の理念と現実」において，2019 年 3 月 3 日に筆者が日本語で行った，榎本（2013）を基盤とする講演，「CEFR にとって「英語教育」とはいかなるコンテクストか──これからの批判的対話に向けて」の原稿に加筆修正を施したものである。貴重な機会を与えて下さった大木充先生，西山教行先生，また，指定討論者として重要な質問とコメントを下さり，講演後，フランス語ができない筆者との英語での意見交換を快く受け容れて下さったエマニュエル・ユヴェール先生に心からの感謝の意を表したい。

## 引用文献

天野郁夫(2007).『［増補］試験の社会史──近代日本の試験・教育・社会』平凡社.
綾部保志(2009).「戦後日本のマクロ社会的英語教育文化──学習指導要領と社会構造

を中心に」綾部保志編『言語人類学から見た英語教育』(pp. 87-193.)ひつじ書房.

榎本剛士(2008).「外山正一再考――『正則文部省英語読本』が内包する人間陶冶の方法」『日本英語教育史研究』*23*, 53-73.

榎本剛士(2009).「英語教科書登場人物とは誰か？――「教育」と「コミュニケーション」のイデオロギー的交点」綾部保志編『言語人類学から見た英語教育』(pp. 195-241.)ひつじ書房.

榎本剛士(2013).「CEFR と日本の「英語教育」――批判的再コンテクスト化は可能か？」『自律した学習者を育てる英語教育の探求――小中高大を接続することばの教育として』研究報告 No. 80, 78-89.

榎本剛士(2019).『学校英語教育のコミュニケーション論――「教室で英語を学ぶ」ことの教育言語人類学試論』大阪大学出版会.

江利川春雄(2011).『受験英語と日本人――入試問題と参考書からみる英語学習史』研究社.

江利川春雄(2018).『日本の外国語教育政策史』ひつじ書房.

岡倉由三郎(1911).『英語教育』博文館.

岡倉由三郎(1978［1936］).「英語教育の目的と價値」川澄哲夫編『資料　日本英学史2――英語教育論争史』(鈴木孝夫監修)(pp. 408-432.)大修館書店.

木村護郎クリストフ(2016).『節英のすすめ――脱英語依存こそ国際化・グローバル化対応のカギ！』萬書房.

小林敏宏・音在謙介(2009).「「英語教育」という思想――「英学」パラダイム転換期の国民的言語文化の形成」『人文・自然・人間科学研究』*21*, 23-51.

小山亘(2008).『記号の系譜――社会記号論系言語人類学の射程』三元社.

佐野直子(2012).「すべての言語は平等である。しかしある言語は，ほかの言語よりさらに平等である――ヨーロッパの「多言語状況／多言語主義(Multilingualism)」と少数言語」砂野幸稔編『多言語主義再考――多言語状況の比較研究』(pp. 50-83.)三元社.

砂野幸稔(2012).「多言語主義再考」砂野幸稔編『多言語主義再考――多言語状況の比較研究』(pp. 11-48.)三元社.

高梨健吉・大村喜吉(1975).『日本の英語教育史』大修館書店.

出来成訓(1994).『日本英語教育史考』東京法令出版.

寺沢拓敬(2020).『小学校英語のジレンマ』岩波書店.

投野由紀夫編(2013).『CAN-DO リスト作成・活用　英語到達度指標 CEFR-J ガイドブック』大修館書店.

鳥飼玖美子(2018).『英語教育の危機』筑摩書房.

西部邁(2017).『ファシスタたらんとした者』中央公論新社.

西山教行(2010a).「複言語・複文化主義の受容と展望」細川英雄・西山教行編『複言語・複文化主義とは何か――ヨーロッパの理念・状況から日本における受容・文脈化へ』(pp. v-ix.)くろしお出版.

西山教行(2010b).「複言語・複文化主義の形成と展開」細川英雄・西山教行編『複言語・複文化主義とは何か——ヨーロッパの理念・状況から日本における受容・文脈化へ』(pp. 22-34.)くろしお出版.

ましこ・ひでのり(2018).「言語教育／学習の知識社会学——グローバル化における「バベルの塔」と日本列島上をおおう言語イデオロギー」佐藤慎司・村田晶子編著『人類学・社会学的視点からみた過去，現在，未来のことばの教育——言語と言語教育イデオロギー』(pp. 27-58.)三元社.

山口誠(2001).『英語講座の誕生——メディアと教養が出会う近代日本』講談社.

吉野耕作(1997).『文化ナショナリズムの社会学——現代日本のアイデンティティの行方』名古屋大学出版会.

Conseil de l'Europe (2001). *Le cadre européen commun de référence pour les langues*. Paris: Didier. ［吉島茂・大橋理枝他訳・編(2004)『外国語教育 II ——外国語学習，教授，評価のためのヨーロッパ共通参照枠』朝日出版社.］

Council of Europe (2018). *Common European framework of reference for languages: Learning, teaching, assessment-Companion volume with new descriptors.* <https://rm.coe.int/cefr-companion-volume-with-new-descriptors-2018/1680787989>(2019 年 1 月 7 日)

第7章

# 言語教育に関する欧州評議会の
# イデオロギーに対する批判的考察

エマニュエル・アンティエ，宮永愛子

　CEFRは，発表以来，現場の教師や言語教育研究者らによって疑問や批判的な見解が出されていたが，2018年の増補版では，これらに対して何ら反応も示されていない。本章は，CEFRを含めた言語教育に関する欧州評議会の一連の仕事に対する批判的な考察を行うものである。本章では，欧州評議会の仕事に関して，市場の論理，学術的欠如，そして道徳的マキシマリズムという3つの観点から分析し，言語教育が，欧州評議会の「専門家」（experts）によって，グローバル化社会の流動性に適合した個人の生産を目的とする新自由主義的教育計画のために利用されてきたことを明らかにする。このように言語教育界が軽視される現状において，言語教育学が学術分野として存続するためには，言語教育の実践や研究が，新自由主義的イデオロギーから切り離して行われ，方法論が評価法に従属させられた現状から脱し，方法論的な展望から，言語教育の改革が行われるべきであると主張する。

キーワード🔍　欧州評議会，新自由主義的イデオロギー，学術的欠如，
　　　　　　　ヨーロッパ中心主義的偏向，道徳的マキシマリズム，

## 1. はじめに[1]

　『ヨーロッパ言語共通参照枠』（以下，CEFR）が発表されて以来，20年弱が経過した。発表されてから最初の10年は，大部分の言語教育者が欧州評議会のこの仕事に追随的な態度を示したが，次の10年では，Maurer（2011），Puren（2012），Prieur & Volle（2016），Migeot（2017）などにより批判的見解が現れた。

　欧州評議会の仕事が疑問視される中で，2018年に増補版CEFR（以下，増補版）が発表された。果たして批判は考慮されたのであろうか。現場の教師や言語教育研究者らの意見は，聞き入れられたのであろうか。批判に対する回答は提案されているのであろうか。残念ながら，どれも当てはまらない。欧州評議会の庇護を受けた「専門家」（experts）[2] らは，これらの批判に何の反応も示さないままである。

　批判の争点は，複雑で多岐にわたっているため，その整理をすることは容易ではない。そこで，本章では，市場の論理，学術的欠如，そして道徳的マキシマリズムという3つのテーマに沿って分析することを提案したい。これらのテーマを一つずつ取り上げながら，欧州評議会の一連の仕事のテクノクラシー的な方法を見ていくことにする。そして，日本の言語教育界において，CEFRの影響の拡大に対する異論の声が上がりつつある今日[3]，立ち止まって考える機会を提案したい。

## 2. 市場の論理

　本節では，欧州評議会の一連の仕事のやり方において，どのように市場の論理が機能しているかを示した後，言語教育が，「専門家」の活動によって

---

1　本章は，Antier(2020)を日本語に翻訳し，大幅に加筆修正を行ったものである。

2　ここでいう「専門家」とは，CEFRをはじめ，欧州評議会の言語政策に関する一連の仕事を行った専門家(エクスパートexperts)のことを指す。

3　例えば，新井(2014)は，CEFRが誕生した歴史的背景に触れ，学習者の思考・行動パターンを欧州言語・文化に収斂させていく「限定性」の内包や，「権力」の作用を指摘し，日本で無条件に取り入れられることについて，批判的に論じている。

新自由主義的イデオロギーのための道具とされていることを見ていきたい。

## 2.1　言語の商品化

　ここでは，まず，Maurer & Puren（2019）を挙げよう。彼らは，増補版の著者らの経歴と作成プロセスについて調査し，CEFR およびその増補版作成におけるロビー活動戦略を明確に示し，以下のように結論付けている。

　　　増補版，および増補版ほど目立ちはしないがその前の CEFR は，やはり 2 つの組織によって作られたものである。それらの組織とは，民間の営利団体であるケンブリッジ大学英語検定機構と，ユーロセンターである。表紙ではなく謝辞の部分に記載されている著者の名前は，全員これら組織のメンバーである。　　　　　　（Maurer & Puren, 2019: 295）

　「専門家」といっても，彼らは必ずしも全員が言語教育の専門家というわけではなく，語学検定や語学留学の分野に個人的利害を持つ民間組織のメンバーであるという。彼らの仕事は，言語教育・学習プロセスの改善のためというよりも，商業戦略を推し進めるためのものではないかと疑われても仕方がない。モレールとピュレンは，これらは全て十分に練られた計略に基づいて行われていると説明している。

　　　実は，これらの組織にとって，教師だけでなく教育組織の上層部や決定権のある人物らに，彼らの競合相手にはなりえないということを確認しつつ，彼ら自身の検定を宣伝することが目的なのである。この競合相手になりえないことは，最終的に，言語学習者に国の試験と並行してこれらの組織の検定を受けさせること，さらには国際的な証書としての価値がある唯一の検定として国の試験の代わりとすることが適切な判断であると，教育責任者らや彼らの国の決定権のある政治家だけでなく，教師自身をも納得させることになる。　　　（Maurer & Puren, 2019: 74-75）

　では，これらの「専門家」は，どのように，誰によって，どのような基準において採用されたのであろうか。なぜ民間組織の人間が，公教育政策を導

く道具の作成に任命されたのであろうか。欧州評議会の責任が問われること
になる。Maurer & Puren（2019）は，彼らの調査において，教育組織の外部
からの影響の受けやすさについても指摘している。

> 　この計略に基づいたフランス市場の獲得計画は，フランス国民教育省
> の積極的な協力のおかげですでに実現に向けて動き出している。国民教
> 育省は，言語教育の成果が思わしくないことや，国の試験結果も信憑性
> がないことから，「国際基準」に教育評価をそろえることは必要不可欠
> であり，唯一の効果的な方法は，全学習者に国際的な検定を受けさせる
> ことであると世論を説得しようとしている。（Maurer & Puren, 2019: 75）

　このような言語教育の商業化については，日本でも，久保田（2015）に
よって指摘されている。久保田は，国の教育政策と経済界に後押しされた民
間のテスト会社によって，ライセンスと資格試験の市場占有率の拡大を目的
に，言語スキルが道具として，商品化されるメカニズムを明らかにしてい
る。

　さらに，日本の文部科学省による大学入試に関する改革計画においても，
同様のメカニズムが起こっていることは，モレールとピュレンの分析を裏付
けている。大学入学試験の外国語の試験に，CEFR の基準である 6 段階のレ
ベルを導入しようとしているのである。この改革計画は当初，2020 年度の
開始を予定していたが，延期され，CEFR の裏で行われた駆け引きに直接関
与しているケンブリッジ大学英語検定機構をはじめとする民間企業に，英語
の試験を任せることが検討されている。

　大学入学試験を民間の検定で代用することによって起こる様々な問題につ
いて，鳥飼（2018）が指摘しているが，その中には，経済格差の問題もあ
る。必要であれば何度でも検定を受けることができる層と，検定料の支払い
をすることができず，受験を諦めたり，1 度しか受験できない層があるから
である。

　そのように考えると，CEFR の基準を導入することによる改革は，欧州評
議会の文書で奨励されている複言語主義とは逆方向の帰結が予想される。民
間テストの受験には高い検定料がかかるため，多くの高校生らは英語の試験

にのみに労力を集中させる可能性が高いであろう。CEFR の導入が英語の主導権をさらに強化することに結果的につながるとすれば，皮肉なことである。

## 2.2　流動性の強制

　EU の言語教育政策は，具体的な政策の実行方法に限られるものではない。欧州評議会，もしくは欧州委員会に由来する文書全体が，この政策の決定に関与している。以下は欧州委員会の通達の抜粋であるが，その最終目的を明確に示している。

> 　EU は，非常に競合性の高い経済を確立している。有効な単独市場であるためには，EU は流動性の高い労働力を確保しなければならない。多言語技能は，特に EU 内の他の加盟国での就労や留学が可能になることによって，労働市場での雇用機会を増やす。
> 　　　　　　　　　　　　（Commission des Communautés Européennes 2005: 10）

　この「流動性」の強制は，欧州評議会の一連の文書に見られるテーマの一つである。CEFR 内では，例えば，「高い流動性を促進するために，加盟国内での言語学習と言語教育をさらに強化する必要がある」（CEFR, 2001: 11）というように，「流動性」の強化や促進という表現が，7 回も繰り返されている。増補版（2018: 106）でも，Coste & Cavalli（2015）の *Éducation, mobilité, altérité. Les fonctions de médiation de l'école*（『教育，流動性，他者性：学校の仲介の役割』）を直接参照していることからも，見てとることができる。Coste & Cavalli（2015）は，以下のように述べている。

> 　教育と育成の場として，学校は個人の流動性に努め社会の動向に貢献する社会的機関である。学校が行うカリキュラムと方式によって，社会の未来の需要の先取りを担っているといえよう。　　　　　　　　（p. 17）

　その下には，注釈として次のように書かれている。

　　　これらの需要が早急に変化する可能性があり，個人の就労人生におい
　　て新たな仕事への適応が不可欠となる可能性があることは，周知の事実
　　である。　　　　　　　　　　　　　　　　　　　　　（Coste & Cavalli, 2015）

　ここで，ヨーロッパにおける「流動性」を考えるために，バルバラ・ス
ティグレールの最新の著書 « Il faut s'adapter ». Sur un nouvel impératif politique
（『「適応すべき」：新たな政策要請について』）（Stiegler, 2019a）で展開され
ている彼女の考察を見てみよう。スティグレールは，新自由主義の創始者の
一人であるウォルター・リップマンと，プラグマティズムを代表する米国人
思想家ジョン・デューイを対比させることで，「あたかも歴史の唯一の方向
であるかのように我々に強いられているグローバリズムの要求に従うこと」
について考察している。
　リップマン的新自由主義の目的は，「人間をより適応しやすく，より流動
しやすく，より柔軟に変えること，すなわち，グローバリゼーションに強い
られた流れの加速に耐えられるようにすること」であるとスティグレールは
我々に教えてくれる（Stiegler, 2019b: 第 7 部）。ヨーロッパでは，政治的お
よび経済的共同体の建設過程である 1970 年代から 80 年代の間に，この新
自由主義的方向性が現れた。スティグレールが注目したのは，その際に教育
への取り組み方が変わったということである。彼女は，次のように述べてい
る。

　　　教育分野が狙われるのは，教育が，経済的に有能な人材を必要とする
　　グローバル化した市場が機能するための条件の 1 つであるからであ
　　る。（中略）そこで育成への問いが中心となってくる。順応性，適合
　　性，雇用されうる能力が，教育カリキュラムの基礎技能となるのであ
　　る。　　　　　　　　　　　　　　　　　　　　　（Stiegler, 2019b: 第 9 部）

　上で見たような欧州評議会の文書で見られる欧州言語教育政策の基本的概
念をここに読み取ることができる。また，スティグレールは，リップマン的
新自由主義では，専門家による政府のみが，社会の進化の道筋を描くことが
できるという考えに基づいていると説明している。欧州評議会の文書製作の

プロセスに見てとれるように，これが専門家の論理なのである。

　一方，スティグレールがデューイの視点によって示しているように，他の道筋も可能である。進化は一方向にしか進まないというリップマンの考えとは逆に，デューイは，進化とはすでに与えられた方向にのみ進むものではなく，本質的にわき道に逸れるものであり，想定できないものであると考えている。

　　　　もし人類が工業世界にしっかりと合致していないのであれば，人類がそれに合わせるべきなのではなく，それを変えるべきなのである。それは，人類共同の知恵を資源として使わなければできないことである。リップマンは，大衆を政治家や専門家の監視下に置き，受動性の中に閉じ込めておきたいのであるが，デューイは，民主主義の別の考え方で対抗している。それは，能動的に考える市民を育成することであり，そのためには，文化的，社会的，道徳的，物質的条件のすべてをそろえる必要がある。　　　　　　　　　　　　　　　　（Stiegler, 2019b: 第 18-20 部）

　一見すると，このような考え方は，言語教育とは無関係に思われるかもしれない。しかし，実際はそうではない。

　グローバル化した資本主義によって進んだ環境破壊への適応が困難になっている今日，「適応を強制する」新自由主義的イデオロギーは，限界に近づいている。このような状況の中で，このイデオロギーのために言語教育が道具化されることを，言語教育者は，看過してよいものであろうか。主流となっている言説の代案となるような道を探さなくてはならない。デューイによって提唱され，スティグレールが再び現代に当てはめたことは，言語教育界の新たな展望へのヒントとなるであろう。


## 3.　学術的欠如

　本節では，欧州評議会の文書には深刻な学術的不備があることに注目したい。以下では，衝突の否定と反論の拒否という観点から述べる。

## 3.1　衝突の否定

　欧州評議会の平和的思想において，CEFR やその他の文書で推進されている複言語・異文化間教育は，異文化間の衝突を避けることを目的としている。ここでは開放的な態度，好奇心，共感，他者への敬意などの価値が，大々的に奨励されている。

　それらの価値自体は，反論できるものではない。しかしながら，これらは，人間の相互作用プロセスの中で，アイデンティティの構造の複雑さについて考えると，それほど単純なものではない。

　少し横道に逸れるが，ここで，社会心理学者の Camilleri et al.（1990）と Marc（2005）を引用したい。

　Camilleri et al.（1990）や Marc（2005）によると，複雑で矛盾したプロセスであるアイデンティティの構築は，他者によって認められることと，自らの特異性を他者に主張することの結果によるものであるという。マルクは，このアイデンティティのパラドックスは，2 つの対立する方略の形で表れているという。

　　　アイデンティティの承認と防護の探求は，ある時は同化方略，またある時は分化方略を引き起こす。前者の方略では，自らが他者と同じようになりたがり，調和を探すようになり，違いを拒否するようになる。後者の方略では，逆に目立とうとし，自らの特異性や独創性を主張するようになる。　　　　　　　　　　　　　　　　　　　　　　（Marc, 2005: 213）

　アイデンティティを構築するプロセスでは，人は自分自身であるように，またアイデンティティを主張するようにと促される。他者への「開放的な態度」，「好奇心」，「共感」，「敬意」などは，前者の調和の要求は満たすけれども，後者の特異性の探求には応えることができない。マルクが指摘するように，アイデンティティの構築は，「自分と他者を分け，他者と距離を置く能力」（Marc, 2005: 221）につながるのである。

　言いかえれば，他者に対して心を閉ざすことができなければ，他者に心を開くことはできないのである。そしてここに，本来本質的なものである特異化，差異化，不和などをなおざりにし，同化，共有，同意の面にのみ注目す

る欧州評議会の仕事の限界が見えてくるのである。

　他者性の優位は，言語教育において広く異議が唱えられている。2006 年にはすでに，ゴアール＝ラデンコヴィクによって欧州評議会の言説のアポリア的な面が指摘されている。

> 　共感と寛容さの根底に対立または緊張の概念があるとすれば，それらは欧州評議会のポートフォリオの指示や，その他の文書では回避されているか，見ることができない。（彼らにとって）異文化間コミュニケーションは，対話と調和でしかありえないのである。
>
> （Gohard-Radenkovic, 2006: 88）

　この考察は，近年欧州評議会によって開発された複言語技能についてもいえることである。複言語話者のアイデンティティ的に不安定な側面については，複言語話者自身により頻繁に報告されているが[4]，このことには，一言も言及されていない。

　このような対立する事実があるにも関わらず，「専門家」は，複言語主義が個人の成長に本質的にプラスになる優れたものであると，随所に述べている。例えば，次の一文を引用してみよう。

> 　複文化を持つ個人は，単一文化への方向性を持つ少数派よりも，一般的に自己肯定感が高く，人生への満足度が高く，心理・行動的問題が少なく，さらに（思春期には）教育への順応率が高い。
>
> （Byram et al., 2009: 10）

　あたかも複文化性が，一人の人間の中に平和に存在しているかのように，またそれが必然的に幸福と充実度の源であるかのようである。科学よりも夢物語が語られているといってよい。そこでは，複言語主義の推進のために，現実が理想化されている。

　現実からかけ離れ，他者性との経験に固有の対立を否定することで，複言

---

4　複言語話者の複雑性については，例えば，Dahlet（2011）の報告がある。

語主義を「数えきれない悦び」（Beacco, 2005: 20）の源であるかのように，そして，複数言語の学習を，努力や衝突も必要のない自然な現象であるかのように紹介することを可能にしている。すべては，ここまでに見た通り，新自由主義計画の掲げる服従，競争，調教の論理の暴力性を無視した流動性の強制のためなのである。

### 3.2 反論の拒否

**1.** で指摘した通り，増補版の著者らは批判を無視し，CEFR の考えの永続化を決めた。ここでは，公の議論の拒否は偶然ではなく，むしろそれが欧州評議会の一連の仕事のやり方であるということを述べる。

まず，最初の根拠として，「専門家」の選出方法の不透明さが挙げられる。Maurer & Puren（2019）が増補版の作成条件について，何年もの間，透明性の欠如によって反主流派のあらゆる考えを初めから排除する仲間意識が作られていたことを指摘している。

> コンサルタントは，長年の「欧州の」同業組合によって作られた共通の文化の共有に加えて，欧州評議会および（または）グラーツの欧州現代語センターにおける彼らの諮問活動に関する個人的利害を共有するグループへの所属を理由に選出された。初めから納得していない研究者や，まったく批判的な視点をもたらすであろう研究者は，潜在的に建設的になったはずなのにもかかわらず，このごく内輪だけで作られた相談会には招かれなかった。 （Maurer & Puren, 2019: 22）

この外部の影響を受けない働きは，自己言及の慣行においても見ることができる。様々な欧州評議会の刊行物の中で，「専門家」が主に典拠とするのは，自身，あるいは他の「専門家」メンバーの文章である。CEFR についての Prieur & Volle（2016）の指摘によると，この自己言及的発言の理論的根拠が見つからず，使われている用語や概念は，学術的な言説には見当たらないという。

モレールとピュレンは，増補版に対しても同様の指摘をしている。

　　増補版の著者らは自らの地位の組織的優位性を利用し，学術界との対
　話の義務を放棄している。（中略）言語教育や言語評価法の先行研究で
　すでにいわれていることに言及していないということだけを見ても，学
　術的文書のカテゴリーから離れ，商業目的で自己宣伝のための文書の領
　域に達しているといってよいだろう。　　　　（Maurer & Puren, 2019: 98）

　他にも，欧州評議会の文書作成方法に関しては，様々な指摘がされてい
る。例えば，Maurer（2015）では，一般的事実を表す現在形の過剰使用，
Schneider-Mizony（2012）では，「当然の事ながら」« il est évident que » で
始まる文による論証の多用が報告されている。また，Prieur & Volle（2016）
は，規範的で繰り返しの多い文章であるという指摘をしている。これらの学
術的欠如に対して，欧州評議会の一連の仕事の正当性はどこにあるのかとい
う疑問が起こる。
　さらに，モレールとピュレンは増補版に対して次のような指摘をしてい
る。

　　　（彼らにとって）幸いなことに，プロセスの最後には，欧州評議会の
　　印章によって，民主主義的な広い枠組みの中で制作され，欧州教育シス
　　テムを潤すという使命がある文書の風体が，この手仕事（ブリコラー
　　ジュ）に与えられた。利用者が，この基準資料の作成条件を詳細に調べ
　　る気力をなくすのも，当然であろう。増補版は，この制度上の保証を念
　　入りに演出した。これは，関連パートナーの数と質，政界からの支持，
　　民主的疑似調査などによって，非常に入念に作り上げられた正当化のや
　　り方の一部である。　　　　　　　　　（Maurer & Puren, 2019: 87-88）

　彼らが問題視しているのは，この欧州評議会の文書作成のプロセスそのも
のである。このプロセスは，学術的に欠如しているということだけでなく，
民主主義的にも欠如しているという指摘である。現代の政治演説の特徴を分
析した Gobin（2011）は，現代の政治演説がどのように民主的政治論理から
テクノクラシー的論理に変わったのかについて，次のように述べている。

　専門家が，社会の政治の自由のためでなく，また，自由の管理下から
離れ，直接選挙の代わりに，社会プログラムの製作の源となった時，政
治体制が代わる。民主主義はテクノクラシーに，そして民主的論理はテ
クノクラシー的論理にとって代わられる。権力を持った専門家は政治を
飲み込む。このように，議論と反論を拒否し，あたかも政治的イデオロ
ギーがないかのようにふるまう現実離れの政治発言が現れた。

（Gobin, 2011: 第 23 部）

　このように考えると，現在欧州評議会の仕事に見られる反論の拒否は，民
主的な論理がテクノクラシー的論理にとって代わられたことを示唆している
ように思われる。衝突と論争は，民主主義が（人文科学の研究も同様に）機
能するために必要な要素であるが，対立の事実と議論の必要性を否定する宥
和的なコンセンサスの名のもとに，それらが避けられている。そうである
ならば，欧州評議会が掲げる「民主的市民性」の育成計画も，「専門家」に
よって定められた方向性に従順な市民を育成するためのものではないかとい
う疑問が湧いてくる。

## 4. 道徳的マキシマリズム

　欧州評議会の「専門家」によって，学術的なプロジェクトを装いながら，
新自由主義のイデオロギーに基づいた政治的なプロジェクトが進められてい
るということを見てきた。人権教育を称賛するこのプロジェクトは，倫理の
分野にも及んでいる。本節では，「専門家」の言説の道徳家的立場を指摘し
たい。

### 4.1 ヨーロッパ中心主義的偏向

　教師と学習者の倫理の形式化（例えば，Cavalli & Coste et al., 2009: 7-8 を
参照）を直接的な目的とした欧州評議会の文書では，「民主的市民性」と人
権に基づいた言語教育が称賛されている。しかしながら，このような教育計
画が言語教師の役割としてふさわしいのか疑問である。簡単に見てみよう。
　人権のイデオロギー上の役割については，いくつかの研究によって指摘さ

れている。François Jullien（2008）は，人権の普遍性の主張をとりわけ批判している。人権が普遍的なものであるという考えに対して，ジュリアンは，人権の起源の歴史的背景を説明したうえで，人権が，思考の二重の抽象概念に基づいた特殊なイデオロギーであるということを示した。一つ目の抽象概念とは，西洋的な「主張と解放の防御的一面を優先することによって個人を切り離す」権利の概念である（p. 168）。もう一方は，「動物から宇宙までを含めた極めて重要な背景から孤立させられた」**人間**の抽象概念である（p. 168）。ジュリアンがインドと中国の例から想起させているように，この個人の孤立化，秩序からの撤退，調和の喪失，そして個人の自主性への賛辞は，人類の歴史の中ではむしろ例外的な概念なのである。

　ジュリアンは，西洋的な思考が，**イデオロギー的**視点からでは人権を正当化できないことを示したうえで，**論理的**視点から説明することを提案している。ここで，ジュリアンは，人権の「消極的な面」と「普遍化するもの」«l'universalisant» という概念を提案している。人権の「消極的な面」とは，「すべきである」という，我々が普遍的に目標とすべきありかたに注目する「積極的な面」と対照をなし，「してはならないこと」に注目することである。また，「普遍化するもの」とは，現在分詞（ジェロンディフ）が使われていることからも分かるように，「普遍性が進行しているということを示している」（p. 184）。したがって，アプリオリな普遍性の考えとは対照的なのである。

　ジュリアンの考えを簡単に見たことで，欧州評議会が考える人権の概念に対して批判的視点を持つことができる。まず，人権がイデオロギー的に，そして，歴史的に位置づけられてきたことが，欧州評議会の「専門家」によって理解されていない（あるいは無視されている）ことが分かる。

　　　人権は，いくつかの政府が事実上重んじていないとしても，世界中のあらゆる政府やあらゆる大きな宗教によって，普遍的な基準であると受け入れられている。そのため，**特定のイデオロギー，宗教，国家などの文化からは独立した**価値観の基礎を形成しているのである。国際的に認められているこれらの非宗教的で**非イデオロギー的**な基準を知り，理解することは，職務上言語と文化の仲介者の役割を担うべき言語教師に

とってとりわけ重要な条件である。

（Starkey, 2003: 71, 強調は引用者による）

　次に，ジュリアンのいう「普遍化するもの」の意味においてではなく，ア
プリオリに普遍であると定められた基準という意味で，人権について言及さ
れていることを見てみよう。この点でも，例には事欠かない。次の文章だけ
にとどめておこう。

　　　言語教育における人権に関するアプローチの採用は，異論の多い問題
　　の判断に際しての合理的な枠組みを与えている。（中略）その場にはい
　　ない個人やグループに対する不快な指摘も，不適切な行動であり，それ
　　ゆえ受け入れられない。**ただし，人権の尊重を基準として考えるなら
　　ば，個人，政府，または文化的集団の発言や行動に対する評価を受け入
　　れることができる。**　　　　　　（Starkey, 2003: 80, 強調は引用者による）

　太字により強調した最後の部分をもう少し考えてみよう。ここに見られる
ように，人権は，教師の判断を決定し，正当化することを目的とした基準と
して参照することが奨励されている。しかし，このことは，自民族中心主義
の偏向につながる恐れがあるのではないか。
　このことを，日本におけるフランス語のネイティブ教師が，「異論の多い
問題」である日本では合法の死刑を授業で扱うことを例に考えてみよう。
　実際，「西洋人」の教師にとって，上で見たように歴史的に西洋的思考に
よって作られた人権の基準に基づいて，異論の多いこの問題を取り上げるこ
とは，自民族中心主義への偏向の危険性をはらんでいる。
　誤解を避けるためにいっておくが，これは，このようなテーマを扱うべき
ではないといいたいのではない。むしろ，日本の外国語のクラスにおいて，
「西洋人」のネイティブ教師が，死刑をテーマとして取り上げることは興味
深いことである。しかしながら，筆者らは経験上，この問題を扱う際には，
最上級の慎重さ，日本文化への深い造詣，さらにはいくつかの国が廃止した
政治的背景をしっかり理解しておくべきだと考えている。また，その際に
は，人権を，教師と学習者の判断をアプリオリに定義すべき枠組みとして用

いるのではなく，ジュリアンのいう意味における「普遍化するもの」として
人権を議論に上げる基準として用いる必要がある。

## 4.2　行動の形成

　ジュリアンとともに，人権の「積極的な面」，つまり，いかに生きるかを
普遍的に教えようとする面において，人権は，常に，他の倫理よりも自らの
倫理が選好されることを強く要求する自民族中心主義に陥る危険性をはらん
でいるという指摘を確認した。ここでは，「専門家」が，「消極的」義務を推
進するのではなく，どうあるべきかを押し付けることを目的とした倫理の
「積極的」義務を，まさに採用していることを示したい。

　まず，欧州評議会の一連の文書は，規範的で道徳的な形式をとる文章であ
るにもかかわらず，いかなる「専門家」も道徳哲学や倫理学の先行研究を明
示的に典拠していない。あたかも倫理に関連する概念の意味を明示する必要
がないかのように，また，膨大にある倫理学に関する研究は必要としないか
のようである。このような条件では，「専門家」の道徳に関する発言は，モ
ラリズム的駄弁のように見えてしまう。

　このことは，「専門家」が称賛する教育が道徳のマキシマリズム的見解に
基づいていることからも，なおさらいえることである。ここで簡単に，倫理
学におけるミニマリズムとマキシマリズムの対立と一般的に呼ばれているも
のとは何かについて説明しよう。

　Ruwen Ogien（2007）によって概念化されたこの区分は，倫理学における
規範的理論の両極のことである。図式的にいうと，自分自身に対する道徳的
義務を定義する理論や，「善」や「幸福」の特定の見解を定める理論を，マ
キシマリズム極側にあるものとして位置づけることができる。逆に，ミニマ
リズム極側に相当するのは，他者に危害を与えないという原則に収斂され
る，より干渉的でない道徳観である。

　この対立を欧州評議会の仕事に当てはめると，いくつかの概念や発言から
マキシマリズム的特徴を見出すことができる。例えば複言語・異文化間能力
の能力記述文の中心的要素をなす「実存的能力」の概念は，マキシマリズム
的理論の特徴である道徳的完璧主義思想を想起させる。

　一般的に，複言語・異文化間教育や，それが目指す「人間の育成，個人の

潜在力の充実」（Beacco et al., 2010: 19）は，倫理学でいう徳倫理学にも相当
する。CEFR の冒頭部分でもこのことが見てとれる。

> 　異文化を意識した教授法の中心的目標は，学習者が言語と文化に見ら
> れる異質性を経験することによって**その人格全体を豊かにし，アイデン**
> **ティティー感覚が好ましい方向に発展する**よう手助けすることである。
> それらの部分を，**健全な形で成長していく自己全体の中に取り入れ，再**
> **統合すること**が，教師と学習者自身にそれぞれ残された課題である。
>
> 　　　　　　　　　　（吉島茂・大島理枝他訳・編, 2004: 1, 強調は引用者）

「実存的能力」の教育，すなわち行動の制御と形成に基づいた教育計画に
反論する理由は，いくつかある。学習者の性格，欲求，および世界観を道徳
的に判断する「実存的能力」の教育は，権力構造や優勢な思考のために，態
度や考え方の統制を行うためのベクトルとなっているように見える[5]。

　新自由主義的イデオロギーの枠組みの中で作られた複言語・異文化間教育
のプロジェクトは，寛容で人間主義的な外見を装いながら，最終的には，グ
ローバル化した市場の要求に順応しやすい行動を育成するということが目的
なのではないかという疑問が沸きあがる。Migeot（2017）は，次のように
述べている。

> 　このように，個人の需要であるかのように紹介される（言語の）「需
> 要」の裏に，実際には，経済と市場の需要が急速に浮かび上がってく
> る。市民の充実度を満たすはずのこれらの「需要」は，実際は市場と
> ヨーロッパにおけるそれの強いる流動性によって，雇用される機会を守
> るためにそれへの服従を強いられ，同時に，彼らの「充実」のために**専**
> **門家**によって気付かれぬうちに強制された条件付けに順応し従うことを
> 強いられた個人に対して押し付けられている。しかし実際は，これらの
> 需要は新自由主義経済の価値に，より順応するためのものなのである。
>
> 　　　　　　　　　　（Migeot, 2017: 第 13 部，強調は著者）

---

5　「実存的能力」教育に対する詳細な反論については，Antier(2017)を参照のこと。

　そもそも，「実存的能力」を教育・評価すること自体の道徳性も問われる。オジアンは，部分的に内在的な性格を教育・評価することの道徳性を疑問視している。

　　　一般的に規範的倫理では，自らの責任ではない特性や，自ら望んでも変えることのできない特性のために人を罰したり報酬を与えたりすることは**不当である**と認められている（後略）。しかし我々の性格，個性，世界観も個々の責任ではなく，我々が望んでも変えることができないものではないだろうか。人をその性格の基準によって判断することは，人種の基準によって判断することと同様に下劣なことではないのか。

　　　　　　　　　　　　　　（Ogien, 2007: 73, 強調は著者による）

　「実存的能力」の教育に基づいた教育プロジェクトの推進者である「専門家」に対して，いくつもの質問が浮上してくる。教師のマキシマリズム的位置決定を，規範的視点からどのように正当化するのだろうか。複数の価値観がある現代社会において，どのように道徳的完璧主義の考えを擁護するのだろうか。他者を害する危険を冒すことなく，学習者が自分自身の行動や人格を修正する教育をどのように行えばよいのだろうか。


## 5.　結論にかえて

　これらの応用倫理学的な質問は，言語教育において，重要なものであると思われるが，他の多くの質問と同様に回答は出ないままであろう。なぜなら，「専門家」らは沈黙によって，長い間，言語教育界の軽視と言語教師の実践によって実際に湧き上がる疑問を軽視してきたからである。

　本章では，言語教育が欧州評議会の「専門家」によって道具とされてきたということを見てきた。言語教育学が学術分野として存在し続けるためには，テクノクラシーから，そして，ヨーロッパの新自由主義的イデオロギーから切り離して行われる必要がある。グローバル化のための労働資源と天然資源の利用に基づいたこのイデオロギーの社会計画は，今後，さらに脆弱で異論の多いものとなるであろう。バルバラ・スティグレールとともに，社会

の予定された進化に対する生物学的宿命などないのだということを見てきた。より民主的で生命体や自然環境を尊重する道も可能なはずである。

　また，人権のような偉大な原理の名において，または，特定の「善」や「幸福」を定めるマキシマリズム的な見解において言語教育を利用する試みに対してはリュヴェン・オジアンによって概念化されたミニマリズムの倫理が，言語教育を守るための論拠を与えてくれるであろう。

　最後に，CEFR の基準が評価法の主流となり，方法論が評価法に従属させられ，方法論的な一元論の脅威にさらされている今日，クリスチャン・ピュレンやブリュノ・モレールが提唱するように，言語教育の変革は方法論的な展望からこそ行われるべきであると主張したい。

## 引用文献

新井克之（2014）.「JF 日本語教育スタンダードと CEFR に潜む〈権力〉と諸問題」『言語政策』*10*, 101-21.

久保田竜子（2015）.『グローバル化社会と言語教育──クリティカルな視点から』（奥田朋世監訳）くろしお出版.

鳥飼玖美子（2018）.「発言：公平性保てぬ英語民間試験」毎日新聞，教育面，10 月 18 日付.

吉島茂・大島理枝他訳・編（2004）.『外国語教育 II ──外国語の学習，教授，評価のためのヨーロッパ共通参照枠　*Common European Framework of Reference for Language: Learning, Teaching, Assessment*』朝日新聞社.

Antier E. (2017). La problématique éthique du «savoir-être» en didactique des langues-cultures : quelques réflexions autour du CARAP et autres productions du Conseil de l'Europe. Revue *TDFLE*, 70.

Antier E. (2020). Logique marchande, déficit scientifique et maximalisme moral : état des lieux des travaux du Conseil de l'Europe en didactique des langues. Revue *japonaise de didactique du français*, *15*(1), 26-39.

Beacco J.-C. (2005). *Langues et répertoire de langues: le plurilinguisme comme «manière d'être» en Europe*. Strasbourg : Conseil de l'Europe.

Beacco J.-C. et al. (2010). *Guide pour le développement et la mise en œuvre de curriculums pour une éducation plurilingue et interculturelle*. Strasbourg : Conseil de l'Europe.

Byram M. et al. (2009). *Autobiographie de Rencontres interculturelles. Contexte, concepts et théories*. Strasbourg : Conseil de l'Europe.

Camilleri C. et al. (1990). *Stratégies identitaires*. Paris : PUF.

Cavalli M. & Coste D. et al. (2009). *L'éducation plurilingue et interculturelle comme projet.* Strasbourg : Conseil de l'Europe.

Commission des Communautés Européennes. (2005). *Communication de la Commission au Conseil, au Parlement Européen, au Comité Économique et Social et au Comité des Régions : Un nouveau cadre stratégique pour le multilinguisme.* Bruxelles : Commission des Communautés Européennes.

Conseil de l'Europe. (2001). Un cadre européen commun de référence pour les langues: apprendre, enseigner, évaluer : apprentissage des langues et citoyenneté européenne. Paris : Didier.

Conseil de l'Europe (2018). *Cadre européen commun de référence pour les langues : apprendre, enseigner, évaluer.* Volume complémentaire avec de nouveaux descripteurs.

Coste D. & Cavalli M. (2015). *Éducation, mobilité, altérité. Les fonctions de médiation de l'école.* Strasbourg : Conseil de l'Europe.

Dahlet P. (2011). Le plurilinguisme sur un baril de poudre: splendeur d'un idéal et violences des pratiques. In Blanchet P. & Chardenet P. (dir.), *Guide pour la recherche en didactique des langues et des cultures.* Paris : Éditions des archives contemporaines, 45-60.

Gobin C. (2011). Des principales caractéristiques du discours politique contemporain. *Semen, 30*, 169-186.

Gohard-Radenkovic A. (2006). Interrogations sur la dimension interculturelle dans le Portfolio européen des langues et autres productions du Conseil de l'Europe. *Revue Synergies Europe, 1*, 82-94.

Jullien F. (2008). *De l'universel, de l'uniforme, du commun et du dialogue entre les cultures.* Paris : Fayard.

Marc E. (2005). *Psychologie de l'identité.* Paris : Dunod.

Maurer B. (2011). *Enseignement des langues et construction européenne. Le plurilinguisme, une nouvelle idéologie dominante.* Paris : Éditions des archives contemporaines.

Maurer B. (2015). L'Autobiographie de Rencontres Interculturelles : L'idéologie plurilingue et interculturelle à travers ses modes d'écriture. In Adami H. & André V. (dir.), *De l'idéologie monolingue à la doxa plurilingue: regards pluridisciplinaires*, 219-258. Bern: Peter Lang.

Maurer B. & Puren, C. (2019). *CECR: par ici la sortie!.* Paris : Éditions des Archives Contemporaines.

Migeot F. (2017). Cadre commun (CECRL) avec photo de famille (ERT, CCE, OCDE...) et langue de coton. *Revue TDFLE, 70*.

Ogien R. (2007). L'éthique aujourd'hui : maximalistes et minimalistes. Paris : Gallimard.

Prieur J-M. & Volle R-M. (2016). Le CECR: une technologie politique de l'enseignement des langues.*Éducation et sociétés plurilingues, 41*, 75-87.

Puren C. (2012). Perspective actionnelle et formation des enseignants : pour en finir avec le CECR. <https://www.christianpuren.com/mes-travaux/2012b/>, consulté le 14/01/2020

Schneider-Mizony O. (2012). Le Conseil de l'Europe et l'éducation aux langues. In Schneider-Mizony O. & Sachot M. (dir.), *Normes et normativité en éducation. Entre tradition et ruptures*, 95-116. Paris : L'Harmattan.

Starkey H. (2003). Compétence interculturelle et éducation à la citoyenneté démocratique: incidences sur la méthodologie d'enseignement des langues. In Byram M. (coord.), *La compétence interculturelle*. Strasbourg : Conseil de l'Europe.

Stiegler B. (2019a). «*Il faut s'adapter*». *Sur un nouvel impératif politique*. Paris : Gallimard.

Stiegler B. (2019b). On sous-estime l'hégémonie culturelle du néolibéralisme. *Alternatives Économiques*, *390*(5), 68-71.

第 **8** 章

# 大学入学共通テストにおける英語民間試験の導入と CEFR

鳥飼玖美子

　本章では，日本における CEFR 受容の実態を，主として大学入試改革を通して検証する。高大接続を目的とした大学入試改革の一環として，新たな大学入学共通テストが 2020 年 1 月実施となり，当初案では国語と数学の記述式問題導入及び英語民間試験導入が大きな柱であった。とりわけ英語においては，「4 技能」の重要性を理由に「話す力」の測定が必須とされ，英語民間試験を共通テストに導入することとなった。多種多様な民間試験を比較し公平な判定をするために対照表として使われたのが，「国際指標」とされる CEFR の 6 段階であり，非科学的として専門家から強い批判を浴びた（鳥飼, 2018a; 2018b; 2018c; 2018d）。これはひとつの象徴的な出来事であったが，失敗の原因はひとえに，CEFR の理念や基本原理が日本の英語教育界で理解されていないことに起因する（鳥飼, 2017）。

　そこで，日本の英語教育の現状と比較検討しつつ，改めて CEFR の全体像を提示し，これからの外国語教育に資することを目的に論じる。

キーワード 🔍 　大学入学共通テスト，英語民間試験導入，英語 4 技能，数値目標，主体性評価

## 1.　はじめに

　本章では，大学入試に英語民間試験を使うことについて，CEFR との関連で検討する。ただし，議論の対象は，国として実施する大学入学共通テスト（以下，「共通テスト」）であり，個別の大学の入学試験をどのようなものにするかは各大学の自由であることから，対象としない。

　共通テストへの英語民間試験導入は，2019 年に延期となり，2021 年 6 月には「大学入試のあり方に関する検討会議」が，英語民間試験と記述式問題の導入について「実現は困難であると言わざるを得ない」との提言を公表した。それでも，本質的な問題は残っている。

## 2.　新大学入学共通テストにおける英語

　2021 年 1 月開始の新しい大学入学共通テストにおける英語の試験は，当初の案では，大学入試センターが作成する試験に加えて民間事業者による試験を使い，2024 年からは民間試験のみにする，という予定であった。

　民間業者委託の理由は，「4 技能」の測定である。高校までの英語教育においては，「聞く，読む，書く，話す」の「4 技能」を指導しているにも関わらず，従来の大学入試センター試験（センター試験）では「読む力」「聞く力」の 2 技能しか測っていない，高大接続の観点からは 4 技能を測定するべき，しかし話す力（スピーキング力）測定の試験作成は大学入試センターでは無理なので，民間業者に委ねる，というのが民間委託の根拠とされた。しかし，2020 年 1 月に文部科学省（以下，文科省）が立ち上げた「大学入試のあり方に関する検討会議」における審議で過去の経緯を検証し，2020 年の東京オリンピック・パラリンピックにあわせて新大学共通テストを開始するため無理をしたことから，制度設計が杜撰になり破綻に至ったことが判明した[1]。

　さらに露呈したのは，50 万人以上が受験する大学入学共通テストで，なぜ英語「4 技能」を測定しなければならないのか，話す力は大学入学後に指

---

1　「大学入試のあり方に関する検討会議」第 1〜4 回までの議事録，鳥飼(2020)を参照。

導し，入試では基礎力を測ることではどうしてまずいのか，などについて専門家を交えての突っ込んだ議論がないまま，大学入学共通テストへの英語民間試験導入が国により決まったことである。

　文科省は，民間試験事業者の選定を簡単な外的条件だけで行い，各実施団体による試験の目的や内容，難易度，試験方法，試験官の資格などを詳しく調べたわけではないことも明らかになった。

　当初は，8 種類の試験（TOEFL iBT, IELTS, ケンブリッジ英検，TOEIC, 英検，GTEC, TEAP, TEAP/CBT）が選定されたが，途中で TOEIC（国際ビジネスコミュニケーション協会）は，「受験申し込みから実施運営，結果提供にいたる処理が当初想定していたものよりかなり複雑なものになることが判明」「責任を持って各種対応を進めていくことが困難であると判断」[2] したことにより，「大学入試英語成績提供システム」への参加を取り下げた。

　結果として 7 種類になった民間試験について，異なる多種の試験をどうやって評価するのかという大学側の懸念，1 回につき 6,000 円前後から 2 万数千円の検定料がかかることから，経済格差，センター試験と違い民間試験は全国に試験会場が確保されているわけではないので地域格差による不公平，採点の不透明性など，多くの問題が数年来，専門家により指摘されてきた。2019 年になり，受験生や保護者が共通テストにおける英語民間試験活用の詳細と制度の不備を知るようになると，導入に反対の声が強くなり，報道も急増した。

　2019 年の秋になり新たに文部科学大臣に就任した萩生田光一氏が，民放テレビ番組で英語民間試験の不公平性を問われ，「身の丈に合わせて頑張ってもらえれば」と発言したことで，この問題の本質を世間が理解することとなる。批判が殺到し，謝罪や発言撤回も功を奏さず，11 月 1 日には「英語民間試験活用の延期」が公表されるに至った。この日は，英語民間試験の成績提供システムを使うための共通 ID を申請する初日であり，申請準備をしていた学校現場は混乱した。

---

2　一般財団法人国際ビジネスコミュニケーション協会「「大学入試英語成績提供システム」への TOEIC Tests 参加申込取り下げのお知らせ」2019 年 7 月 2 日プレスリリース

　以下に，英語民間試験制度の問題を7点に絞り列挙した上で，次項で
CEFR が関係している部分に焦点を当て，詳しく論じる（南風原編, 2018; 鳥
飼, 2019）。

## 1)　英語科目の試験だけ民間業者に委託

　大学入試センターの「共通テスト」は，国立大学受験には必須であるの
に，英語試験だけ民間事業者の運営に委託することは妥当なのか。

　大学入試センター作成の英語試験と違い，民間試験は学習指導要領に準拠
しておらず，学習指導要領に定めた内容を大きく逸脱している場合もある。
出題内容も公表されない。

　そもそも民間試験は，受けてきた教育に関係なく，受検者[3]を集団の中で
比較して運用力を見る「標準試験（standardized test）」であり，教育成果を
測定する目的で実施されているわけではない。高校教育での学習成果を見る
従来のセンター試験とは根本的に異なるので，大学入試の選抜試験に用いる
のは適切ではない。

## 2)　民間試験が多種多様で，公平性が担保されない

　認定された民間試験は7種類あり，それぞれ目的や内容，難易度，判定
方法，受検料，試験回数などが千差万別で，どう公平に判断するか至難であ
る。

　その問題を解決するために文科省が示したのは，CEFR を国際標準と位置
づけ，対照表として使うことである。ところが，CEFR の6段階は選抜試験
の対照表を目的に策定されたものではない。科学的な根拠に基づく指標では
なく，民間事業者による換算は恣意的である。

## 3)　「経済格差」と「地域格差」が受験生を直撃

　これまでは，大学入試センターに検定料を払い，志望大学に受験料を払う
だけだったのが，別に民間試験の受検料が必要になる。受検料は事業者に
よって異なり，一回につき約6000円から2万数千円と幅がある。

---

　3　民間試験は「受検」，入学試験は「受験」と使い分けることが多い。

　高校生は 3 年生の 4 月から 12 月までの間に民間試験を受けて，スコアを 2 回まで提出できることになっている。誰もが最低でも 2 回，できたら何度も受けて練習したいと考えるだろうが，保護者の経済的負担は大きくなる。結果として裕福な家庭では何度も民間試験を受けさせ，対策講座に通わせてスコアを上げることが可能になり，余裕のない家庭の受験生との格差が大きくなる。

　また民間試験は，センター試験のように全国に試験会場がまんべんなく用意されるわけではないので，住んでいる地域によっては交通費や宿泊費をかけて遠方に出かけないと受験できない。これは地方格差による不公平と言える。

　加えて，障害のある受検生に対して，これまでのセンター試験のような行き届いた配慮が民間試験では準備されていないことから，「障害者差別解消法」違反の疑いも指摘されている。

## 4）　「採点の公正性，透明性」への懸念

　民間試験では，採点基準や採点者の資格要件などを公表しない事業者が多い。スピーキング・テストの採点は海外で行うけれど，場所は「アジアを含めた世界のどこか」としか明らかにしていない業者もある。どのような資格を持った人物が採点するのかを公表していない民間試験もあり，資格のある人間が審査していることの保証もない。公正性や透明性が問題となる所以である。

## 5）　出題や採点のミス，機器トラブル

　複数の民間試験がパソコンやタブレットを使う予定で，機器トラブルや，録音された声が誰だか分からない，雑音が入って採点できない，などの事故が一定の割合で発生することは避けられない。しかし，民間試験について危機管理の体制は未整備である。

　大学入試では，何重にチェックしても出題や採点のミスやトラブルが発生することがあり，その都度，大学は対応策を公表する。ところが，民間試験でそのような事態が起きても公表するかどうか不明である。そもそも標準試験は問題内容を公表しないのが通例である。

　文科省の見解は「民間事業者等の採点ミスについて，大学入試センターや大学が責任を負うことは基本的には想定されません」である。出題や採点，危機管理で，大学入試センターほどの運営を実現するのは，経費も手間も並大抵ではないであろう。採算を度外視できない民間事業者に一任で良いのか，疑問視する声は多い。

## 6）「利益相反」の疑い

　試験実施業者が共通テストを担いながら，対策問題集の販売や対策講座などを実施することには，利益相反の疑いがある。

　担当部署が違ったとしても，同一の事業者が，試験を実施しながら受検指導で収益を上げるのでは，道義的な責任が問われる。

## 7）　高校英語教育の崩壊

　高校は大学入試を無視できない。高校生も保護者も，大学に合格するための民間試験スコアを上げることを学校に求めるようになり，高校英語教育は民間試験対策に変質する。

　民間試験は学習指導要領に沿って作成されているわけではないので，民間試験対策に追われることは，公教育の破綻につながる。かつては，受験勉強が高校教育をゆがめていると批判されたが，民間試験対策が高校教育をゆがめることになる。

　従来のセンター試験では，自己採点により受験生は志望大学を決めていた。それが英語民間試験では無理なので，受験生は混乱する。大学側も，民間試験をどの程度に判断できるのか分からないので，東京大学（以下，東大），名古屋大学，京都大学，東北大学，北海道大学などは早くから，合否判定には使わないことを公表していた。民間試験導入延期が公表されて以降，英語民間試験を活用する大学の数は大幅に減少したことから，制度への不安が大きかったことが分かる。

　しかし，英語民間試験導入をめぐる問題は，構造的な事柄だけに止まらない。教育の質と深く関わる根源的な問題もはらんでいることを見逃してはならない。

## 3.　英語民間試験の対照表に CEFR は妥当か？

　CEFR[4] が大学入学共通テストとの関連で注目されるに至ったのは，多様な民間事業者試験を各大学が合否判定に使えるよう，CEFR を「国際標準」「国際指標」と位置づけ，その 6 段階レベルを「対照表」として用いることになったからである。

　2018 年 7 月 27 日の衆議院文部科学委員会では，当時の林芳正文科大臣が，「各試験のスコアに加えて，外国語の能力をはかる**国際的指標**である**CEFR の六段階評価**をあわせて各大学に提供する」「各資格検定試験の実施団体におきまして，**欧州評議会の定めるルール**にのっとりまして，試験のスコアと CEFR との対応関係について専門家による検証を実施する」（強調は筆者による）と答弁している。

　林大臣は「民間試験の成績の活用方法は，各大学において決定すべきものであり，必ずしも対照表に基づくことを要しない」とも付け加えているが，「CEFR の 6 段階」は所与のものとして受け止められ，東大をはじめ多くの大学が「A2」を基準とするに至っている。

　ところが，この 6 段階の CEFR 共通参照レベルは，絶対的なものではないことが判明している。まず，これまでの 2001 年版 CEFR では，「基礎段階の言語使用者 A1, A2」「自立した言語使用者 B1, B2」「熟達した言語使用者 C1, C2」の 6 段階であったのは確かである。

　ところが，2001 年に CEFR が公表され世界中で使われるようになってから，欧州評議会にはさまざまな意見が届くようになった。それらをまとめて 2018 年になり，改訂版の代わりに CEFR Companion Volume が公表された。筆者は当初，「補遺版」「補足版」と日本語訳していたが，「補足」というには変更が多く分量もあるので，朝日新聞が 2019 年 2 月 13 日の解説記事で使った「増補版」が近いと考え，本章でも「増補版」を使用する。

　この「増補版」で注目すべきは，レベル分けが，次の通り 11 段階に増えていることである。

---

4　CEFR = *Common European Framework of Reference for Languages*「外国語の学習，教授，評価のためのヨーロッパ共通参照枠」(Council of Europe, 2001)

1) A レベルの下に，pre-A1（A1 以下）レベルを新設
   小学校や中学校で CEFR を使用しているスイスや日本の状況を参
   考にしたと説明されている。
2) A2 ＋　B1 ＋　B2 ＋　レベルを追加
   各国からの報告で，もう少し細かく分類すべき場合があることが指
   摘され，必要に応じて「プラス」を加えることになった。
3) Above C2（C2 以上）追加
   これまでは C2 が最高レベルであったが，翻訳者や会議通訳者など
   はそれ以上に到達するので，「C2 以上」が追加となった。

　CEFR は，単にレベルを表示するだけではなく，言語能力を微細に分類し
多面的に記述している。
　各段階とも「聞くこと・読むことの理解」「話すこと・書くことの産出」
「話すこと・書くことのやりとり」「仲介」の 7 技能に分類され，それぞれ
の能力記述文（Can Do descriptors）が一覧となっている。グリッド（grid）
と呼ばれる縦軸と横軸からなる表である。
　ちなみに，CEFR 増補版で特に重視されている "mediation" は「仲介」と
訳すのが妥当であろう。「媒介」と日本語訳されている場合もあるが，
CEFR が考える mediation は，「通訳翻訳」をはじめ，人と人との「つなが
り」や，言語やテクストとつながることまで幅広く指しているので，「仲
介」という日本語が適切だと考える。

## 4.　CEFR は「国際指標」「国際標準」なのか？

　文科省は，CEFR が「国際指標」「国際標準」であるから，各種の民間試
験スコアの対照表として使える，と説明している。
　CEFR が，世界各国で 50 もの言語の教育に使われていることは事実であ
る。その中には日本語教育も含まれる。しかし CEFR は，「欧州共通言語参
照枠」（Common European Framework of Reference）という名称が示す通り，
もともと欧州評議会がヨーロッパの現代語を念頭に置いて作り上げた参照枠
である。

　欧州評議会は 2001 年公表の CEFR で，「共通参照レベルは形式を変え，精度を変えて使ってもよい」と述べている。したがって，ヨーロッパ各国の教育省は，複数の外国語教育を CEFR 準拠で実施する際に，共通参照レベル（段階）を自国の教育制度や内容に合わせて自由に変えて使っている。同じレベルでも，国によって難易度が異なることは問題視されていない。各国，各教育機関が，独自の判断で変えて使うことができる柔軟性があるからこそ，CEFR は世界に広まったとも言える。

　逆にそれは，数十万人が受験する大学入学試験に対応できるほどの厳密さと正確さには著しく欠けることを意味していることになる。

　増補版（Companion Volume, 2018）では，もっと踏み込んで，こう述べている。

> 　　CEFR は，外国語教育改善のために策定されたものであり，標準化に使うツールではない。調整したり，監視する機関はない

　CEFR は，世界の言語教育を標準化する指標として開発されたのではないため，誰がどう使っているかを監視したり調整したりはしない，それは CEFR の目的ではなく役割でもない，と明言している。

## 5.　欧州評議会の言語政策

　ここで，CEFR を策定した欧州評議会が，どのような理念により言語教育政策を実施しているのかを理解するため，1982 年「欧州評議会　大臣会議の勧告文　前文」にある一節を抜粋する。

> 　　ヨーロッパにおける多様な言語と文化の豊かな遺産は価値のある共通資源であり保護され発展させるべきものであることに鑑み，その多様性を，コミュニケーションの障壁から相互の豊穣と理解の源へ転換するには教育における多大な努力が必要だと考える
> 　　　　　　（Council of Europe, R (82) 18, 1982, 日本語訳は筆者による）

　約言すれば，通常なら「コミュニケーションの障壁」と否定的に考えられてしまう「言語と文化の多様性」を，教育の力によって「相互理解」へ転換する，と意思表明していることになる。

　そのために提唱されたのが，複言語主義（Plurilingualism）という理念である。「複言語主義」は，「多言語主義」とは異なる。

　EU が標榜する「多言語主義」は，「多くの言語が共存すること」を意味する。「多様性の中の統一」（United in Diversity）という EU の理念のうち，経済などは統一しても，言語と文化は「多様性」を守る，という考えを示している。具体的には，全加盟国の公用語を EU の公用語とする方針のもと，公用語が 24 言語あることに「多言語主義」が表れている。英国離脱後の加盟国は 27ヵ国であるが，公用語数は 24 言語と少ないのは，同じ言語を使っている加盟国があることによる。

　他方，「複言語主義」は，母語以外に二つの言語を習得することである。学ぶ言語は外国語とは限らず，国内の少数言語でも，母語の変異でも構わない。つまり，自分の母語以外の言語を二つ学ぶことで，異質な世界を知り，「多様な言語体験が相互に関連して新たなコミュニケーション能力を作る」という考えであり，他者の言語と文化を学ぶことで全人的な発達を促し，相互理解へと導く理念である。最終的な目標は，相互理解による平和の構築にある。


## 6.　CEFR の特徴

　欧州評議会の複言語主義を具現化するために，1970 年代から 30 年以上をかけ専門家集団により続けられた言語教育研究の集大成が，CEFR である。

　異質な言語を学ぶことは異質な世界を知り，自分の世界を相対化することであるという理念に基づき，言語教育におけるカリキュラム・指導・評価についての一貫性と透明性を目指す。外国語の評価に加え，カリキュラム改革にも活用することを追求している。

　開発当初は 1970 年代半ばに提唱されたコミュニカティブ・アプローチを意識していたが，2018 年の増補版において，CEFR はコミュニカティブ・アプローチを超えると宣言している。

　CEFR の Can Do 記述文は，スコアなどの数値に比べて，学習者の熟達度を微細に測定できるものであり，技能別に部分的な能力を許容すること，自己評価も客観評価も可能であること，個別言語にとらわれず全ての言語に応用可能であることが大きな特徴である。

## 7.　CEFR 増補版の変更点

　増補版では，前述の通り，参照レベルを従来の 6 段階から 11 段階に増やした。それ以外にも，いくつもの重要な変更が加えられている。

　ひとつは，これまで以上に，コミュニケーション能力として「複言語複文化能力」を強調していること。CEFR 2001 年版では，「学習者が『複言語』になれば『異文化性』が養われる」と説明していたが（Council of Europe, 2001: 43），増補版では，「複文化能力」は通常，「複言語能力」と手を携えているので，「複文化能力」だけを取り出して言語と別に分けて考えることはしない，「複言語能力」と言う際には「複文化能力」が含まれると解説している（Council of Europe, 2018: 28）。

　次に，おそらく最も重要な変更として，4 技能から 4 様式・7 技能への転換がある。「伝統的な 4 技能は，コミュニケーションの複雑な現実を捉えるには不十分である」と断じ，次の 4 つのコミュニケーション様式（mode）に 7 つの技能をまとめたのである。

　　　　［reception 受容（聞くこと・読むこと）］
　　　　［production 産出（話すこと・書くこと）］
　　　　［interaction 相互行為（話すこと・書くこと）］
　　　　［mediation 仲介］

　増補版で入った「書くことのやりとり」には，手紙やメモなどに加えてonline interaction「オンラインでのやりとり」という分類が設けられた。

　さらに，「理想の母語話者をモデルにしない」という考えを明確にするため，能力記述文から「ネイティブ・スピーカー」という用語を全て削除している。誤解される場合があるので説明しておくと，CEFR の「ネイティブ・

スピーカー」は各言語の母語話者を指し，日本語教育においては日本語母語話者を指す。

　さらに CEFR における fluency という英語が「流暢さ」という日本語に訳されると，あたかもネイティブ・スピーカー並みにペラペラというのが日本での通念であるが，CEFR による spoken fluency「話し言葉のなめらかさ」は，「言いよどんだり沈黙があったりしても発話を作り出す能力」「長さのある産出や会話を維持できる能力」「表現がたやすく自然にでること」（ease and spontaneity of expression）である。

　参考までに Pre-A1 から C2 までの能力記述文を表 1 で示す。Above C2「C2 以上」は，通訳ができるレベルであり一般の学習者には該当しないので，能力記述文にはない。

表 1 　"Spoken fluency"「話し言葉のなめらかさ」

| PRO**SIGN** | SPOKEN FLUENCY |
|---|---|
| C2 | Can express him/herself at length with a natural, effortless, unhesitating flow. Pauses only to reflect on precisely the right words to express his/her thoughts or to find an appropriate example or explanation. |
| C1 | Can express him/herself fluently and spontaneously, almost effortlessly. Only a conceptually difficult subject can hinder a natural, smooth flow of language. |
| B2 | Can communicate spontaneously, often showing remarkable fluency and ease of expression in even longer complex stretches of speech.<br>Can produce stretches of language with a fairly even tempo; although he/she can be hesitant as he/she searches for patterns and expressions, there are few noticeably long pauses.<br>Can interact with a degree of fluency and spontaneity that makes regular interaction with speakers of the target language quite possible without imposing strain on either party. |
| B1 | Can express him/herself with relative ease. Despite some problems with formulation resulting in pauses and 'cul-de-sacs', he/she is able to keep going effectively without help.<br>Can keep going comprehensibly, even though pausing for grammatical and lexical planning and repair is very evident, especially in longer stretches of free production. |

| | |
|---|---|
| A2 | Can make him/herself understood in short contributions, even though pauses, false starts and reformulation are very evident. |
| | Can construct phrases on familiar topics with sufficient ease to handle short exchanges, despite very noticeable hesitation and false starts. |
| A1 | Can manage very short, isolated, mainly pre-packaged utterances, with much pausing to search for expressions, to articulate less familiar words, and to repair communication. |
| Pre-A1 | Can manage very short, isolated, rehearsed, utterances using gesture and signalled requests for help when necessary. |

CEFR Companion Volume（2018: 144）
＊表の上部にある PRO/SIGN は手話言語も含むことを指している

上記のような変更は加えられたが，2001 年版の骨子は生かされている。以下，具体的な能力記述文を見てみる。

表 2 は，技能（スキル）と段階（参照レベル）を表している一例である。ひとつの外国語であっても技能によってレベルがまちまちなのが分かる。例えば，一方的に発表するなどの力は高いが，相互行為，すなわち「やりとり（interaction）」になるとレベルが下がる，などが一目瞭然となる。

表 2 「技能別の段階による外国語の熟達度」表示例

| | Pre-A1 | A1 | A2 | A2+ | B1 | B1+ | B2 | B2+ | C1 | C2 | Above C2 |
|---|---|---|---|---|---|---|---|---|---|---|---|
| 聞く | ■ | ■ | ■ | ■ | ■ | | | | | | |
| 読む | ■ | ■ | ■ | ■ | ■ | ■ | ■ | | | | |
| 話すやりとり（対話） | ■ | ■ | ■ | ■ | | | | | | | |
| 書くやりとり | ■ | ■ | ■ | | | | | | | | |
| 話す（スピーチなど） | ■ | ■ | ■ | ■ | ■ | | | | | | |
| 書く | ■ | ■ | ■ | ■ | ■ | ■ | | | | | |
| 仲介 | ■ | ■ | | | | | | | | | |

＊ CEFR Companion Volume（2018）をもとに，筆者が日本語で作成

この他に，いくつもの外国語を学んでいる学習者の各言語における運用能力を，技能別に比べる例示もある。表 3 は，一人の学習者の各言語におけ

る「リスニング力」の違いを示した表である。

表3　複言語能力の一例：各言語におけるリスニング力のレベル表示

| | Pre-A1 | A1 | A2 | A2+ | B1 | B1+ | B2 | B2+ | C1 | C2 | Above C2 |
|---|---|---|---|---|---|---|---|---|---|---|---|
| 英語 | ■ | ■ | ■ | ■ | ■ | ■ | ■ | ■ | ■ | ■ | |
| ドイツ語 | ■ | ■ | ■ | ■ | ■ | ■ | ■ | ■ | ■ | | |
| フランス語 | ■ | ■ | ■ | ■ | ■ | ■ | ■ | ■ | | | |
| スペイン語 | ■ | ■ | ■ | ■ | ■ | ■ | | | | | |
| イタリア語 | ■ | ■ | ■ | ■ | | | | | | | |

＊ CEFR Companion Volume（2018）をもとに，筆者が日本語での例示を作成

　表4は，「口頭でのやりとり」（spoken interaction）の能力記述文を例示している。

　レベルごとに詳しく記述されているが，やりとりの場に応じて，記述文例示の種類はこれ以上に多岐にわたっている。一口に「会話」「対話」と言っても，外的コンテクストだけでも「私的領域」（家族や友人と），「公的領域」（病院やレストランなど公的な場で），「職業領域」（会社で上司や同僚，顧客など），「教育領域」（学校や大学などで教員，級友や事務局と）等々，対話相手や状況などのコンテクストによって言語使用が千差万別なので，簡単な記述文では全体像をつかむことができない。会話の定型表現を試験するくらいでは，現実社会でのコミュニケーション能力を測定することにはならないことが理解できる。

表4　「口頭でのやりとり」（spoken interaction）の能力記述文の例

| OVERALL SPOKEN INTERACTION | |
|---|---|
| C2 | Has a good command of idiomatic expressions and colloquialisms with awareness of connotative levels of meaning. Can convey finer shades of meaning precisely by using, with reasonable accuracy, a wide range of modification devices. Can backtrack and restructure around a difficulty so smoothly the interlocutor is hardly aware of it. |

| OVERALL SPOKEN INTERACTION | |
|---|---|
| C1 | Can express him/herself fluently and spontaneously, almost effortlessly. Has a good command of a broad lexical repertoire allowing gaps to be readily overcome with circumlocutions. There is little obvious searching for expressions or avoidance strategies; only a conceptually difficult subject can hinder a natural, smooth flow of language. |
| B2 | Can use the language fluently, accurately and effectively on a wide range of general, academic, vocational or leisure topics, marking clearly the relationships between ideas. Can communicate spontaneously with good grammatical control without much sign of having to restrict what he/she wants to say, adopting a level of formality appropriate to the circumstances. |
| | Can interact with a degree of fluency and spontaneity that makes regular interaction, and sustained relationships with speakers of the target language quite possible without imposing strain on either party. Can highlight the personal significance of events and experiences, account for and sustain views clearly by providing relevant explanations and arguments. |
| B1 | Can communicate with some confidence on familiar routine and non-routine matters related to his/her interests and professional field. Can exchange, check and confirm information, deal with less routine situations and explain why something is a problem. Can express thoughts on more abstract, cultural topics such as films, books, music etc. |
| | Can exploit a wide range of simple language to deal with most situations likely to arise whilst travelling. Can enter unprepared into conversation of familiar topics, express personal opinions and exchange information on topics that are familiar, of personal interest or pertinent to everyday life (e.g. family, hobbies, work, travel and current events). |
| A2 | Can interact with reasonable ease in structured situations and short conversations, provided the other person helps if necessary. Can manage simple, routine exchanges without undue effort; can ask and answer questions and exchange ideas and information on familiar topics in predictable everyday situations. |
| | Can communicate in simple and routine tasks requiring a simple and direct exchange of information on familiar and routine matters to do with work and free time. Can handle very short social exchanges but is rarely able to understand enough to keep conversation going of his/her own accord. |

| OVERALL SPOKEN INTERACTION | |
|---|---|
| A1 | Can interact in a simple way but communication is totally dependent on repetition at a slower rate of speech, rephrasing and repair. Can ask and answer simple questions, initiate and respond to simple statements in areas of immediate need or on very familiar topics. |
| Pre-A1 | Can ask and answer questions about him/herself and daily routines, using short, formulaic expressions and relying on gestures to reinforce the information. |

CEFR Companion Volume (2018: 83)

　大学入学共通テストでは，各民間試験業者が個別に出すスコアや級を，CEFR 参照レベルに換算し，多くの大学が A2 を目安にする予定であった。東大も，民間試験を合否判定に用いない代わりに，「A2」であると証明する文書を高校が提出することを認めると記載していた。

　この A2 とは，具体的にどの程度の英語能力なのであろうか。CEFR 増補版から，各技能の A2 レベルを抽出して簡単にまとめ，日本語訳したのが，表5「A2 レベルの各技能における能力記述文」である。

表5　「A2 レベルの各技能における能力記述文」の一例

| 各技能 | 記述文 |
|---|---|
| **聞くこと**（会話，講義，アナウンスなどを聞く） | 「ゆっくり，はっきり話してもらえれば，具体的なことに対応できるくらいは理解できる」 |
| **読むこと**（手紙，指示，情報，議論，本などを読む） | 「具体的で身近な内容が日常的に使う言葉で書かれ，短い簡単なテクストなら理解できる」 |
| **話すこと**（体験，情報，意見などを言える） | 「人物や周囲の環境，日常的な行動，好き嫌いなどについて簡単な文で言える」 |
| **書くこと**（創作，レポート，エッセイなどを書く） | 「簡単な接続詞（and, but, because など）を使って簡単な文章を書ける」 |
| **やりとり**（会話，討論，会議での議論，意見交換，インタビューでの対話など） | 「日常的な場面で身近な話題についてなら，質問をしたり答えたりできる」 |

＊筆者が一部を抽出し日本語訳

　こちらも，各技能がもっと細かく分けられているので，ほんの一端を示しただけだが，やさしいと感じるか，高校 3 年生には難しいと感じるか，人によって異なるであろう。このレベル分けは絶対的なものではなく，状況に応じて変えられることは先に説明した通りである。

　英語民間試験の多くは，これまでスコアや級の CEFR レベル換算を変更している。正確性・公平性・公正性が厳密に求められる入学試験において，CEFR を対照表として使うのは適していないことの証左である。

## 8.　日本における CEFR 受容の実態

　日本の英語教育では，CEFR が世界各国で普及していることを知ったからか，この数年来，部分的に導入している。最初は，Can Do descriptors（記述文）であり，到達目標として「CAN DO リスト」を作成するよう公立中学校・高等学校に求めた。CEFR の理念などに関心はないようで，評価の尺度を到達目標として使うことについては，日本の「CAN-DO リスト」なので欧州評議会とは無関係だとの判断である。自由に使って構わない CEFR の柔軟性に鑑みれば問題はないのであろうが，現場は「CEFR って何？」と調べる余地もなく，「CAN DO リスト」作りに追われた感がある。

　次に，CEFR が推奨しているポートフォリオ（学習記録）が導入されており，文科省は，JAPAN e-Portfolio を立ち上げた。これは，学習指導要領の要となっている「学力の 3 要素」のうち，「基礎的な知識・技能の習得」「思考力・判断力・表現力」に次ぐ 3 番目の「主体性を持ち多様な人々と協働して学ぶ態度」を評価しようというもので，部活や行事，ボランティア活動，各種の検定試験や資格など，学内外での生徒の活動を主体性評価のためのデータとして蓄積しておき，大学に提供して入試に利用してもらうものである[5]。民間業者が連携していることから，英語民間産業が個々の生徒に関す

---

5　文科省は，JAPAN e-Portfolio を運営する一般社団法人教育情報管理機構に対し，運営許可要件を満たさないとして 2020 年 8 月 7 日付で許可を取り消した。なお，「主体性を持って多様な人々と協働して学ぶ態度」を入学者選抜で多面的に評価することについて，引き続き「大学入学者選抜における多面的な評価の在り方に関する協力者会議」において，評価の内容や手法等に関して検討する，としている（文部科学省公式ウェ

る膨大な情報データを持つことにもなるとの懸念がある。「学びの記録」として
してのポートフォリオは，本来，学習者が自らの学習や活動を振り返り，さ
らに学びを深めることに役立てるものであるからこそ，主体性育成につなが
るのであるが，大学入試に利用されると分かっていて，見えやすい成果を
データとして集めてみることが，どれだけ個々の生徒の主体性になるのか，
教育的見地からは疑問である。これも，CEFRを日本という社会に合わせて
ローカライズした例と言えようか。

　そして，より直接的にCEFRを受容した事例が，本論で取り上げた大学
入試改革である。改革そのものにCEFRを活用したのではなく，各種の英
語民間試験を大学入試で使うための「対照表」として参照レベルの6段階
を利用する，という限定的なものであり，ここでもCEFRの理念や，参照
レベルに含まれるCan Do記述文の意義は完全に捨象されている。結果とし
て，現在の日本では，CEFRについての理解はないまま，世界的に通用する
「国際標準」として人口に膾炙し，技能別の微細な能力記述にはお構いな
く，A2やB1などのレベル表示が一人歩きしている。

　日本の外国語教育がCEFRを受容するのが難しいのは，CEFRがもともと
ヨーロッパで生まれたものであって，日本とは社会的コンテクストが異な
る，というだけではない。より根源的な部分で，ことばや言語教育について
の考え方や姿勢に乖離があると感じられる。

　試しに日本の英語教育とCEFRを比較してみると，顕著な違いがあるこ
とが認識できる。CEFRは，欧州評議会による「複数の言語を学ぶ複言語主
義」を具現化するために策定されたが，日本は英語一辺倒である。

　CEFR増補版では「伝統的な4技能では複雑なコミュニケーション現象を
捉えるには不十分」として4様式（7技能）を提唱しているが，日本では
「4技能」があたかも新しいことのように喧伝され，入試でも測定しなけれ
ばならないと英語民間試験導入の理由とされたくらい，時代のキーワードと
なっている。

　現行の学習指導要領では，高校で「英語の授業は英語で行うことが基本」
だと明記され，2020年度施行の新学習指導要領では中学校においても「英

ブ，2020年9月4日検索）。

語の授業は英語で行う」ことになっている。つまり，日本語に訳さないことが前提であり，教室内を英語空間にすることが求められている。それを受けて，教員研修や研究会も「英語で英語の授業をする方法」が主要テーマである。

　ところが CEFR は，母語を重視する。増補版では特に「仲介」を重要な機能としており，外国語教師は二言語の「仲介」役としての役割が期待されている。学習している外国語を使う際に，他の言語や母語に切り替えたり（code switching），混合したり（code mixing）するのは以前なら奨められないとされていたが，異言語横断（translanguaging）を容認するのが CEFR であり，CEFR が推奨している CLIL（Content and Language Integrated Learning 内容と言語統合学習）である。

　「理想の母語話者を目標にしない」と明記し，学習者と母語を共有する教師の役割を重視する CEFR と，ネイティブ・スピーカー至上の空気の中，ALT 増員に熱心な日本との違いも大きい。

　学習の成果を数字ではなく質的に評価し，自己評価・客観評価に使うため「言語の運用能力」を丁寧に描写する Can Do 記述文は，日本に持ち込まれると，たちまち「到達目標」として教師や生徒を追い立てる道具と化す。

　さらに，日本における外国語教育，とりわけ英語教育は，成果主義である。中高でも大学でも，卒業までにここまでと定められた民間試験のスコアを到達目標に，教える側も学ぶ側も努力することが要求される。1980 年代後半から一貫して，そのような数値目標が英語教育を支配してきた。しかし，「言語は生涯かけて学ぶもの」という考えが欧州評議会の基本方針であり，CEFR の前提である。そのために必要になるのが，教育機関で学習を終えた後も自力で学びを継続できるような「自律性」（autonomy）であり，その育成である。

　このような差異を一覧表にしたのが，表 6 である。

表6　日本の英語教育と CEFR の比較

| 日本の英語教育 | CEFR |
|---|---|
| 英語一辺倒 | 複言語主義 |
| 4技能が基本 | 4技能では複雑なコミュニケーション現象を捉えるには不十分→7技能 |
| 英語の授業は英語で | 母語を活用 |
| CAN-DO は到達目標 | Can Do は評価の尺度 |
| ネイティブ教員が必須 | ネイティブを目指さない |
| 各教育課程で数値目標 | 言語は生涯学習 |
| CEFR は6段階 | 11段階に変更 |

## 9.　日本の外国語教育が CEFR から学ぶべきこと

　これまで見てきたように，CEFR は単に外国語運用能力を測定する指標ではない。いわんや選抜を目的とする大学入試において，各種民間試験スコアの標準化を目的に策定されたものではない。

　外国語の教育と学習のあるべき姿を追求するために試行錯誤を続けている試みが，CEFR である。評価の一貫性と透明性を求めつつ，言語使用の複雑性を外国語教育に取り込もうとしたため，能力記述文が驚くほど多面的かつ微細であり，結果として読みにくいという欠点もある。増補版では手話言語も含めたくらい，未だ発展途上にあるため，CEFR を活用してみての意見を常に求めている。外国語教育における文化の扱い，異文化コミュニケーション能力の構成要素等々，未解決な課題も残っている。複言語・複文化主義の理念に基づき，外国語教育の改革に資するための努力を積み重ねていると言って良い。

　各国の教育機関で自由に使ってもらいたいという柔軟な方針が裏目に出て，理念や方向性と相反する使われ方をすることもあれば，規定などのない緩やかさが「いい加減だ」との批判にもなる。「CEFR は答えを与えるのではない。外国語学習について共に考えるためのものだ」という姿勢を，「無責任」だと感じる向きさえある。「指標」や「標準」という権威づけが好ま

れる日本において，CEFR が本来は有していない権威を勝手に付与することで，CEFR がよって立つ原理から乖離して，その一部だけが流布されている現状は遺憾である。

　重要なのは，日本の英語教育と CEFR との差異に目を向け，学ぶべきことを学ぶことであろう。例えば，短期的な数値目標で教育現場を駆り立てるのではなく，「生涯学習としての言語教育」という長期的視野を持てないだろうか。

　日本で「ネイティブ・スピーカー」と言う際には，往々にして英語母語話者を指すが，CEFR の native speaker は，前述の通り，学習者が学んでいる言語を母語にしている話者を指す。CEFR はむしろ英語優位の世界を変えようとしている。言語の価値は話者数では決まらない，少数しか使わない言語であっても母語話者にとっては思考の源として欠かせない存在であり，人類にとってかけがえのない財産だ，という視点こそ，日本の外国語教育が学ぶべき姿勢ではないか。

　英語のみを外国語教育の主流として扱わず，すべての言語は等しく大切であるとする CEFR の目的と理念から学び，英語以外の外国語の教育も充実させられないであろうか。特に若い世代が多様な言語を学ぶことは，異文化への窓が増えて人生を豊かにするだけでなく，これからの多言語多文化世界で日本が生きていく上で不可欠であると考える。

## 引用文献

鳥飼玖美子 (2017).「複言語・複文化主義と CEFR，そして Can Do」鳥飼玖美子・大津由紀雄・江利川春雄・斎藤兆史『英語だけの外国語教育は失敗する──複言語主義のすすめ』(pp. 1-25.) ひつじ書房.

鳥飼玖美子 (2018a).『英語教育の危機』筑摩書房.

鳥飼玖美子 (2018b).「英語教育改革，まず検証を──「話す力」求め一直線　30 年，成果乏しく」日本経済新聞，教育面 6 月 4 日付.

鳥飼玖美子 (2018c).「複数の英語試験を入試活用──「欧州基準」で換算不適切」日本経済新聞，教育面 9 月 17 日付.

鳥飼玖美子 (2018d).「発言：公平性保てぬ英語民間試験」毎日新聞，教育面 10 月 18 日付.

鳥飼玖美子 (2019).「大学入学共通テスト　英語民間試験導入を考える（視点・論点）」

NHK <https://www.nhk.or.jp/kaisetsu-blog/400/414086.html>（2019 年 10 月 16 日 放送）

鳥飼玖美子(2020).『10 代と語る英語教育——民間試験導入延期までの道のり』筑摩書房.

南風原朝和編(2018).『検証　迷走する英語入試——スピーキング導入と民間委託』岩波書店.

Council of Europe (1982). *Committee of Ministers, Preamble to Recommendation.*

Council of Europe (2001). *Common European Framework of Reference for Languages.*

Council of Europe (2018). *CEFR Companion Volume.*

第**9**章

# CEFR の評価水準「共通参照レベル」の用い方
## ——「画一化のパラダイム」vs.「多様化のパラダイム」

大木　充

　CEFR『ヨーロッパ言語共通参照枠』が世界的に注目されるようになったのは，CEFR の中でかなりの紙幅がさかれている「共通参照レベル」の存在と深く関係している。グローバル化する社会では，評価をするときに「参照」できる「共通」の「レベル」（水準）である「共通参照レベル」のような国際的に通用する評価水準が必要とされている。しかし，同時に，CEFR，特に「共通参照レベル」に対して，公表以来，さまざまな批判がなされてきた。本章の目的は，それらの批判の妥当性を検証することではなく，批判の真意を理解し，批判を通して「共通参照レベル」の正しい用い方を考えることである。評価論における二つのパラダイム，「心理測定学的パラダイム」と「オルターナティブ・アセスメントのパラダイム」に照らし合わせると，共通参照レベルに対する批判で論点になっていた「画一化」と「多様性」の問題が明確になる。

キーワード 🔍　**共通参照レベル，画一化，多様化，心理測定学的パラダイム，オルターナティブ・アセスメントのパラダイム**

## 1.　はじめに

　ここで取り上げるCEFR（*Common European Framework of Reference for Languages: Learning, Teaching, Assessment; Cadre européen commun de référence pour les langues - Apprendre, Enseigner, Évaluer*）[1] の評価水準，「共通参照レベル」は，いわゆるルーブリック型評価の形をしていて，基準，尺度，能力記述文からなる。表1は，「口頭での産出活動（話すこと）」の共通参照レベルの一部であるが，「総合的な口頭発話」が**基準（観点）**で，A1〜C2が**尺度**で，「人物や場所について，単純な字句を並べて，述べることができる」などが**能力記述文**である。

　**基準**は，評価の観点をあらわしていて，「口頭での産出活動（話すこと）」については，他に「長く一人で話す：経験談」，「聴衆の前での講演」などがあげられている[2]。**尺度**は，熟達度（後述）によってA1〜C2の6段階にレベル分けして示されている[3]。熟達度の内容をCAN-DO型（「……できる」）で記述したのが**能力記述文**である。CEFRの共通参照レベルは，テスト理論を用いて厳密に検証されたものなので，客観的な評価基準として信頼度が高い。現在，学習者の言語能力を評価するために世界の各地で幅広く用いられている。

---

1　CEFRは，40種類の言語で入手できるが，英語版とフランス語版の二つがCEFRのオリジナルである。必要に応じて英語，フランス語の順に併記する。CEFRは，最初2001年に公表されたが，2018年には，その増補版が公表された。増補版では，2001年版で欠けていた項目を追加したり，2001年版にもあった項目を拡大したりしているが，その他の改変は行っていない。また，2001年版の基本理念はそのまま継承されている。二つの版の主な違いについては，2018年英語版CEFRの46ページと50〜51ページを参照されたい。

2　CEFRでは，言語活動とそれを可能にする言語能力を分けて考える。言語活動は，さらに「産出活動」，「受容的活動」，「相互行為活動（やり取り）」，「仲介活動」の4つに分けられる。「口頭での産出活動（話すこと）」は，「産出活動」のひとつである。

3　2001年に公表されたCEFRでは，レベルは6段階であったが，2018年の増補版では，Pre-A1とB1+のようなレベルが追加された。

表1　共通参照レベル

| | 総合的な口頭発話 |
|---|---|
| C2 | 聞き手が要点を記憶，あるいは後で思い出す際の足がかりになるような，論理的な構造を持った，流れのよい，構成のしっかりしたスピーチができる。 |
| C1 | 複雑な話題について，明瞭かつ詳細な記述やプレゼンテーションができる。下位テーマをまとめたり，一定の要点を展開しながら，適当な結論にもっていくことができる。 |
| B2 | 記述とプレゼンテーションを明確かつ体系的に展開できる。要点を見失わずに，関連する詳細情報を付け加えて，内容を補足できる。 |
| | 自分の関心のある分野に関連した，広範囲な話題について，明確かつ詳細に記述，プレゼンテーションができる。事項を補足しながら，関連事例を挙げて，主張を強化，展開することができる。 |
| B1 | 自分の関心のあるさまざまな話題のうちのどれかについて，ほどほどの流暢さで，ある程度の長さの，簡単な記述やプレゼンテーションができる。その際，事柄の提示は直線的に並べるにとどまる。 |
| A2 | 人物や生活・職場環境，日課，好き嫌いなどについて，単純な記述やプレゼンテーションができる。その際簡単な字句や文を並べる。 |
| A1 | 人物や場所について，単純な字句を並べて，述べることができる。 |

(p. 62)[4]

　CEFR は，そのタイトルが示しているように「学習，教育，評価（Learning, teaching, assessment）」の参照枠であるが，**本章では評価**[5]**，特に CEFR の評価水準，「共通参照レベル」の正しい用い方を考える**。それは「共通参照レベル」（Common Reference Levels; Niveaux communs de référence）という名前からおおよそ見当がつく。評価するとき，参照できる，（ヨーロッパ）共通の水準であり，参照だから，必ずしもその通りに実践しなくてもよい。ま

---

4　ページ数しか表記されていない引用は，原則としてすべて日本語版 CEFR（2008）からの引用である。また，言語教育に関する専門用語は，原則としてこの日本語版 CEFR で使われている用語をここでも使った。

5　英語の assessment と evaluation は二つとも「評価」と訳されことが多い。実際には，「evaluation は，assessment より広い意味で用いられ，すべての assessment は evaluation の一形態である」（英語版 CEFR, p. 177）であるが，ここでは特に区別をする必要がない限り，「評価」という用語を用いることにする。

た，レベル（水準）だから，評価の拠り所であり，満たすべき到達点を示す
のが目的ではない。また，能力記述文も例示的なものであり，決してすべて
を網羅しているわけではない。共通で，かつ参照するものである。このこと
は，「共通参照レベル」だけでなく，CEFR『ヨーロッパ言語共通参照枠』
全体にもあてはまる。名は体をあらわす。名前全体で，役割を正確にあらわ
している。

## 2.　共通参照レベルとはどのような評価なのか

　CEFR の公表以来，共通参照レベルにはさまざまな批判がなされてきた。
しかし，CEFR の策定者のひとりであるコストが指摘しているように，「こ
れらの批判がなされるようになったのは，この道具（共通参照レベル）その
もののせいというよりも，この道具のある特定目的への使用条件を利用者が
十分に理解しないで使用したことに起因している」（Coste & Cavalli, 2015:
6）。では，どのように共通参照レベルを用いればよいのか。何を評価した
いときに，どのような形態の評価をしたいときに共通参照レベルを用いれば
よいのか。それを知るには，まず CEFR を丁寧に読むことによって共通参
照レベルとはどのような評価なのかを知る必要がある。CEFR（p. 196）で
は，9.3「評価の種類」でさまざまな評価が紹介されている（表 2）。

　この表では，評価が左右の欄に分類されているが，ある特定の基準に基づ
いて左右に分類されているわけではない。また，本章で後ほど取り上げる心
理測定学的パラダイムとオルターナティブ・アセスメントのパラダイムの区
別とは無関係である。

## 表 2　評価の種類

| | | |
|---|---|---|
| 1 | 達成度評価 Achievement assessment | 熟達度評価 Proficiency assessment |
| 2 | 標準準拠型評価（NR）<br>Norm-referencing | 基準準拠型評価（CR）<br>Criterion-referencing |
| 3 | 合否型基準準拠型評価<br>Mastery leaning CR | 連続型基準準拠型評価<br>Continuum CR |
| 4 | 継続的評価 Continuous assessment | 定点評価 Fixed point assessment |
| 5 | 形成的評価 Formative assessment | 総括的評価 Summative assessment |
| 6 | 直接評価 Direct assessment | 間接評価 Indirect assessment |
| 7 | 運用評価 Performance assessment | 知識評価 Knowledge assessment |
| 8 | 主観的評価 Subjective assessment | 客観的評価 Objective assessment |
| 9 | チェックリスト査定 Checklist rating | 尺度査定 Performance rating |
| 10 | 印象評価 Impression judgment | 指針に基づいた判断 Guided judgment |
| 11 | 全体的評価 Holistic assessment | 分析的評価 Analytic Assessment |
| 12 | シリーズ評価 Series assessment | 分野別評価 Category assessment |
| 13 | 他人による評価 Assessment by others | 自己評価 Self-assessment |

### 2.1　共通参照レベルはどの評価に分類されるのか

　CEFR では，表 2 に示すようなそれぞれの評価が説明されているが，ここでは共通参照レベルはどの評価に分類されるのかを中心に見ていくことにする。

・達成度評価と熟達度評価

　達成度評価は，「特定の目的の達成の度合いを評価し，学習したことを評価する」（p. 196）。それに対して，「熟達度評価は，実世界の問題に対して，学習者が，何ができるか／何を知っているかの評価である」（p. 196）。共通参照レベルの能力記述文は，「実世界での力量を連続体で表したものである」（p. 197）ので，**共通参照レベルは熟達度評価**である。

・標準準拠型評価と基準準拠型評価

　標準準拠型評価とは，「学習者に序列をつけ，一緒に学習している他の学習者との相対的な位置を明らかにする評価」で，基準準拠型評価は，「周りの学習者の力量とは無関係に，その教科の学習者本人の力量だけを純粋に評価するもの」（p. 197）である。

　「能力記述文の尺度は，当該カテゴリーの基準となる項目から成り立って

おり，共通参照レベルは共通の水準を一まとまりにして示し」(p. 197)，
「個人個人のテスト結果が基準表全体のどこに位置しているか分かるように
する」(p. 197)。したがって，**共通参照レベルは基準準拠型評価**に分類され
る。

・**合否型基準準拠型評価と連続型基準準拠型評価**

　合否型基準準拠評価は，「単一の「最低限の能力の標準」や「区切り点」を
決めて，学習者を「合格者」「不合格者」に分ける仕組みである」(p. 197)。
それに対して，連続型基準準拠評価は，「当該の分野において，個々の力量
が予め決められた連続体の中のどの位置にあるかを示すものである」
(p. 197)。共通参照レベルは，一連の段階に分けられた熟達度の連続体なの
で，**共通参照レベルは連続型基準準拠型評価**ということになる。熟達度は，
「授業の外部の世界の現実を具現化したものである」が，「この外部世界の基
準の参照は，数量分析（たとえば Rasch model）を行って，全てのテスト結
果を相互に関連させ，結果を共通の評価尺度で直接示すことで可能になる」
(p. 197)。これは，日本の英語の大学入試で導入しようとしていることであ
る。さまざまな民間試験の共通の評価尺度として CEFR の共通参照レベル
を用いようとしている。

・**継続的評価と定点評価**

　継続的評価は，教師または学習者による「授業コース全体を通しての，授
業中の言語運用，課題やプロジェクトの評価である」(p. 198)。したがっ
て，最終的な成績に授業コースや学年や学期の全体の成績が反映されていれ
ば，それは継続的評価である。

　定点評価では，「以前にあったことは問題ではなく，その人が今できるこ
と」を評価する。「ある特定の日，すなわち，普通は授業コースの最後か開
始以前に行われる」(p. 198)。**共通参照レベルは，継続的評価と定点評価ど
ちらの評価でも使える。**

・**形成的評価と総括的評価**

　形成的評価は，「学習の進み具合や学習者の強み，弱点に関する情報を集
める継続的な評価である。教師はこれらの情報を授業コースの計画や学習者
へのフィードバックに役立てることができる」(p. 198)。総括的評価は，
「授業コースの終わりにこれまでの成果を成績としてまとめるものである。

それは必ずしも熟達度の評価ではない。事実，総括的評価の多くは標準準拠型の定点評価であり，達成度評価である」(p. 198)。共通参照レベルは，その能力記述文を用いてフィードバックをすれば，授業や学習改善を目的とする形成的評価として有効である。また，熟達度を評価するのであれば，共通参照レベルは総括的評価としても用いることができる。というわけで，**共通参照レベルは，形成的評価と総括的評価どちらの評価でも使える**。

・**直接評価と間接評価**

　直接評価では，学習者がしていること（パフォーマンス）を評価者が実際に観察して評価する。それに対して，間接評価では，通常紙面テストや質問紙を用いて，学習者自身が実行可能だと考えられる技能を評価する。「古典的な直接テストは面接であり，古典的な間接テストはクローズ・テスト（cloze test）である」(p. 199)。**共通参照レベルの能力記述文は，直接評価の評価基準として用いることができる**。

・**運用評価と知識評価**

　運用評価（Performance assessment）は，より一般的には「パフォーマンス評価」と呼ばれているので，ここではパフォーマンス評価という用語を使うことにする。パフォーマンス評価は，学習者が実際の発話か書いた文書の実例を提示する直接テストによって行う。一方，知識評価では，学習者は，どの程度言語的な知識を持っており，その使い方をどの程度把握しているかを証明しなければならない。「この区別は，直接テストと間接テストの区別によく似ている」(p. 200)。したがって，**共通参照レベルの能力記述文は，パフォーマンス評価の評価基準として用いることができる**。

・**主観的評価と客観的評価**

　主観的評価は，評価者の判断によって決められる評価で，「普通，これは，運用の質に対する判断のことである」(p. 200)。それに対して，客観的評価は，主観性を排した評価で，「例えば，選択肢式のテストのように，各項目に該当する正解が一つしかないような間接テストを意味する」(p. 200)。「公平を期すためには，すべての評価はできる限り客観的でなければならない」(p. 200)。そのひとつの試みが，ミクロレベルではCEFRの共通参照レベルであり，マクロレベルではCEFR『ヨーロッパ言語共通参照枠』全体である。共通参照レベルは主観的判断を減らす試みである。

　　評価の過程のあらゆる段階に潜む主観的判断を減らしていく最初の一
歩は，評価内容に関する構成概念の共通理解，すなわち共通の参照枠組
みを作り出すことである。CEFR は，そのような意味で内容精密化の際
の基準となり，直接テストの具体的基準を作る拠り所となることを求め
て作られたのである。　　　　　　　　　　　　　　　　　　（p. 201）

## 2.2　CEFR と共通参照レベルの目的

　共通参照レベルの目的について考える前に，CEFR 策定の目的について見
てみよう。

　　　CEFR の目的はヨーロッパの言語教育のシラバス，カリキュラムのガ
イドライン，試験，教科書，等々の向上のために一般的基盤を与えるこ
とである。（中略）
　　　対象領域，内容，方法を明示的に記述するための共通基盤を示すこと
によって，CEFR は，コース授業，シラバス，能力検定の透明化を促進
し，そうすることによって現代語の領域で国際的共同作業を前進させよ
うとするものである。言語熟達度を表す客観的基準を提示することによ
り，さまざまな学習環境の下で与えられている資格の相互認定も容易に
なるはずである。これはまたヨーロッパ内における人的移動を助長する
ものであろう。　　　　　　　　　　　　　　　　　　　　　（p. 1）

　　　CEFR の本来の役割は，言語学習・教育過程に関係している仲間全て
が，自分たちの拠り所としている理論的基盤と実際上の行程を，可能な
かぎり明示的にかつ明確に提示して見せるよう奨励することである。こ
の役割を果たすために使用可能な種々のパラメータ，カテゴリー，基
準，尺度を用意している。　　　　　　　　　　　　　　　　（p. 18）

　CEFR 策定の目的や役割を理解するためのキーワードは，「明示的」，「共
通」，「透明化」，「客観的」などで，特に「共通」は重要なキーワードであ
る。それは共通参照レベルという名前とその開発の目的にも反映されてい
る。

　　熟達度に関する情報を一連の共通の基準指標として与えることによっ
て，異なったシステムや状況においても学習目標，レベル，教材，テス
ト，達成度の比較を容易にする。　　　　　　　　　　　　　　　（p. 17）

　　CEFR の目的の一つは関係者が現在の基準やテスト，試験によって得
られた熟達度レベルの記述作業を楽にすることである。また，そのこと
によって異なる資格間の比較も容易にもなるはずである。この目的のた
めに，能力記述文一覧（Descriptive Scheme）と共通参照レベルは開発
された。　　　　　　　　　　　　　　　　　　　　　　　　　（p. 21）

　　こうした共通理解を形成する過程の支援は CEFR のねらいの一つで
ある。そのため，測定のために使う能力記述文の尺度が，厳密な方法を
経て標準化されている。　　　　　　　　　　　　　　　　　　（p. 195）

　　言語を学習する生徒たちは，その学習経歴の中で，教育関係の諸部門
と言語サービスを提供するさまざまな機関を通過していくであろう。そ
の際レベルが，共通の記述の組み合わせの形で提示されていれば，こう
した諸部門間の協力も容易になるであろう。人の移動がますます激しく
なる中で，ある教育過程の終わりに，または特定の教育部門に籍を置い
ているその最中に，異なる教育制度への切り替わりを経験することもま
すます普通のことになってきている。その結果，達成度を記述する共通
の尺度の存在がますます広範囲な関心事になってきている。　（p. 17）

　最後の引用で述べられているように，人々の移動が自由に，広範に，かつ
頻繁に行われるようになったグローバル化した今日の社会において，共通参
照レベルの役割はますます重要になってきている。ただ，共通参照レベルを
利用するにあたり，つぎの点に注意する必要がある。

　　CEFR は実際の評価のための道具ではなく，参照点を示すものであ
る。また，CEFR 自体は包括的でなければならないから，利用者は取捨
選択をすることになる。その選択によっては，より単純な実施形態もあ

りうる。 (p. 191)

　この引用における CEFR は，前後のコンテクストからして主に共通参照レベルのことであると思われるが，共通参照レベルは，CEFR に記述されているのをそのまま評価の道具として使うのではなく，名前の通り，参照点を示しているだけであると注意を促している。すべての評価を包括的に示してはいるが，利用者は必要なものだけを取捨選択して使えばいいと述べているのだ。この点については，**6.** でくわしく述べることにする。

## 3.　CEFR，特に共通参照レベルの心理測定学的側面に対する批判

　CEFR は，2001 年に公表して以来，共通参照レベルを中心に数多くの国で受け入れられ，利用されてきた。しかし，同時に批判もされてきた。この節では，それらの批判の中心人物のひとり，エマニュエル・ユヴェール（Emmanuelle Huver）による批判を取り上げるが，それは彼女の批判がここで取り上げている共通参照レベルを中心になされているからである。彼女の批判を取り上げる目的は二つある。一つは，彼女の批判の真意を理解し，CEFR や共通参照レベルに対して誤った批判をしないようにするためである。もう一つの目的は，彼女の批判が共通参照レベルとはどのような評価なのかを深く理解し，正しく評価するのに役立つからである[6]。

　ユヴェールの共通参照レベル批判は，彼女自身はしていないが，大きく二つに分けることができる。評価には，「心理測定学的パラダイム」と「オルターナティブ・アセスメントのパラダイム」の二つのパラダイムがあるが，

---

6　CEFR の共通参照レベルを批判した論文は，他に数多くある。批判の内容は，大別すると，レベル設定，能力記述文の内容，レベル設定と能力記述文との整合性などのレベルと能力記述に関する問題と共通参照レベルによる画一化の問題である。最初の問題については，共通参照レベルは，文脈化（後述）して用いることが前提になっていることを無視している批判が少なからずある。また，批判の妥当性を判断するには，その分野に関する専門的知識が必要である。批判を鵜呑みにして，その批判を拡散することは厳に慎みたい。また，批判の妥当性を判断するあたって，プロジェクトの一番の目的は何かを常に考えるべきである。共通参照レベルの場合，それは，言語，国境を越えた共通のものを開発することであり，厳密性を求めることではないはずである。共通性をないがしろにして，そこに厳密性を求めるのは，本末転倒である。

ユヴェールは，共通参照レベルの心理測定学的側面を批判している。また，それに加えて，現在，国際的に展開されている「スタンダードに基づく教育改革」に対する批判と同様の批判を，彼女は共通参照レベルの使用に対して行っている。まず，ここでは共通参照レベルの心理測定学的側面に対する批判を取り上げる。「スタンダードに基づく教育改革」に対する批判と同様の批判については，**4.** で取り上げることにする。

### 3.1　評価の二つのパラダイム

　共通参照レベルを深く理解するためには，その予備知識として評価論における評価の二つのパラダイム，「心理測定学的パラダイム」と「オルターナティブ・アセスメントのパラダイム」を，ユヴェール自身はしていないが，区別する必要がある。

　**心理測定学的パラダイム**は，数値化できる量的データを用いて，評価者の主観的判断が含まれない客観性を重視する。それに対して，**オルターナティブ・アセスメントのパラダイム**は，数値化されにくい学習成果を見るために，質的データを重視する（松下，2013: 47）。

　松下（2012: 79）は，その相違をつぎのような表にして具体的にあらわしている。

#### 表 3　評価の二つのパラダイム

| | 心理測定学的パラダイム | オルターナティヴ・アセスメントのパラダイム |
|---|---|---|
| 学問的基盤 | 心理測定学 | 構成主義，状況論，解釈学など |
| 評価目的 | アカウンタビリティ，質保証 | 教育改善・指導，学生の成長 |
| 評価対象 | 集団 | 個人 |
| 評価機能 | 総括的評価 | 形成的評価 |
| 評価項目 | 分割可能性 | 複合性 |
| 評価場面 | 脱文脈性<br>統制された条件 | 文脈性<br>シミュレーション，真正の文脈 |
| 評価基準 | 客観性 | 間主観性 |
| 評価データ | 量的データ | 質的データ |
| 評価主体 | 評価専門家，政策担当者 | 実践者自身 |
| 評価方法 | 標準テスト，学生調査など | 真正の評価，ポートフォリオ評価，パフォーマンス評価　など |

　この表にあるいくつかの項目はつぎの節で取り上げるが，各項目に関する解説は，松下（2012: 79）を参照されたい。二つのパラダイムのそれぞれの項目を比較すると，心理測定学的パラダイムは評価および教育の共通化，画一化と，そしてオルターナティヴ・アセスメントのパラダイムは評価および教育の多様化と結びつきやすいのではないかと思われる。松下は，このようにオルターナティヴ・アセスメントのパラダイムをひとつの概念として，二つのパラダイムを設定する意義についてつぎのように述べている。

　　　パラダイムをこのように整理するのは，オルターナティヴ・アセスメントのパラダイムを心理測定学的パラダイムに対比される別のパラダイムとして概念化しなければ，心理測定学的パラダイムのみが評価論における唯一のパラダイムとしてみなされかねないからである。その場合，あらゆる評価は，心理測定学的パラダイムにのっとって，それにどれだけ忠実であるかによって価値づけられることになるだろう。逆にいえば，オルターナティヴ・アセスメントをもう一つのパラダイムとして立てることで，心理測定学的パラダイムとは異なる性格をもった評価を正当に価値づけることが可能になる。両者の中間型や混在型という把握も，2つのパラダイムが概念化されていればこそ可能になるのである。

（松下，2012: 80）

　オルターナティブ・アセスメントに関しては，松下以外の研究者も数多くの論文を書いているが，対立するパラダイムは，心理測定学的パラダイムとう名前ではなく，しばしば「伝統的な評価」（traditional assessment）という名前のパラダイムになっている。しかし，内容的には心理測定学的パラダイムと共通点が多い。

## 3.2　心理測定学的パラダイムが過剰に重視されている問題

　ユヴェールが問題にしているのは，すでに述べたように主にCEFRの共通参照レベルの問題である。共通参照レベルとの関係で学習，教育に言及することはあっても，CEFRの学習，教育そのものを取り上げて，批判はしていない。彼女の批判は大きく三つに分けることができる。彼女は，まず一つ

目に CEFR の共通参照レベルについて，その心理測定学的パラダイムの側面を指摘し，その側面が過剰に重視されているのを批判し，心理測定学的パラダイムのみが評価論における唯一のパラダイムとしてみなされかねないことを危惧している。二つ目に，彼女によると，CEFR が提唱している重要事項をさておいて，共通参照レベルが過剰に重視して扱われていることである。そして，三つ目に，CEFR の共通参照レベル（を重視すること）が CEFR が提唱していることと矛盾していると彼女は考えていることである。この節では，一つ目の彼女の批判，共通参照レベルの心理測定学的パラダイムの側面に関する批判を取り上げる。あとの二つの批判は，つぎの **4.** と **5.** で取り上げる。

　以下の各項の見出しは，表 3 の左端で示されている項目名である。表の中にある用語を本文中で使う場合はゴシックにした。

### 3.2.1　学問的基盤

　Huver（2014）は，CEFR の共通参照レベルの**心理測定学**的側面を問題にしている。彼女によれば，「CEFR において**心理測定学**的志向が支配的であることは，社会や教育の場だけでなく，研究の場においてもある評価の概念が（自明のごとく，議論されることなしに）支配的になっていることをあらわしている」。では，なぜ**心理測定学**的の傾向が支配的であることが問題なのか。引用の中で彼女が問題にしている「ある評価の概念」とは，どんな概念なのか。この二つの疑問は評価方法と深く関係している。

### 3.2.2　評価目的・評価方法・評価場面（文脈）・評価対象・評価基準・評価データ・評価項目

　**心理測定学**では，**量的データ**を用いて統計処理をする。統計的手法に頼るのは，「統計的手法を用いれば共通で参照可能なレベルと能力記述文を一般化することができ，**脱文脈化**し，さらに普遍的なものにすることができるという考えに基づいている」（Huver, 2014）。そのため，CEFR の共通参照レベルは，ユヴェールによればその評価目的や評価対象の置かれている**文脈**（環境）などを考慮しないで，用いられている。そうすると，評価項目が限られている共通参照レベルでは，能力によっては適切に評価できないことにな

る。言い換えると，結局は，この共通参照レベルによる評価によって，教育・学習の画一化が進み，多様性が無視され，失われてしまう。ユヴェールは，このことを強く批判している。実際，教師や学習者がこの共通参照レベルで評価されることだけを目標にして教える（学習する）こともありえる。そうすると，多様性が失われ，画一化がますます進むことになる。

### 3.2.3　評価目的・評価対象・評価主体

　CEFR のルーブリック型の評価である共通参照レベルは，数値に変換可能で，主観が入る余地がなく**客観**的で透明性がある。それで，「現在，盛んに行われている評価，特に CEFR によって広められた評価の実施は，言語教育政策を実施，調整して，ヨーロッパの教育機関の政策責任者間で協力するためには，評価の透明性が必要不可欠な条件であるという考えに基づいている」（Huver, 2014）。ヨーロッパの各国で共通参照レベルを用いて透明性のある評価を行う，そうすれば，学生交流を円滑に行うことができる。また，共通参照レベルは，**集団を対象に標準テスト**として実施することが可能で，教育，学習の成果が数値化されるので，その成果が一目瞭然になり，**実践者自身**が評価主体になって**教育改善・指導，学生のさらなる成長**に役立てることができる。それだけでなく，共通参照レベルは，政策担当者が評価主体になって教育政策や教育組織の**アカウンタビリティ**のために一定の**質保証**がなされているかどうかを調べることもできる。つまり，ユヴェールが言っているように「学習の評価より組織の評価，正常化のために」使うことができる。そのため，彼女は，共通参照レベルによる評価が教育組織の予算削減，民営化（Huver, 2014），移民の流入規制（Huver, 2018）に使われることを憂慮している。

### 3.2.4　評価項目

　ユヴェールによると，能力記述文には，パフォーマンスの観察可能な要素，すなわち目に見える要素，知覚できる要素しか反映されていない。実際には，評価のときには，目に見えなくても，知覚できなくても，同じように能力を構成している要素がある。それが能力記述文から排除されている。

### 3.2.5　評価機能（総括的評価・形成的評価）

　ユヴェールによれば，現在 CEFR がもてはやされているのは，共通参照レベルによる評価のおかげであり，またその評価が幅広く用いられるようになったのは，学習の結果だけを評価する**総括的評価**だけに限定したからである。実際，現在よく用いられている DELF/DALF（「フランス語学力資格試験／フランス語上級学力資格試験」フランス国民教育省認定公式フランス語資格試験）などの資格証明試験は，CEFR の共通参照レベルに準拠している。CEFR の共通参照レベルに準拠している総括的評価のおかげで，評価システムが透明になり，成績が比較可能になっている。しかし，この共通参照レベルによる評価は，数々の弊害をもたらしている。「何人かの研究者は，CEFR のいくつかの目的は，既成の能力記述文に基づく資格証明の評価には適していないと力説している」（Huver, 2014）。そして，彼女はそのような資格証明試験では，除外されるか，副次的扱いを受けているものとして，CEFR が提唱している部分能力，複言語・複文化能力に加えて，**形成的評価**をあげている。

　以上，心理測定学的パラダイムとの関連でユヴェールの批判を見てきたが，まとめるとつぎのようになる。

① 　心理測定学的志向があらゆるところで支配的になっている。
② 　CEFR の共通参照レベルが，その使用目的や評価対象の置かれている文脈（環境）などを考慮しないで用いられている。
③ 　CEFR の評価項目が限られている共通参照レベルでは，能力によっては適切に評価できないことになる。言い換えると，結局は，この共通参照レベルによる評価によって，教育・学習の画一化が進み，多様性が無視され，失われてしまう。
④ 　共通参照レベルによる評価は，集団を対象に標準テストとして実施することが可能で，教育，学習の成果が数値化されるので，その成果が一目瞭然になる。そのため，場合によっては，共通参照レベルが教育組織の予算削減，民営化，移民の流入規制に使われることになる。

⑤　CEFR が隆盛を誇っているのは，共通参照レベルによる評価のおか
げであり，またその評価や資格証明試験が幅広く用いられるように
なったのは，総括的な評価だけに限定したからである。形成的評価
は，除外されるか，副次的扱いを受けている。

　この①〜⑤の彼女の批判を見ると，彼女が問題にしているのは，共通参照
レベルそのものの本質的な問題ではなく，その用い方，それが及ぼす影響を
問題にしていることがわかる。④は，共通参照レベルによる評価の結果の使
途についての問題であり，行政が関わってくる。④を除いては，実際に教育
に携わる教員が考えるべき問題であり，教員の努力により，ある程度までは
解決できる問題のように思える[7]。共通参照レベルは，けしてオールマイティ
ではない。共通参照レベルで評価するときには，その目的，対象を明確に
し，それらが共通参照レベルによる評価に適したものであるかどうかを慎重
に判断する必要がある。

## 3.3　心理測定学的パラダイムとオルターナティブ・アセスメントのパラダ
イム

　ユヴェールがオルターナティブ・アセスメントのパラダイムを意識してい
るかどうかはわからないが，彼女は，前節で見たように，共通参照レベルの
心理測定学的パラダイムの側面を，実際にはオルターナティブ・アセスメン
トのパラダイムと二項対立的に批判している。しかし，二つの評価を二項対
立的に捉えて CEFR を批判するのは妥当ではない。なぜならオルターナ
ティブ・アセスメントは，そもそも従来の評価の心理測定学的パラダイムの
側面の欠点を補うために後から開発されたもので，二つの評価は，どちらも
正しく，相互補完関係にあるからである。つまり，ユヴェールは，明確にし
ていないが，表 3（p. 185）を見ればわかるように，二つの評価は，その調
査目的や対象が異なっている。それぞれに応じて，適切に使い分けるべきも
のである。二つのパラダイムのこのような関係は，以下に示すように野中郁

---

　7　ただし，オルターナティブ・アセスメントのパラダイムにある評価は，実施者がその
ノウハウを学ぶ必要があり，かつ実施するのに手間暇がかかる。それで，敬遠される傾
向がある。

次郎の「二項動態論」[8] にしたがって考えると理解しやすい。

### 3.3.1　評価の二つのパラダイムを二項動態論的に解釈する

「心理測定学的パラダイム」と「オルターナティブ・アセスメントのパラダイム」の関係を二項動態論的にまとめるとつぎのようになる。

**1)　「心理測定学的パラダイム」と「オルターナティブ・アセスメントのパラダイム」は，対照的な特徴を兼ね備えているにも関わらず，根本的に別物の存在ではなく，評価という同じひとつの連続体の両極に存在している。**

| | | |
|---|---|---|
| 心理測定学的パラダイム | ←評価→ | オルターナティブ・アセスメントのパラダイム |

　表3では，二つのパラダイムは，10の項目でできている。各項目を見ると，その中身が二つのパラダイムで対照的であることがわかる。たとえば，心理測定学的パラダイムの「評価対象」の項目は，「集団」であるが，オルターナティブ・アセスメントのパラダイムの同じ項目は，「個人」である。オルターナティブ・アセスメントは，従来の評価，すなわちここで言うところの心理測定学的パラダイムで十分に評価することができない生徒個人のさまざまな能力を評価するために20世紀の終わり頃から実施されるように

---

8　野中郁次郎の「二項動態的思考」は，「いつも西欧の考え方は二項対立。西欧は「あれか，これか(either/or)」であるが，われわれは「あれも，これも(both/and)」でいかなくてはならない」(野中，2017: 9)に端的に示されている。彼の「二項動態論」はつぎのようにまとめることができる。1)二項動態では，二項が実はひとつでありながら，その両極あるいは両面を構成している。つまり，この二つは対照的な特徴を兼ね備えているにも関わらず，根本的に別物の存在ではなく，同じひとつの連続体の両極に存在している。そして，両方重要で，相互補完関係にある。2)現実には絶えず矛盾が起こっているので，いかに上手くこの二つのバランスをとるか。ぶつかるのは，お互いにとってそれが重要だからであり，状況によってはどちらも正しい。3)この二項動態の矛盾を解決するにあたって，それぞれの場面の文脈に合わせて，常に動的に，最善のバランスのとれた決断を下していく実践的賢慮が必要である。つまり，常に時事刻々と変化する状況の文脈に合わせて，対立する二項の最善のバランスを追求するための賢慮が必要となる(野中，2017; 野中・梅本，2017; ザハヴィ・野中，2018)。

なった。したがって，二つの評価のパラダイムは，別々の存在ではなく，「評価」という同じひとつの連続体上に存在していると言える。

**2)　評価をするにあたって，二つのパラダイムは，両方重要で，相互補完関係にある。**

　表3の各項目を見ると，その中身は二つのパラダイムで対照的であるだけでなく，相互補完関係になっていることがわかる。たとえば，生徒の学習成果を知りたければ，心理測定学的パラダイムの「評価機能」のところにある「総括的評価」を，生徒の学習過程を知りたければ，オルターナティブ・アセスメントのパラダイムの同じ項目のところにある「形成的評価」をすることになる。表3の「評価目的」と「評価対象」についても見てみよう。心理測定学的パラダイムの評価は，大きな集団の傾向を見るのに適しており，教育政策に活用することができる。しかし，生徒一人ひとりの状況を把握して個別の指導に生かすには，オルターナティブ・アセスメントが必要になる（松下, 2013: 49）。このように二つのパラダイムは，両方重要で，相互補完関係にある。

　**3.** では，ユヴェールの批判を紹介し，節の最後に彼女の批判をまとめた。その①と②は，心理測定学的志向や共通参照レベルが目的や対象を考慮しないで，安易に用いられている現状についてであった（p. 189）。心理測定学的志向や共通参照レベルを用いることが一概に悪いわけではない。しかし，「心理測定学的パラダイム」と「オルターナティブ・アセスメントのパラダイム」は，「評価」という同じひとつの連続体の両極に存在していて，かつ相互補完関係にあるのだから，調査をする目的，対象などを考慮して，使い分ければよいのだ。

**3)　現実には，二つのパラダイムの間で絶えず矛盾が起こっている。ぶつかるのは，お互いにとってそれが重要だからであり，状況によってはどちらも必要である。**

　前に，**3.1** で，評価の二つのパラダイム，心理測定学的パラダイムとオルターナティブ・アセスメントのパラダイムについて見たときに，示唆したように，心理測定学的パラダイムは評価および教育の共通性，画一性と結びつ

きやすい。それに対して，オルターナティブ・アセスメントのパラダイムは評価および教育の多様化と親和性が高い。共通性，画一性と多様化は，明らかに矛盾しているが，評価には二つとも必要である。

　ユヴェールによる批判の③は，共通参照レベルでは，CEFR が提唱している多様性を評価することができず，教育・学習の画一化を推進してしまうことについてであった。個人ではなく集団を対象にして同一の共通参照レベルを用いれば，たしかにそれは教育・学習の画一化につながる可能性がある。しかし，集団を対象にして同一の共通参照レベルを用いる評価も，場合によっては必要である。共通参照レベルでは，量的データを分析して得られた数値を比較することができるため，教育組織のアカウンタビリティ，一定の質の保証のために利用することができる。それに対して，オルターナティブ・アセスメントのパラダイムにあるパフォーマンス評価やポートフォリオ評価を実施して，得られた質的データを分析すれば，個々の学習状況を把握することが可能になり，学習者の多様性を尊重することができる。

**4)　この二つのパラダイムの矛盾を解決するにあたって，それぞれの場面の文脈に合わせて，対立する二つのパラダイムの最善のバランスを追求するための賢慮が必要となる。**

　この件に関しては，**6.** でくわしく述べることにするが，賢慮が必要となる例をひとつあげておく。ユヴェールによる批判の⑤では，共通参照レベルによる総括的評価が幅広く用いられるようになり，形成的評価があまり実施されていないことを問題にしている。しかし，心理測定学的パラダイムの「評価機能」である総括的評価とオルターナティブ・アセスメントのパラダイムにある形成的評価の目的は異なっている。生徒の学習成果を知りたければ，「総括的評価」を，生徒の学習過程を知りたければ，「形成的評価」をすることになる。「形成的評価」をするためには，パフォーマンス評価やポートフォリオ評価を実施する。

　以上取り上げたのは，心理測定学的パラダイムとオルターナティブ・アセスメントのパラダイムを評価する目的や対象に応じてどちらかのパラダイムを使う例であったが，いつもそうとは限らない。松下によると，二つのパラダイムを結びつける必要がある場合もある。「現実に行われている評価は，

両者の中間型であったり混在型であったりすることが少なくない。縦の列は互いに関連が深いが，もう一方のパラダイムの項目と結びつく場合もある（たとえば，アカウンタビリティを果たすのに質的データが使われる場合もあれば，教育改善・指導のために量的データが活用される場合もある）」（松下 2012: 79-80）。共通参照レベルも，二つのパラダイムで使われるが，その理由について，つぎに述べることにする。

### 3.3.2　二つのパラダイムと共通参照レベル

　共通参照レベルは，ルーブリック評価であるが，ユヴェールは明らかに共通参照レベルを心理測定学的パラダイムに属するものとして論じている。しかし，これではルーブリック型評価の形をしている共通参照レベルのことを半分しか理解していないことになる。つぎの松下（2014: 238）の図が示しているように，ルーブリック評価は，もとはオルターナティブ・アセスメントのパラダイムに属している。したがって，**教育改善・指導や学生の成長を見るために**，**実践者自身が真性の文脈で**個人を対象にして実施した共通参照レベル，特に能力記述文を用いた**真正の評価**や**パフォーマンス評価**によって得られた**間主観**的な**質的データ**を用いることができるということである。

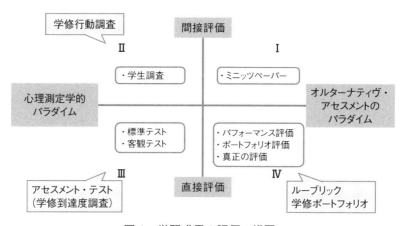

図１　学習成果の評価の構図

　では，なぜユヴェールは共通参照レベルを心理測定学的パラダイムに属するものとして論じているのか。それは，ルーブリックは一般的に能力記述文だけでなく，順位を示す数値を含むため，「質を量に変換する装置として機能する」（松下, 2012: 83）からである。さらに，松下は図 1（前ページ）を用いて「ルーブリックを用いた直接評価はもともとはタイプⅣに属する評価だが，ルーブリックには質を量に変換する働きがあるため，その射程はタイプⅢにも及んでいる」（松下, 2014: 238）と説明している。こうして，ルーブリックを用いた評価は，オルターナティブ・アセスメントのパラダイムだけでなく，心理測定学的パラダイムにも属することになる。ということは，**アカウンタビリティ**や**質保証**のために**評価の専門家**や**政策担当**が**脱文脈**，**統制された条件**のもとで**集団**を対象にして実施したルーブリックを用いた**標準テスト**によって得られた**客観性**のある**量的データ**を**心理測定学**に基づいて分析して用いることができるということである。

## 4.　「スタンダードに基づく教育改革」批判と類似の共通参照レベル使用に対する批判

　アメリカをはじめとする先進国では，「学校が共通に保障すべき目標内容と達成水準（「スタンダード（standards）」）を明確化し，学力テストなどによってその成果を検証したり，アカウンタビリティ（説明責任）を求めたりしながら，学校教育の質の向上を図る」（石井, 2015: 36），「スタンダードに基づく教育改革（standards-based reform）」が行われている。しかし，石井によると，「スタンダードに基づく教育改革」とアカウンタビリティがセットになると，そこで実証的，統計的方法で得られた「エビデンスに基づく教育」を強調することになる。

　　　こうした「スタンダードに基づく教育改革」と「エビデンスに基づく教育」のパラレルな展開は，教育実践に対してどのような帰結をもたらすのか。（中略）実践者は，彼ら自身の判断に基づいてよい仕事をすることよりも，仕事が評価される指標で高いスコアを得ることを重視するようになり，道具主義的に考えるようになる。そして，自らの実践的判

断への自信も失っていく。エビデンスに基づく実践は，専門職性を確立するものと主張されることもあるが，実際にはむしろ専門職主義の弱体化につながるというのである。英米における学力テストを用いた「スタンダードに基づく教育改革」が，結果として「テスト（結果の出やすいもの・評価しやすいもの）に基づく教育改革」に矮小化されてしまっている事実は，この批判を裏付けるものであろう。　　　（石井, 2015: 37）

　石井は，このように「スタンダードに基づく教育改革」では，「エビデンスに基づく教育」がなされ，その結果，評価が道具になり，教師は決められた目標を達成するために教育をするようになり，専門職性の弱体化を招くこと，そして，最終的に教育改革が「テスト結果に基づく教育改革」に矮小化することを指摘している。ユヴェールも，共通参照レベルを用いることに関して，同様の指摘をしているが，彼女はさらにつぎような指摘をしている。

　Huver（2014）によると，共通参照レベルが，アネックス（付録）ではなく，本文にあることで，過大評価されている。その結果，CEFR は，単に評価のための道具になっていて，他の CEFR の重要な概念の陰が薄くなってしまっている。ユヴェールは，評価の分野におけるこのような CEFR の支配を「教育的二重の矮小化」と呼んでいる。つまり，彼女によれば，共通参照レベルは，CEFR の役割を「評価」のみに，それも認定評価と総括的評価のみに矮小化している。さらに，CEFR が唱導している複言語能力や部分能力，また評価のさまざまな形態や機能が除外されたり，軽視（疎外）されたりしてしまっている。

　しかし，共通参照レベルのせいで CEFR が唱導している部分能力が軽視されてしまうという彼女の批判は，CEFR の誤読である。CEFR は，共通参照レベルがルーブリック型評価であることの利点について，つぎのように述べている。

　　　水平方向と垂直方向の両方を同時に含んだ評価の構成方法は，部分的学習目的の定義を容易にし，不均衡な輪郭を描いている言語能力の場合や，部分的に限定された能力の認定を容易にする。　　　（p. 17）

　たしかに，それぞれの言語活動能力のレベルが，共通参照レベルを用いたアセスメントの結果を見れば一目瞭然である。また，複言語能力に関しては，2001 年に公表された CEFR には，共通参照レベルはなかったが，2018 年に公表された CEFR の増補版には加えられた。

　さらに，CEFR を評価するときには，CEFR が，つぎの点でアメリカ型の「スタンダード」とは異なっていることに注意しなければならない。

1) トップダウンではない。
2) 共通参照レベルは，ローカライズして用いることが前提になっている。
3) 共通参照レベルとアカウンタビリティはセットになっていない。

　CEFR の場合は，そこで提唱されていることを実践するかどうか，共通参照レベルを採用するかどうか，それは個々の教育機関の自由裁量に任されている。

　　　CEFR が共通の参照点を決めたとしても，それは異なる教育文化の異なる担当者がどのように自分たちのレベルやモジュールの体系を構築し，記述するかを決して制限するものではない。参照点や能力記述文の正確な言語化の進展は，関係国や諸機関が，関係する専門家たちの経験に基づいて，能力記述文に統合されていくことによって実現されることを期待したい。
　　　また，共通の参照点はそれぞれの目的によって異なる方法で示されることが望ましい。　　　　　　　　　　　　　　　　　　　　（p. 24）

　ただ，このような相違点があるにしても，たとえば実際に共通参照レベルを採用した場合，ユヴェールが危惧している「教育的二重の矮小化」が起こる可能性がある。

　このような問題があるにもかかわらず，石井が指摘しているのと同じ理由で，熟達度を明確に示し，評価の観点を可視化する機能のある共通参照レベルは必要であるように思う。

　　「スタンダードに基づく教育改革」の再定義「エビデンスに基づく教
　育」を批判しそれに対するオルタナティブを探ろうとする者の多くは，
　「スタンダードに基づく教育改革」という発想や学力テスト自体を，さら
　には，目的・手段関係や，目標を明確化しそれに基づいて評価すること
　自体を否定しがちである。しかし，成果を求めるからといって，手続き
　の効率のみを追求するとは限らない。また，教育実践が本質的に不確実
　な性格を持つにしても，何らかの見通しなしに教師は教育実践を展開で
　きない。（中略）教育を画一化・規格化する「標準化（standardization）」
　の作業は，「スタンダード（standards）」（共通教育目標）を明らかにし
　ていく営みとはイコールではない。　　　　　　　　　　（石井, 2015: 38）

　上の文中にある石井の言葉を借りて言えば，CEFR および共通参照レベル
の役割は，教育を画一化することではなく，**共通の教育目標を明らかにする**
**こと**である。このことに関しては，**2.2** ですでに見たが，再確認しておく必
要がある。なぜなら，田中（2016: 6）が指摘しているように「「共通性」は
即座に「画一性」の押しつけに転化するとの危惧が大きい」からである。こ
れに関しては，**5.3.2** で詳述する。

## 5.　グローバル社会の二つのパラダイム

### 5.1　共通参照レベルが CEFR の提唱していることと矛盾している問題

　共通参照レベルがもてはやされ，評価の分野において支配的になってい
る。この事実を見ると，CEFR は，多様性の尊重を唱いながら，同時に画一
化を推進するという矛盾を含んでいることになる。「パラドックス，CEFR
の本質的な矛盾とまで言っている人もいる」（Huver, 2014）。たしかに，
CEFR は，複言語，複文化主義を唱導して，言語，文化の多様化を推進して
いるのだから，限られた数の能力記述文やレベル分けで構成されている共通
参照レベルを設けることは，価値観の画一化につながる危険性があり，多様
化を推進することとは矛盾している。ただ，この批判も共通参照レベルの本
質を批判していることにはならない。それは，後述するように，共通参照レ
ベルは，CEFR に記載されているものをそのまま用いるのではなく，教育環

境にあわせて文脈化（ローカライズ）して用いる必要があることが，CEFR
には何度も繰り返して述べられているからである。さらに，後述するように
画一性と共通性は区別して考える必要がある。そして，グローバル社会で
は，多様性だけでなく，**共通性**も求められている。共通参照レベルは，**その
ための道具**でもある。

## 5.2　画一化と多様化が共存するグローバル社会

　Hoffmann（2002）が述べているように，グローバル化は，画一化と多様
化のせめぎあいである。つまり，グローバル化した現代社会では，画一化
（スタンダード化・共通化）と多様化（ローカル化）が同時並行して進展す
る。しかし，社会のグローバル化を促進し，かつ社会のバランスを保つため
には，画一化と多様化は，どちらも必要である。画一化と多様化は，「対立
的に捉えられることもあるが，相互補完的な関係にもある」（正村, 2005:
257）。

### 5.2.1　グローバル社会の 2 つのパラダイムを二項動態論的に解釈する

　グローバル社会では，画一化と多様化は，対立関係にあるというより，む
しろ二つは補完関係にある。このことを二項動態論的にまとめるとつぎのよ
うになる。

・画一化と多様化は，対照的な特徴を兼ね備えているにも関わらず，根本的
　に別物の存在ではなく，グローバル化という同じ一つの連続体の両極に存
　在している。

$$\boxed{\text{画一化　←　グローバル化　→　多様化}}$$

・グローバル化した社会においては，画一化と多様化は，両方重要で，相互
　補完関係にある。
・現実には，画一化と多様化の間で絶えず矛盾が起こっている。「多様化を
　志向する動き」＝「画一化を否定する動き」と「多様化を否定する動き」＝
　「画一化を志向する動き」が常にある。ぶつかるのは，お互いにとってそ

れが重要だからであり，状況によってはどちらも正しい。
・この二項の矛盾を解決するにあたっては，それぞれの場面の文脈に合わせ
て，対立する二項の最善のバランスを追求するための賢慮が必要となる。

### 5.2.2　CEFR の矛盾を二項動態論的に解釈する

　CEFR は，多様性の尊重を唱いながら，同時に画一化を推進するという矛
盾を含んでいる。しかし，画一化と多様化が同時並行して進展するグローバ
ル社会では，われわれがそこから逃れない限りは，CEFR も画一化から逃れ
ることは不可能である。グローバル化した社会で作成された CEFR が，「画
一化と多様化は，両方重要で，相互補完関係にある」というこのグローバル
社会の特徴を反映しているのはごく自然なことであり，CEFR が提唱してい
ることと矛盾しない。

　このことを評価目的の観点からもう少し具体的に見てみよう。表 3
（p. 185）に示されているように，評価目的は，心理測定学的パラダイムの
「**アカウンタビリティ，一定の質保証**」かオルターナティブ・アセスメント
のパラダイムの「**教育改善・指導，学生の成長**」かに大別できる。前者が画
一化を，後者が多様化を前提にしていることは明らかであるが，表 3 に示
されているように，前者が評価の目的であれば，**評価専門家・政策担当者**が
**客観テスト（標準テスト）** などを実施する。それに対して，後者が評価の目
的であれば，**実践者自身**が**パフォーマンス評価，ポートフォリオ評価，真正
の評価**などを実施する。

　教育組織が「学生たちに期待される学習成果を獲得させており，その意味
で教育プログラムが有効性をもちえているということを示す」（松下，2014:
245）ことができるというのがアカウンタビリティのたてまえであるが，そ
れには，評価基準が必要であり，共通参照レベルは，その評価基準として使
える。アカウンタビリティが重要視されるようになってきたのは日本だけで
はない。また，「一定の質保証」は，教育組織だけでなく，個人についても
求められるようになってきている。たとえば，英語圏への留学ならば
TOEFL，フランス語圏なら DELF のような国際的に有効な資格試験の一定
以上のスコアやレベルがしばしば求められる。その求めに応じるのも，
CEFR の共通参照レベル策定の目的のひとつであることは，**2.2** ですでに言

及した。EU 域内やヨーロッパだけでなく世界中の人々が国境を越えて移動するグローバル化した社会では，出自の異なる人々が交流し，共生していくためには，場合によっては CEFR の共通参照レベルのような共通の評価基準が必要となる。したがって，CEFR が，複言語，複文化主義を唱導して，言語，文化の多様化を推進しながら，限られた数の能力記述文やレベル分けで構成されている共通参照レベルを設けたことは，結果的に画一化を推進する危険性はあるが，グローバル社会の現実を反映していると言える。また，共通参照レベルだけでなく，CEFR 全体も，必ずしもいつも明瞭ではないが，グローバル化した社会における言語政策の賢慮を示していると言える。

## 5.3　評価の「画一化のパラダイム」と「多様化のパラダイム」
### 5.3.1　教育とグローバル社会

　1994 年に批准された GATS（「サービス貿易に関する一般協定」）により，自由化すべきサービスの中に教育の分野も含まれ，競争になじみにくい教育の分野も市場化されることになった。つまり，教育が経済的観点を優先して語られるようになった。今や，教育とて経済のグローバル化から逃れることはできない。経済成長だけを求める新自由主義によるグローバリゼーションが続く限り，経済のグローバル化に参加しないという選択肢はない。この事実を，われわれは無視することはできない。教育の分野も市場化され，教育が経済的観点を優先して語られるということは，競争主義的施策が導入されるということである。「高等教育制度及び教育研究水準の両面にわたって，国際的な通用性・共通性の向上と国際競争力の強化を目指した改革を進めることが求められている」。これは，わが国の文部大臣からの「グローバル化時代に求められる高等教育の在り方について」という諮問を受けて大学審議会が 2000 年に行った答申からの引用である。おそらく世界のどの国においても同じような状況であろう。「国際的な通用性・共通性の向上」と「国際競争力の強化」，これはコインの裏表である。この答申は，さらに続けて「国公私を通じて，大学における教育研究が，競争的環境の中で切磋琢磨（せっさたくま）しながら発展していくことができるよう，競争的経費の拡充によって，大学間に一層競争的な環境を整備し，より良い教育研究に対しては資源を重点的・効率的に配分していくことが必要である」

（p. 107）としている。資源配分は，評価に基づいて行われる。そこで，言語に関しては共通参照レベルのような国際的な通用性のある評価基準が求められることになる。

### 5.3.2　共通化と画一化の違い

　これまで述べてきたことから明らかなように，グローバル社会では，共通性（共通のスタンダード）は，つぎの 3 つの面から必要とされている。

  1　グローバル化による交流を円滑にするため
  2　国際的な通用性のある評価のため
  3　アカウンタビリティのため

　すでに引用したように，CEFR の目的は，「評価内容に関する構成概念の共通理解，すなわち共通の参照枠組みを作り出すことである」（p. 201）。そして，「こうした共通理解を形成する過程の支援は CEFR のねらいの一つである。そのため，測定のために使う能力記述文の尺度が，厳密な方法を経て標準化されている」（p. 195）。「共通参照レベルの尺度は，既存の資格認定で得られた熟達度レベルの能力記述を容易にすることを意図しており，従って既存の資格認定システム間の比較も可能にすることを意図している」（p. 195）。

　ここで注意しなければならないことが三つある。一つは，**共通であるということは，比較可能であるということ**である。共通参照レベルを教育改善や自己評価に用いる場合は問題ないが，ユヴェールも指摘していたように管理や制限にも使うこともできる。もう一つの問題は，田中（2016: 6）が指摘しているように「「**共通性**」は即座に「**画一性**」の押しつけに**転化**するとの危惧が大きい」ことである。評価の「共通の参照枠組みを作り出すこと」は，評価の画一化とは異なっている。ユヴェールをはじめ，多くの研究者は，共通性と画一性を区別しないで CEFR やその共通参照レベルを批判しているが，二つは区別して議論する必要がある。とはいうものの，共通化は，ともすれば画一化につながる。それを避けるには，田中（2016: 6）が提案しているように「「多様性」を担保して「共通性」を構築する」ことで

ある。「経済のグローバル化による画一化に抗して，文化の多様性をいかに守りつつ，同時に豊かな暮らしを享受できる環境をつくり出すことができるかどうかが問われている」（田中，2016: 153）。三つ目は，松下（2014: 246）が述べていることだが，「**多様性を許容しながら比較可能性を担保することははたして可能なのか**」を考えることである。

## 6.　CEFRの評価水準の正しい用い方

　ここでは，共通性と画一性，共通化と画一化を区別するために，多様性が担保されているか，あるいは念頭にあるのが共通性，共通化で，一方，多様性が担保されていないか，あるいは念頭にないのが画一性，画一化と考えることにする。

### 6.1　多様性を担保する
　新自由主義のもとでは，生産性，経済性が何よりも優先され，社会のさまざまな面で，画一化が進む。教育の面でも，共通化はある程度必要ではあるが，画一化に陥らないように，共通化は絶えず多様性を担保して行う必要がある。

### 6.1.1　ローカライズ（文脈化）
　教育だけでなく，さまざまな分野で，既成のものをそのまま用いるのではなく，環境や目的にあわせて手を加えることを一般的に「ローカライズ」，または文脈化という。CEFRの役割は参照点を示すことであり，もともと「文脈化」して用いることを前提にして策定されている。

　　CEFRが共通の参照点を決めたとしても，それは異なる教育文化の異なる担当者がどのように自分たちのレベルやモジュールの体系を構築し，記述するかを決して制限するものではない。参照点や能力記述文の正確な言語化の進展は，関係国や諸機関が，関係する専門家たちの経験に基づいて，能力記述文に統合されていくことによって実現されることを期待したい。
　　　　　　　　　　　　　　　　　　　　　　　　　　　　（p. 24）

　　目的が異なれば，特定のレベル，特定の領域・範囲，また特定のカテ
ゴリー群に焦点をしぼることが要求されるだろう。また，あるレベルや
カテゴリーを削り，その一方である特定の目的にとって意味があるとこ
ろでは，より詳細な細かなレベルを設定し，新しいカテゴリーなどを付
け加えることも可能であろう。このような詳細な設定によって，それぞ
れのモジュールがお互いに関連づけられるであろう。CEFR との位置関
係もはっきりするであろう。　　　　　　　　　　　　　　　　(p. 24)

　共通参照レベルに限って言えば，CEFR の第 4 章，第 5 章にある共通参照
レベルの表をそのまま用いるのではなく，取捨選択して用いることが推奨さ
れている。こうすれば結果的に多様性は担保される。ただ問題がないわけで
はない。**共通性が構築されなければ，共通参照レベルの意味がない**。たとえ
ば，日本で，ヨーロッパとは言語・文化も教育環境も異なるからという理由
で，まったく独自の共通参照レベルを策定することは，グローバル化した現
代社会においては意味のないことだと思う。完全に日本独自の共通参照レベ
ルを策定した場合には，それをたとえば CEFR の共通参照レベルに読み替
える手続きが必要になり，CEFR の共通参照レベルのどのレベルに相当する
かを示す必要がある。
　多様性を担保しながら，いかにして共通性を構築するか。この点で，松下
（2014）は AAC&U（アメリカ大学・カレッジ協会）の VALUE（学士課程
教育における妥当な学習評価）ルーブリックに注目をしている。

　　アメリカの大学ではもう 20 年以上にわたってルーブリックの開発・
利用の経験が積み重ねられてきた。そのような経験をふまえながら，
AAC&U の専門家チームによって共同開発されたのが VALUE ルーブ
リックである。そうして作られた VALUE ルーブリックは，今度は，
個々の大学・学科・科目の文脈にあわせてローカライズされる。ここで
注目すべきは，VALUE ルーブリックが，特定の個別大学のルーブリッ
クよりもう一段抽象度が高い「メタルーブリック（metarubric）」とし
て，あるいは，個別大学でのルーブリック開発の元になるようなプロト
ルーブリックとして，機能するよう意図されているということである。

これによって，大学をこえた共通性と大学間の多様性の統一が図られているのである（松下 2012: 89-90）。　　　　　　　　　　（松下, 2014: 243）

　AAC&U のこの取り組みは，CEFR の共通参照レベルの取り組みと似ている。松下（2014: 243）によると，AAC&U の VALUE ルーブリックの各大学・学科・科目の文脈に合わせるためのローカライズは，つぎのような形で行われている。引用文中の「記述語」とは，能力記述文のことである。

　　・VALUE ルーブリックのうち必要なルーブリックだけを選択する。
　　・規準やレベルはそのままで，記述語の表現を変える。
　　・記述語に加えて，規準やレベルの表現も変える。
　　・規準やレベルを削ったり，加えたりする。
　　・複数の VALUE ルーブリックを組み合わせて，新たに 1 つのルーブリックを作る。

　CEFR（「本書の利用者のために」xvi-xvii; 17; 24; 191）でもそれほど体系的ではないが，同様の提案がなされている。AAC&U のこの取り組みのローカライズは，下に行くほど，修正の幅が大きくなる，すなわち多様性は大きくなるが，共通性は小さくなる。共通性が小さくなるということは，比較可能性を担保するのが困難になることを意味する。それで，松下（2014: 245）は，AAC&U の「ローカライズされたルーブリックをみると，修正の幅はかなり大きく，はたしてこれで比較可能性が担保されるのかという疑問がわく」と述べている。比較可能性を担保するためには，「共通性の確保」と「多様化への対応」あるいは「多様性の確保」と「共通化への対応」が必要になる。二項動態論的に考えると，二項の矛盾を解決するにあたって，それぞれの場面の文脈に合わせて，対立する二項の最善のバランスを追求するための賢慮が必要となる。評価における多様性（長方形のグレーの部分）と共通性（長方形の白い部分）の関係を模式的に書くとつぎのようになる。

| 多様性 | ← | 評価 | → | 共通性 |
| 多様性 | ← | 評価 | → | 共通性 |
| 多様性 | ← | 評価 | → | 共通性 |

　比較可能性を大きくするために共通性を大きくしたい場合は，一番上の長方形のようになり，多様性は小さくなる。具体的には，たとえば先に引用したVALUEルーブリックなら，「VALUEルーブリックのうち必要なルーブリックだけを選択する」にあたる。逆に多様性を大きくしたい場合は，一番下の長方形のようになり，共通性は小さくなる。具体的には，たとえば「複数のVALUEルーブリックを組み合わせて，新たに1つのルーブリックを作る」にあたる。CEFRの共通参照レベルについても同じで，画一化にならないように，多様性を担保し，かつできるだけ大きな共通性を構築したいのなら，「ルーブリックのうち必要なルーブリックだけを選択する」ことになる。いずれにしても，多様性と共通性をどのような割合にするかは，教育環境と目的にあわせてローカライズすればよい。

　評価の多様性を担保する方法は，共通参照レベルをローカライズする以外にもある。

### 6.1.2　オルターナティブ・アセスメント

　前に，**3.1**で，評価の二つのパラダイム，心理測定学的パラダイムとオルターナティブ・アセスメントのパラダイムについて見たときに示唆したように，評価対象が集団である心理測定学的パラダイムは，評価および教育の共通性，画一性と結びつきやすい。それに対して，評価対象が個人であるオルターナティブ・アセスメントのパラダイムは，評価および教育の多様化と親和性が高い。したがって，多様性を担保するには，オルターナティブ・アセスメントのパラダイムにある形成的評価，ポートフォリオ評価，パフォーマンス評価などをすればよい。形成的評価とパフォーマンス評価については，**2.1**ですでに言及したが，共通参照レベルは，その能力記述文を用いてフィードバックをすれば，授業や学習改善を目的とする形成的評価としても有効である。また，Council of Europe 欧州評議会が取り組んでいる，ポート

フォリオ評価の道具である European Language Portfolio（ELP）[9] の策定は，多様性担保の観点から特筆すべきものである。CEFR（p. 5）にはつぎのように書いてある。

> Council of Europe の言語教育プログラム構想は，言語教育に携わる全ての人々が使用可能な道具（tools）を作成することにあったが，これらの道具は複言語主義を推進するように作られている。特に European Language Portfolio（ELP）は，多種多様な子供たちの言語学習や異文化経験を記録し，それを公的な形で認める仕組みである。この目的のために CEFR は一定の言語の総合的熟達度を測るだけではなく，言語使用と言語能力についてより細かく記述している。これによって，現場での目的を特定し，非常に多様な広がりを見せる学習者の達成成果を，学習者のさまざまな必要性，性質や資質に応じて記述することができるはずである。　　　　　　　　　　　　　　　　　　　　　　　　　　（p. 5）

> 知識と技能を認知し評価する際には，複言語と複文化の能力・技能が発達する環境と経験を考慮に入れねばならない。European Language Portfolio の作成により，学習者一人一人がさまざまな面から自分の言語発達を記録できるようになったことは一つの進歩である。各言語の学習過程で公式に認知されるようなものはもちろん，他言語や異文化との触れ合いの経験を，かなり非公式のものまで記録するようになっている。　　　　　　　　　　　　　　　　　　　　　　　　　　　　　（p. 188）

**4.** で「スタンダードに基づく教育改革」批判とユヴェールの「共通参照レベル」批判が類似していることを見た。スタンダードは必要であるが，スタンダードを用いる教育に，アカウンタビリティを用いると，教育が矮小化するということであった。矮小化を避けるためには，どうすればよいのか。石井によると，「米国では，民主的で教育的なアカウンタビリティ・システ

---

9　欧州評議会が開設している ELP の Web サイト（https://www.coe.int/en/web/portfolio）で，その概要を知ることができるだけでなく，各種の教材を入手することもできる。

ムを模索し，「スタンダードに基づく教育改革」を再定義しようとする営み」（石井, 2015: 39）が展開されている。その一つに，「次世代アカウンタビリティ構想」（Learning Policy Institute, p. 15）の試みがあるが，それを見ると，松下の「オルターナティブ・アセスメントのパラダイム」と内容的に一部重複していて興味深い。

## 6.2　評価目的の明確化

　共通参照レベルが使える目的とそうでない目的がある。最後に，つぎに示す評価目的を共通参照レベルとの関係で考えみたい。

### ・評価目的1　アカウンタビリティか教育改善・学生の成長を見るためか

　評価目的は，心理測定学的パラダイムの「アカウンタビリティ，質保証」をするためと，オルターナティブ・アセスメントのパラダイムの「教育改善・指導」し，「学生の成長」を見るためとに大別できる。**3.3.2** ですでに述べたように，共通参照レベルは，心理測定学的パラダイムだけでなく，オルターナティブ・アセスメントのパラダイムにも属する。したがって，共通参照レベルは，**アカウンタビリティ**や**質保証**のためだけでなく，**教育改善・指導**や**学生の成長**を見るためにも用いることができる。

### ・評価目的2　達成度か熟達度か

　達成度を評価したいのか，それとも熟達度を評価したいのか。達成度評価では学習目的の達成の度合いを，熟達度評価では実世界の問題に対して，学習者が，何ができるか／何を知っているかを評価する。**2.1** で言及したように，CEFR（p. 197）によると，共通参照レベルの能力記述文は，「実世界での力量を連続体で表したものである」から，共通参照レベルは熟達度評価としては使用できるが，達成度評価には使えない。ただし，「実用性重視の教育と学習が行われる状況でのコミュニケーション・テストでは，達成度評価（授業の内容に基づく）と熟達度評価（実世界での力量の延長上にある）の違いは理想的には小さいはずだと言えよう」（p. 196）ということなので，授業の内容によっては，共通参照レベルを達成度評価として使えることになる。

・評価目的 **3**　学習成果か学習過程か

　学習の成果を評価するのか，それとも過程を評価するのか。前者は，いわゆる総括的評価で，後者は形成的評価である。**2.1** で言及したように，CEFR（p. 198）によると，共通参照レベルは，その能力記述文を用いてフィードバックをすれば，授業や学習改善を目的とする形成的評価として有効である。また，熟達度を評価するのであれば，共通参照レベルは，学期や学年の終わりに総括的評価としても用いることができる。

## 7.　まとめ

　CEFR『ヨーロッパ言語共通参照枠』および共通参照レベルは，決してオールマイティではない。しかし，使用目的を精査して，画一化と多様化が同時並行して進展するグローバル化した社会で，画一化と共通化を明確に区別して用いれば，非常に有用な道具になりえる。ただし，CEFR『ヨーロッパ言語**共通参照枠**』および**共通参照**レベルは，教育プランを策定するさまざまな過程で「**参照**」して，必要に応じてローカライズ（文脈化）して用いるべきものである。また，異なる教育機関で「**共通**」の枠組み，「**共通**」のレベルとして採用するときには，共通性が構築されなければ，共通参照枠，共通参照レベルの意味がなくなる。常に「共通性」を担保して，ローカライズしすぎないように注意する必要がある。また，「共通性」は「画一性」に転化しやすい。常に「多様性」を担保して「共通性」を構築するように心がけなければならない。それにはどうするか，そのヒントは，複言語主義を推進する道具として欧州評議会が策定した CEFR の中にすべてある。

## 引用文献

石井英真(2015).「教育実践の論理から「エビデンスに基づく教育」を問い直す──教育の標準化・市場化の中で」『教育学研究』*82*(2), 30-42.

田中耕治(2016).「教育評価改革の潮流」田中耕治編『グローバル化時代の教育評価改革──日本・アジア・欧米を結ぶ』(pp. 2-10.)日本標準.

ダン・ザハヴィ，野中郁次郎(2018).「人間中心の組織経営──現象学からみる日本の経営」『ER』7, 36-41.

野中郁次郎(2017).「知的機動力の経営」『イノベーション委員会　講演会』8-9.

野中郁次郎・梅本勝博(2017).「アメリカ海兵隊の知的機動力——組織的知識創造論から二項動態論へ」『一橋ビジネスレビュー』*2017 AUT*, 102-116.

正村俊之(2005).「グローバル社会の編成原理——新しい近代か新しい中世か」『社会学評論』*56*(2), 254-272.

松下佳代(2012).「パフォーマンス評価による学習の質の評価——学習評価の構図の分析にもとづいて」『京都大学高等教育研究』*18*, 75-114.

松下佳代(2013).「学習成果の評価と現状の課題」, 朝日新聞×河合塾　共同調査「ひらく日本の大学」第 5 回, Guideline 4・5 月号, 河合塾, 46-49.

松下佳代(2014).「学習成果としての能力とその評価——ルーブリックを用いた評価の可能性と課題」『名古屋高等教育研究』*14*, 235-255.

文部科学省(2000).「グローバル化時代に求められる高等教育の在り方について」『大学と学生』*431*, 6-32.

Conseil de l'Europe (2001). *Cadre européen commun de référence pour les langues : apprendre, enseigner, évaluer*. Paris: Didier. ［吉島茂・大橋理枝他訳・編 『外国語教育Ⅱ——外国語の学習，教授，評価のためのヨーロッパ共通参照枠』朝日出版社.］

Conseil de l'Europe (2018). *Cadre européen commun de référence pour les langues : apprendre, enseigner, évaluer*. Volume complémentaire avec de nouveaux descripteurs.

Coste D. & Cavalli M. (2015). *Education, mobilité, altérité Les fonctions de médiation de l'école*. Conseil de l'Europe.

Council of Europe (2001). *Common European Framework of Reference for Languages: Learning, Teaching, Assessment*. London : Cambridge University Press

Council of Europe (2018). *Common European Framework of Reference for Languages: learning, teaching, assessment*. Companion volume with new descriptors.

Hoffmann S. (2002). Clash of Globalizations. *Foreign Affairs, 81*(4), 104-115.

Huver E. (2014). CECR et évaluation : interprétations plurielles et logiques contradictoires. *Les Cahiers du GEPE, N°6/ 2014*. Politiques linguistiques en Europe, Strasbourg : Presses universitaires de Strasbourg. <http://www.cahiersdugepe.fr/index.php?id=2652>

Huver E. (2018). Peut-on (encore) penser à partir du CECR ? Perspectives critiques sur la version amplifiée. *Mélanges CRAPEL, N°38/1*, 27-42.

Learning Policy Institute (2017). Next generation accountability: A vision for improvement under ESSA.

# おわりに

　本書は，2019 年 3 月 2 日ならびに 3 日に京都大学で開催された国際研究集会「CEFR の理念と現実」（科研費基盤 B「『ヨーロッパ言語共通参照枠』に関する批判的言説の学説史的考察」（代表：西山教行，18H00688））の成果の一部である。研究集会の発表のなかでも CEFR そのものではなく，CEFR の受容や実践，活用などに関わる論考を中心にまとめた。

　CEFR の刊行から 20 年が経過し，CEFR は今や歴史的評価を受ける時期に入っている。ヨーロッパをはじめとする世界各国において CEFR の活用はいわば自明のこととなり，あらためて CEFR をひもとき，その妥当性や論拠を検討する機運は必ずしも盛り上がっているとは思えない。それほどまでに CEFR は外国語教育に組み入れられ，所与のものとなっている。そして，2018 年に CEFR 増補版が公開されるにおよび，CEFR に対する無条件なまでの信頼や鑽仰の姿勢はますます強化されているように思える。

　言語社会学者の鈴木孝夫は，日本人が外国の文物を考えるにあたっての態度には「蜃気楼効果」が認められると指摘している（鈴木, 2006）。蜃気楼とは光の屈折現象で，海面の温度と気温の差が大きいときなどに実在しない像が現れる現象で，日本では富山湾での蜃気楼が有名である。鈴木孝夫は，これまでの日本人が古代中国や近代ヨーロッパ，アメリカなどを現実の各国よりも理想化したはるかに美しいものと表象する傾向にあるのだが，本当のところ，その実体は日本人の抱く表象と著しく異なるものと看破し，この態度を蜃気楼効果と命名している。外国を実際以上に優れたもの，理想的なものと見なすのは，現実の接触が極めて限られており，生身の人間を通じた直接の関わりが少ないため，外国の文物を理念として捉えるためである。実際のところ，これまで日本は他国による植民地支配といった直接の支配を被った経験もなければ，大量の移民を受け入れたこともない。21 世紀になり，外国人との接触が多くなってきたとはいえ，これまでは直接に大量の外国人と日常生活のなかで接触する機会を持たずに生活することができた。このよ

うな日本人の性向については 1955 年に加藤周一も「雑種文化」のなかで言及し，日本の知識人が外国の文物をもっぱら書物を通じて受容してきたことを指摘している（加藤, 1979）。もっとも加藤周一はさまざまな幸運に恵まれ，外国の現実を直接に体験する機会を得たことから，これまでの日本の知識人の轍を踏むことがなかったと自負している。

　外国語教育研究の場合にも蜃気楼効果は無視できない。外国語教師はともすれば，外国語が好きで，外国に強い関心を持ち，外国人との交際をいとわないと思われているが，この表象は事実だろうか。外国語が好きで，外国に関心を持っているとの指摘はもっともだろうが，実際の外国人との交際に長じているかといえば，必ずしもこの指摘は当てはまらないと思われる。日本の職場で肩を並べる同僚の外国人にせよ，労働者として来日している外国人にせよ，「私」の理想的な外国人像に対応しているわけではない。生身の外国人との交渉や接触をいとわない人々は，むしろこれまでビジネスや外交などに関わる職業を選んできたのではないだろうか。

　外国産の文物を称揚する舶来品という用語がほぼ死語になったにせよ，日本で働く日本人外国語教師が外国で作られた理論を外国産だという理由からあがめる傾向が霧消したわけではない。CEFR という産物についても，それを批判的に受け止めるよりも，まず欧州評議会という国際組織が作成したことから優れた製品に違いないと推認したことはなかっただろうか。日本人にとって国際組織とはあらゆる利害を超越した高邁な理想的組織であり，そこでの言説はおしなべて高く評価すべきであって，よもや各国の利害や特定の個人の恣意性に汚れたものではない。CEFR を大学受験の指標に定めようとした一連の騒動のなかでも，CEFR は国際標準であるとの言説がどれほど大手をふるって跋扈したものか。これは記憶に新しい。CEFR を国際標準であると喧伝した文部科学省はその実態を承知の上で国際社会の権威を借りて，無理すじの政策を貫こうとしたのか。あるいは国際標準という評語が日本人の心を捉えることをもてあそんだのだろうか。本論文集への寄稿を見ても，日本人の論考には CEFR それ自体を批判する論文が少なく，フランス人の執筆した論文が CEFR に対して批判的態度を貫いているように思われるが，これは私のうがった見方だろうか。

　私は CEFR の価値やその意義をおとしめるつもりはなく，むしろその革

新性を高く評価する。しかし，それゆえに批判的まなざしを持ってこの教育装置そのものや，CEFR を巡る言説に対して冷静なまなざしを向ける必要があると確信している。

　日本における言語教育学は輸入学問の最たるものかもしれない。それでもわれわれは，日本社会のなかで日本人を対象として言語教育を実践し研究していることを忘れてはならない。もちろん言語教育学は学問として成立している限り，普遍性を保持しているのだから，日本人のための個別的な言語教育学が存在すると主張するつもりはない。日本人や日本社会という「特殊性」と言語教育や言語教育学の「普遍性」の間での均衡を追求することの意義を指摘するのである。

　CEFR に関する批判のなかには Maurer（2011），Maurer & Puren（2019）があり，本書ではアンティエ論文がモレールの研究を肯定的に受け止め，高く評価している。これについて本書の他の論考は言及していない。CEFR の著者の一人コストはコスト（2021）で言及し，CEFR に関する不正確な理解にもとづく批判に遺憾の意を表明している。この論文は本シリーズの『理念編』に収録されているので，是非ご一読いただきたい。モレールの批判については，欧州評議会の言語政策に関与した専門家の一人であるカンドリエもコストと見解を同じくし，モレールが文書を正確に解読していないと指摘している。また専門家のベアコも欧州評議会の文書に関する不正確な理解にもとづく扇情的な批判にはくみせず，反論には値しないと明言していた。

　フランスから遠く離れて，モレールの批判やそのやりとりを見ると，これは学問上の論争であると同時に，あるいはそれ以上に，欧州評議会の言語政策を巡るヘゲモニーの争いに他ならず，そこには社会学者のピエール・ブルデューの看破した「界」が現出しているようだ。ここでブルデューの「界」を巡る精緻な理論を紹介することは私の能力にあまりあるが，磯（2020）を参照の上で，ごく簡潔にまとめると次のようになる。界とは何らかの掛け金を巡る闘争の場であり，そこでは支配と被支配の関係が構造化され，その内部には固有のルールがあり，自律的な発展のメカニズムに従っている。この界理論は CEFR を巡るモレールらの批判に見事に適応する。支配者とは欧州評議会の委託を受けて CEFR を作成した専門家であり，彼らは言語教育政策という界を支配している。そこでの被支配者とは CEFR を受け入

れ，その価値を受け入れている研究者や教員などである。モレールら被支配者はその地位からの上昇を計るべく，支配者に戦いを挑んでいる。この闘争は言語教育学の研究を通じて行われ，被支配者はその闘争を通じて学会での名声や評価といった威信を，さらに最上の場合には支配者の地位を手に入れることができると期待している。しかし，モレールらがこの戦いで勝利を収めることは困難である。それは彼らの批判が根拠を欠き，妥当性を示さないだけではない。これは，欧州評議会の言語教育政策に関わる専門家が「会員による新会員の任命」cooptation という制度によって選任されるためである。この制度を支配しているのは現在の会員であり，現会員の信任を得なければ，会員になることはできない。現会員を一方的に批判したところで，それが現会員を納得させることができない限り，被支配者の地位を変えることはできない。

　学術研究の価値は論文や著作を通じた研究成果によって評価され，新しい知見がそれまでの知見を塗り替えることにより影響力は拡大する。また学界などでの重要な地位を占めることも，学界の評価に連動していることが多い。しかし欧州評議会は学術団体ではなく，主権国家を構成員とする国際組織であり，学術団体と同じ論理で機能するものではない。欧州評議会のなかで言語政策の専門家となるには学界の評価を高めればよいものではない。「会員による新会員の任命」というシステムによって専門家になれるのであって，新会員の生殺与奪権を握っているのは現在の会員，すなわち専門家なのである。私はこのシステムの是非を問うことは行わない。なぜならそのような議論は現今のシステムの改変にいかなる影響をも与えないからである。民主主義社会は，すべてが構成員による直接選挙などによって民主的に機能するわけではない。

　界の理論を補助線として，モレールらの批判をこのように検討すると，モレールらが欧州評議会の専門家の資格について批判を行ったところで，その批判はそもそも言語政策を巡る議論に対して不毛ではないかと思えてしまう。また彼らがその批判によって専門家の威信をおとしめることができると考えるのであれば，欧州評議会の言語政策という界の論理を十分に理解していないことの証左かもしれない。あるいは，このような批判により自分たちが専門家以上の専門家であるとして言語教育の界において支配的地位を占め

ることができると夢想しているかもしれない。

　言語教育政策研究は研究である限りにおいて，研究の論理や倫理に位置づけられる。ところが言語政策として社会に対する何らかの指針となり一定の影響力を振るうことができるようになると，言語政策は研究の論理とは異なる論理に従うのではないか。つまり言説は学術的根拠を持つにとどまらず，何らかの政治的責任をも担う。欧州評議会の言語政策の実施は加盟国の裁量にゆだねられており，加盟国はそれを導入することもできるし，参考に資することもできる。その点で，言語政策の言説は学界の境界内にとどまらず，それを大幅に超えることになる。

　言語教育政策研究は言語教育学の一部を構成する研究分野であり，20世紀終わりから次第に研究分野として鮮明になってきた。CEFRを巡る考察の一部は，この研究領域に組み込まれる。言語教育を巡る研究が多様化し，多角的な観点から深化する上で，本書が一助となれば編者として望外の喜びである。

西山教行

## 引用文献

磯直樹 (2020)．『認識と反省性——ピエール・ブルデューの社会学的思考』法政大学出版局.

加藤周一 (1979)．『加藤周一著作集 7　近代日本の文明史的位置』平凡社.

コスト, D. (2021)．「CEFRとスイスのアーミーナイフ——その概念から使用まで」(大山万容訳)西山教行・大木充編『CEFRの理念と現実　理念編　言語政策からの考察』(pp. 45-79.)くろしお出版.

鈴木孝夫 (2006)．『日本人はなぜ日本を愛せないのか』新潮社.

Maurer B. (2011). *Enseignement des langues et construction européenne. Le plurilinguisme, nouvelle idéologie dominante.* Paris : Éditions des archives contemporaines.

Maurer B. & Puren Ch. (2019). *CECR : par ici la sortie !.* Paris : Éditions des archives contemporaines

## 執筆者・翻訳者紹介

**西山教行**（にしやま・のりゆき）　＊編者

「あとがき」執筆。京都大学人間・環境学研究科教授。専門は，言語教育学，言語政策，フランス語教育学，フランコフォニー研究。主著に『グローバル化のなかの異文化間教育──異文化間能力の考察と文脈化の試み』（編著，明石書店，2019），翻訳に『ヨーロッパの言語』（アントワーヌ・メイエ著，岩波書店，2017），『バイリンガルの世界へようこそ──複数の言語を話すということ』（フランソワ・グロジャン著，監訳，勁草書房，2018），『多言語世界ヨーロッパ──歴史・EU・多国籍企業・英語』（クロード・トリュショ著，共訳，大修館書店，2019）など。

**大木　充**（おおき・みつる）　＊編者

「はじめに」，第3章，第9章執筆。京都大学名誉教授。専門は，日本人フランス語学習者の動機づけと異文化間教育研究。主著に，Apprentissage du français : identité sociale et recherche du soi idéal. (*Le Langage et l'Homme*, *2016-2*, 2016)，共編著に『マルチ言語宣言──なぜ英語以外の外国語を学ぶのか』（京都大学学術出版会，2011），『「グローバル人材」再考──言語と教育から日本の国際化を考える』（くろしお出版，2014），『異文化間教育とは何か──グローバル人材育成のために』（くろしお出版，2015），『グローバル化のなかの異文化間教育──異文化間能力の考察と文脈化の試み』（明石書店，2019）など。

**エマニュエル・アンティエ**（Emmanuel ANTIER）

第7章執筆。福岡大学人文学部准教授。専門は，言語文化教育。特に，日本語母語話者を対象としたフランス語の教授法や，言語文化教育における倫理の問題についての研究。近年は道徳哲学の観点から，欧州評議会の言語政策に対する批判的考察を行っている。主著に，La question de l'éthique en didactique des langues-cultures : aperçu historique et remarques prospectives, (*Lidil*, *57*, 2018), L'éducation plurilingue et interculturelle au regard des conceptions morales des enseignants de langue-culture en contexte multiculturel (*Recherches en didactique des langues et des cultures*, *16*(2), 2019) など。

**榎本剛士**（えのもと・たけし）

第6章執筆。大阪大学大学院言語文化研究科准教授。専門は，語用論，記号論，言語人類学に依拠した近現代日本の英語教育の研究。主著に『学校英語教育のコミュニケーション論──「教室で英語を学ぶ」ことの教育言語人類学試論』（大阪大学出版会，2019），「コミュニケーションについてのコミュニケーションに目を向ける──「見

方・考え方」そして「感じ方」に気づく一視点」『小学校英語への専門的アプローチ——ことばの世界を拓く』（春風社，2019），「メタ言語のメタ語用論——英語授業における対象言語の詩的生成とその社会化効果」（『社会言語科学』23(1), 2020）など。

**ナタリー・オジェ**（Nathalie AUGER）

第1章執筆。ポール・ヴァレリー・モンペリエ第3大学教授。専門は，言語学，教育学。LHUMAIN（言語，人文科学，メディエーション，学習，インタラクション，デジタル）のメンバー。第二言語としてのフランス語教育学の修士課程の責任者を務めるとともに，近年はヨーロッパとカナダにおける母語としてのフランス語教育を複言語・複文化主義の視点から研究し，多数の著作を発表している。主要業績およびLHUMAIN については，<https://lhumain.www.univ-montp3.fr/fr/auger-nathalie> を参照。

**近藤野里**（こんどう・のり）

第2章翻訳。青山学院大学准教授。専門は，言語学，特に音韻論と社会言語学。フランス語の発音規範の変化について研究している。第二言語習得にも関心を持ち，フランス語学習者の発音の習得について研究を行っている。主著に，La prononciation des pronoms il et ils de la fin du XIXe siècle - Analyse basée sur Le Français Parlé de Paul Passy. Proceedings of CMLF2018. (*SHS Web of Conferences*, 46, 2018) など。

**牲川波都季**（せがわ・はづき）

第5章執筆。関西学院大学総合政策学部准教授。専門は，日本語教育に関連するポリシー（政策・理念）の研究。最近は日本語教育者の労働者性に関心をもっている。主著に『戦後日本語教育学とナショナリズム——「思考様式言説」に見る包摂と差異化の論理』（くろしお出版，2012），「誰が複言語・複文化能力をもつのか」（『言語文化教育研究』11, 2013），「グリーン・ツーリズム運営農家 A 夫妻の他者認識——伝え合いの意志が生まれるところ」（『言語文化教育研究』16, 2018），『日本語教育はどこへ向かうのか——移民時代の政策を動かすために』（編著，くろしお出版，2019）など。

**ジェレミ・ソヴァージュ**（Jérémi SAUVAGE）

第2章執筆。ポール・ヴァレリー・モンペリエ第3大学准教授。研究指導資格（HDR）所有。専門は，音声学。外国語としてのフランス語教育（FLE）修士コースで発音矯正の教授法の授業を担当している。LHUMAIN（言語，人文科学，メディエーション，学習，インタラクション，デジタル）研究室に所属，「言語と言語活動の適応」研究班の責任者を務めている。主著に，*L'Acquisition du langage : Un système complexe* (Academia, 2015) など多数。

## 鳥飼玖美子 （とりかい・くみこ）

第8章執筆。立教大学名誉教授。専門は，異文化コミュニケーションの視点からの言語教育及び通訳翻訳研究。主著に，*Voices of the invisible presence: Diplomatic interpreters in post-WWII Japan.* (John Benjamins, 2009)，『通訳者と戦後日米外交』（みすず書房，2007），『異文化コミュニケーション学への招待』（共編，みすず書房，2011），『英語教育論争から考える』（みすず書房，2014），『10代と語る英語教育——民間試験導入延期までの道のり』（筑摩書房，2020），『異文化コミュニケーション学』（岩波書店，2021）など。

## 堀　晋也 （ほり・しんや）

第1章翻訳。獨協大学外国語学部講師。専門は，フランス語教育（フランス語学習者の動機づけ，自律学習），EUの言語教育政策。共著に「第2外国語学習における基本的心理欲求の充足と英語学習に対する自己効力感」（『言語教師教育』2(1), 2015），「ヨーロッパに多言語主義は浸透しているか——ユーロバロメーター2001, 2005, 2012からの考察」（*Revue japonaise de didactique du français*, 8(2), 2013）など。

## 真嶋潤子 （まじま・じゅんこ）

第4章執筆。大阪大学名誉教授。専門は，日本語教育学で，SLA研究，外国につながる子どもへの言語教育，日本語教員養成。主著に『母語をなくさない日本語教育は可能か——定住二世児の二言語能力』（編著，大阪大学出版会，2019），『ことばを教える・ことばを学ぶ——複言語・複文化・ヨーロッパ言語共通参照枠（CEFR）と言語教育』（共著，行路社，2018），『日本と諸外国の言語教育におけるCan-Do評価——ヨーロッパ言語共通参照枠（CEFR）の適用』（共著，朝日出版社，2010）など。

## 宮永愛子 （みやなが・あいこ）

第7章執筆。山口大学教育学生支援機構留学生センター准教授。専門は，日本語教育および社会言語学。近年は，特に，日本語とフランス語の対照研究や，フランス語を母語とする日本語学習者と，日本語を母語とするフランス語学習者の会話を分析する研究を行っている。主著に「日本語学習者の雑談における協働的な語り——効果的な語りを行うために」（『日本語プロフィシェンシー研究』4, 2016），「ターン交替の観点からみた日中対照研究——中国語話者が日本語でのおしゃべりに参加するために」（『中国語話者のための日本語教育研究』11, 2020）など。

＊所属は2021年7月現在。

# CEFR の理念と現実

現実編　教育現場へのインパクト

---

2021 年 8 月 24 日　　初版第 1 刷発行

編　者　　西山教行・大木充

発行人　　岡野秀夫

発行所　　株式会社　くろしお出版

　　　　　〒102-0084　東京都千代田区二番町 4-3
　　　　　TEL：03-6261-2867　FAX：03-6261-2879
　　　　　URL：www.9640.jp　e-mail：kurosio@9640.jp

印刷所　　株式会社三秀舎

装丁デザイン　　仁井谷伴子

# CEFR の理念と現実

## 理念編
## 言語政策からの考察

西山教行・大木充 編

A5 判　240 頁　3,300 円（3,000 円＋税 10%）
ISBN 978-4-87424-866-9

日本において CEFR が無批判に受容されている
現状を見直し，CEFR の訴える外国語教育の理
念と正しい用い方などを考える。

## 目次